Anonymous

Archiv für Geschichte von Oberfranken

Anonymous

Archiv für Geschichte von Oberfranken

ISBN/EAN: 9783744669139

Hergestellt in Europa, USA, Kanada, Australien, Japan

Cover: Foto ©ninafisch / pixelio.de

Weitere Bücher finden Sie auf **www.hansebooks.com**

Archiv
für
Geschichte und Alterthumskunde
von
Oberfranken.

(Als Fortsetzung des Archivs für Bayreuthische Geschichte und Alterthumskunde.)

Herausgegeben

von

C. C. v. Hagen,

erstem rechtskundigen Bürgermeister, Ritter des Verdienstordens vom heiligen Michael, Vorstand des historischen Vereins von Oberfranken zu Bayreuth und mehrerer historischen Vereine Ehren- und correspondirendem Mitgliede.

Achter Band.

Zweites Heft.

Mit einer Steinzeichnung.

Bayreuth 1861.
Auf Kosten des Vereins.

Gedruckt bei Th. Burger in Bayreuth.

Erklärung der Steinzeichnung.

Die diesem Hefte beigegebene Steinzeichnung ist die von Herrn Maler Hohlweg zu Schloß Fantaisie nach der Natur und von dem k. preuß. Hofmaler Herrn Jarwart dahier auf Stein gezeichnete Abbildung eines in der Kirche zu Eckersdorf bei Bayreuth befindlichen Grabdenkmals, welches die Inschrift hat: anno. dom. M. CCCCC. vnd. im. XI. jar. da. verschib. der. erber. vnd. vest. hans. von. plassenberck. zv. sant. gilgen. perg. dem. got. gnab. In der Mitte befindet sich das Plassenberg'sche Wappen (ein weißer Berg im rothen Felde) und darunter stehen die Worte: vn. sei. vir. an. (und seine vier Ahnen), deren Wappen: Plassenberg, Seckendorf, Auffseß ꝛc. oben und unten angebracht sind.

Das Schloß St. Gilgenberg lag ganz nahe bei der Kirche, aber von demselben ist gegenwärtig weiter Nichts zu sehen, als der großentheils in Felsen gehauene Schloßgraben. Das Schloß hatte seinen Namen von dem heil. Kilian, dem die Schloßkapelle zu Eckersdorf geweiht war, welche im Jahr 1525 von den von Plassenberg erweitert und zur Pfarrkirche erhoben wurde. Diese Familie starb im Jahr 1652 aus.

Inhalt.

		Seite.
1)	Archivalische Mittheilungen, von Herrn Baron Karl von Reitzenstein zu München	1
2)	Krohnemann, der Goldmacher, von Dr. Holle zu Bayreuth	47
3)	Die Streitigkeiten der Markgrafen von Bayreuth mit der Ritterschaft über die Reichsunmittelbarkeit, von demselben	55
4)	Einblick in das Geschäftsleben des fränkischen Kreisconvents unter dem Markgrafen Christian Ernst zu Bayreuth, von Herrn Rentbeamten Peetz zu Traunstein . .	96
5)	Ueber die sogenannte Ordenskirche zu St. Georgen bei Bayreuth, von Herrn Consistorialrath Dr. Kraußold zu Bayreuth	116
6)	Biographie des Oberappellationsgerichts-Direktors v. Seyfert zu München, von dem Vereinsvorstand von Hagen	121
7)	Ueber den Aufenthalt des französischen Kaisers Napoleon in hiesiger Stadt im Monat August 1813, von demselben	141
8)	Jahresbericht pro 18⁴⁴⁄₄₅	144

I.

Archivalische Mittheilungen.

Einleitung.

Neben den Urkunden hat man in neuerer Zeit angefangen, außerordentlichen Werth auf die ältern städtischen Chroniken zu legen, und deren häufig tendentiöser Inhalt ist der Zeit um so mehr eine Quelle von Behauptungen neuerer Historiker geworden, als derselbe sich für tagesordnungsmäßige Parteibestrebungen gern und leicht ausbeuten läßt. Leider wimmeln nun die Chroniken des 15. und 16. Jahrhunderts von Entstellungen und Unwahrheiten. Auf der andern Seite ist nicht zu läugnen, daß eine Schilderung der Vorzeit aus Urkunden eine äußerst schwierige ist, indem die Thatsachen in solchen nur trocken dargelegt werden und die Zeugnisse der verschiedenen Parteien zur richtigen Auffassung der Sachlage gehören. Neben den beiden hier erwähnten Arten von Quellen liefert uns aber noch eine dritte Art der Ueberlieferung einen Stoff, welcher einen hohen Grad von Glauben verdient und welcher zugleich reich an culturgeschichtlichen Nachrichten ist. Es sind dies die amtlichen Kopial-, Lehn-, Leibgedings-, Kaufsbriefs- und sonstigen Saalbücher und Urbare, bei deren Benutzung indeß die Vorsicht räth, das Interesse dessen geeignet zu veran=

schlagen, für welchen dieselben verfaßt wurden. Die Vorzeit des Nordwaldes und die der terra antiqua advocatorum imperii ist bis jetzt noch sehr wenig gekannt und doch ist ein reicher Schatz von Urkunden aus derselben in verschiedenen deutschen Archiven vorhanden, dessen Veröffentlichung indeß mit Kosten verbunden, deren Deckung dem Einzelnen zu hoch sein dürfte. Die Urkunden, welche die Monumenta Zollerana für diese Gegend bringen, sind höchst spärlich und liefern nur Material für die Geschichte der Entwickelung der burggräflichen Macht. Die vorburggräfliche Zeit, die Geschichte der Lebendigkeiten neben den Burggrafen und die culturgeschichtlichen Verhältnisse der Periode vor der Reformation sind bis jetzt meistens todtgeschwiegen oder sogar selbst aus Parteigeist entstellt. Mit den wenigsten Schwierigkeiten dürfte die Veröffentlichung der älteren Saalbücher, Lehnregister 2c. verbunden sein, welche sich noch hie und da vorfinden. Ich will hier den Versuch machen, den Mitgliedern des historischen Vereins für Oberfranken zu Bayreuth folgende „drei Stück Urbare" vorzulegen, welche bis jetzt kaum beachtet sein dürften.

A. Auszug aus einem Henneberg'schen Lehnregister mit Rücksicht auf der Grafen von Henneberg Lehen im Oberland vom J. 1317 (nach Schultes).

B. Saalbuch des Fränkischen Waldes in zwei Abschnitten aus den J. 1333 und 1348 nach dem Bamberger Privilegienbuch A. III., einer Pergamenthandschrift aus jenen Jahren mit Zusätzen von späterer Hand.

C. Kurfürstlich Brandenburgisches Kirchensystem im Burggrafthum Nürnberg vom J. 1440 mit 2 Beilagen, nach einigen Kurfürstlichen Kopialbüchern jener Zeit auf Papier.

Durch die Vorlage A. wird die Menge der urkundlich bekannten Allodien, Reichs= und Reichsafterlehen in Hof und Umgegend, welche die Häuser von Sparneck, Sack, von Kotzau, von Mengersreut, von Zedwitz, von

Redwiz — Oberredwiz, Nothafft ꝛc. mit ihren Nebenzweigen hatten, wesentlich ergänzt.

Die Vorlage B. zählt die Bestandtheile der bischöflichen Herrschaften Steinach mit Norbeck, Wartenfels und Ludwigschorgast, Kronach mit den Festen Rosenberg, Steinberg, Rotenkirchen, Waldenfels, Nordhalben und Waldenrod, dann auch Marktschorgast auf das Umfassendste auf. Das Amt Radeck ist im Bamberger Privilegienbuch nur durch leere Pergamentblätter vertreten. Nach urkundlichen Nachrichten zerstörte im 14. Jahrhundert der Markgraf von Meißen das Schloß Radeck und der bischöfliche Burgmann Rentwig Wolfstriegel, später „Striegel" genannt, mußte allen Ansprüchen entsagen. Von den in diesem Urbar aufgeführten Schlössern „Waldenrod," „Hohenrod," und „Kanaansgrün" kennen wir bis jetzt nicht einmal die Ruinen mit Sicherheit. Nach Urkunden aus dem J. 1384 steht fest, daß Bischof Lamprecht von Bamberg und Graf Otto von Orlamünde zu Lauenstein sich dahin vertrugen, daß die Burg „Hohenrode," zwischen Waldenfels und Lichtenberg gelegen, vom Grafen Otto niedergerissen werden mußte und beide Theile dem Wiederaufbau ohne des Andern Willen entsagten, auch die dazu gehörige Waldung zwischen beiden Theilen abgeraint wurde.

Die Grenzen des Allods an der wilden Rodach stehen nach der Urkunde von 1017 in Verein mit einigen späteren Nachrichten genau fest, wenn auch mit einiger Abänderung der Auslegung, welche die Herren P. Oesterreicher und Pfarrer Hühne von derselben gemacht haben. Die Theile der Gräflich Orlamündischen Herrschaften Lauenstein und Lichtenberg sind aus dem Theilungsreceß von 1337 ersichtlich. Die Herrschaften Leugast und „das Eigen" zu Teuschnitz im Besitz des Klosters Lanckheim erörtern zahlreiche Urkunden. Die Verträge der Dynasten Wolffstriegel (eigentlich Wolffs-trichel oder Wolffs-kiefer) belehren uns über die zur Herrschaft Schauenstein gehörigen Orte. Von dem Theil der Herrschaft Nordhalben, welcher im 14. Jahrhunbert im Besitz der Vögte von Gera erscheint, sagt eine urkundliche Nachricht, daß die dazu gehörige Mannschaft um Regnizhof gesessen habe. Dies Regnizland und seine Grenzen hat Longolius in einer eigenen Abhandlung nachgewiesen. So wäre denn mit allen diesen Hülfsmitteln eine gute Topographie der ganzen Gegend zu ermöglichen; bemerken muß ich hier, daß das „liber burchutarum Bamberg." und das „liber feudorum Bambergensium", wovon das erstere nur unvollständig, das letztere gar nicht veröffentlicht ist, wesentliche Dienste für die örtliche Feststellung liefern würden.

Das hier vorgelegte Urbar belehrt den Leser, daß bereits um 1333 eine große Zahl von Ortschaften deutschen Namens auf dem Walde entvölkert war. Ich vermuthe nun, daß dieser unfruchtbare Landstrich seine Bevölkerung in so früher Zeit dem Bau auf die reichen Eisen- und Kupfererze, welche sich noch heute in jener Gegend finden, zu verdanken hatte, sowie nicht minder dem Betrieb der vielen Hämmer, auf welchen das Erz verarbeitet wurde, und ich glaube, daß die Entvölkerung durch die im J. 1284 wüthende Pest und die Kreuzzüge nach Preußen herbeigeführt wurde. Für das Erstere sprechen Urkunden und das Iglauer Bergrecht im Bamberger Privilegienbuch; für das Letztere die starke Ausbreitung des deutschen Ordens in Eger, Plauen, Adorf und Schleiz, sowie die lebhafte Betheiligung der Ritter des freien Adels an demselben.

In der Vorlage C. glaube ich einem längst gefühlten Bedürfniß abzuhelfen. Die darin enthaltenen Erläuterungen sind wesentlich in Beziehung auf das, was P. Oesterreicher in seinen „Denkwürdigkeiten der fränk. Geschichte, Erstes Stück, Grenzen des ostfränk'schen Radenzgaus" über die kirchlichen Verhältnisse gesagt hat. Die in diesem Verzeichniß nicht aufgeführten Pfarreien waren entweder freieigen, wie die Pfarrei zu Schwarzenbach am Wald und Issigau, oder Langheimisch Lehen, wie die zu Bobenneukirchen. Von der ersteren müssen wir annehmen, daß sie von Teuschniz aus besetzt wurde. Der Plebanus in nemore erscheint häufig in Lanckheimischen Urkunden unter den Klosterbrüdern.

Von der Pfarrei zu Hof vermuthe ich, daß sie 1215 noch Reichslehn war. In der desfallsigen Urkunde wenigstens wird das Jahr der Ausstellung nach dem Regierungsjahr des Kaisers berechnet. Im J. 1309 erscheint König Johann von Böhmen, als Herr des Egerlandes vermöge seiner Pfandrechte, auch als Patron der Kirche zu Wondreb und Hof. Von der Pfarrei zu Posseck sagt eine Urkunde des 13. Sacc., daß sie dem Kloster Waldsassen, resp. Bisthum Regensburg, mit Gewalt entzogen sei.

München, den 1. Mai 1860.

K. Frhr. v. Reitzenstein.

A.

Erstes Stück.

Hennebergisches Lehnsverzeichniß v. J. 1317.

Auszug.

Diz sint die Manlehen die wir Gräue Berthold von Hennenberg liezzen beschriben nach Gots geburte Drutzehenhundert Jare vnd in dem sibenzehenden Jare ꝛc.

Richwin von Waldenfels vnd sin bruder die haben von vns zu lehene von der hofestat wegen zu Wilperg daz hinderste hus, Nordecke mit alle dem baz darzu gehoret vnd den halben zehenden an dem dorfe zu Bintlock vnd in dem dorfe zu Zucha zwene hofe die vier pfunt heller guelte gelten vnd in dem dorfe zu Zebeltz vier gut vnd in dem dorfe zů Ruchendorf zwei gut die drue pfunt heller gelten, vnd den zehenden zu Nurnburg.[1]

Eberhart der Berner der hat von vns den zehenden zu Menigen zu sinem libe nach sinem tode geuellet er an Albrechten Fortschen von Turnauwe.

Hern Brunwarts Kinder zu Babenberg die haben von vns vnd von vnsern erben zu lehen daz dorf zu Leyterbach ꝛc.

Heinrich von Wirtsberg der hat von vns zu lehen zwen vnd zwenzig zehende, der stet hie ein Theil, der andern sal er sich eruaren daz er sie vns auch genennen könne, den zehenden zu Steyna, zu Gartzsitz, zu Belsdorf, zu dorf Kranach, zu Lerauwe, zu Mistmannsgesezze, zu Tebetz, zu Trebsendorf, zu Pönk, zu Bernreut, zu Ratesreut, zu Bibeningen, zu Bolenz, zu Wizzenbach, zu Mussen, zu Densdorf, zu Hage, zu Winkersdorf, zu Hermansdorf, zu Swurbz, daz dritteil des zehenden zu Schorgast, daz halbe teil zu Grauendabrach, daz halbe teil zu Sytenreut gar, vnd zu Lantzendorf vnd zu Rorsreut.

Albrecht Fortsche von Turnauwe der gab vns vf daz dorf zu Räute, vnd enpfing es von vns vmb daz wir lihen den zehenden zu dorf Menigen Otten von Auffezze den Ritter, Friedrich zolner den Schultheizzen zu Babinberg, Heinrich Meura, Bruwarte dem Goltsmide, Fritze Egelhart, Fritze Zolner Sifrides Sune, die sullen in halten zu getruwer hant den Spital Sant Katherinen zu Babinberg ꝛc.

Heinrich Stranz vnd sin bruder zu Babinberg gesezzen, die haben von vns zu lehene zwei gut in dem dorfe zu Eychech ꝛc.

Apel von Wersperge hat von vns den zehenden zu zu lehen.

---

[1]) auf dem fränkischen Wald.

Diz sind die lehen gut die die funf brudere die Hirz=
berger Her Heinrich, Fridrich, Arnolt, Eber=
hart und Heynemann von dem Riche zu lehen hat=
ten, die wir nu von unsern gnedigen Hern grauen Ber=
thold von Henneberg vnd grauen Heinrich sinem Sune
vnd iren erben enpfangen haben zu rechten erblichen
lehen. Daz erste ist der Rudolfestein vnd bi dörfer die
darzu gehören, daz ist Bisschofesgrune der Byen=
stein (Birnstengel), Frowinesgrune, (Fröbershammer),
vnd abir Fronsgrune, Schamansberg (Schamels=
berg), daz dorf Wolfelinsgerute (Wilfersreuth), Nu=
wengerute halb, Manegoldesgerute, Sickengerute
(Sickensreut) bei Bischoffsgrün, Sickenauwe, Kurben=
bach (Kornbach), vnd aber Kurbenbach Berngers=
gerute, Reinersgerute (Reinersreuth) halb, Zilgen=
gerute, vnd die zehenden alle darzu, der walt zu dem
Bythenberge, der Mernberg, die Wizzenheide,
vnd die Wulvingesheide (vielleicht Königsheide), der
Kurnberg (große Kornberg) daz hus mit dorfe vnd mit
walde, der Junge Kurnberg (der junge Kornberg),
Mullehusen daz dritteil mit dem zehenden, Salborf
halb mit dem walde, Bibersgerut, Stabelsgerut
(Stobersreut), daz sint funf virdunge gelts, zu Sle=
wiz (Seulbiz) dri höfe, zu den Slugele (Slegel) zwen
höfe, zu Muzza (Mussen) ein hof, zu Gotfrides
(Gotfridesreut) zwen höfe daz ist Hern Heinrichs alleine,
zu Dölin ein Vorwerg, daz dorf zu Bygamsgerute
(Pilgramsreut), Kostengerute mit allen vnd mit dem
zehenden, dri höfe zu Margartrute vnd die Muellen.
Dyz sint die gut die sie furbaz vorlihen haben, die sie auch
von dem Riche hatten, zu Rotenbach (Rötenbach) den
zehende, Bygramsgerute der hof vnd mit dem zehen=
den, zu Dölin (Dölau bei Wunsidel) der hof, zu Wur=
botin daz dritteil des zehenden, zu **dem hofe in der
Stat dri fleisbenke**, der byrnstein, der Ruzzenstig
(Rauschenstig), der zehende zu den Slegele, Blezzen

(Plössen) das dorf, zu Oelsnitz (Olschnitz?) der zehende, Filzniz (Fleisnitz) mit zehenden vnd mit allen, Boppengerute (Boppenreut) halb mit dem zehenden, Burkelins mit dem zehenden, Lozniz (Losniz bei Gefrees und Münchberg) mit dem zehenden, Tannenrute mit dem zehenden, Otkilsgerute mit dem zehenden, zu Wyzzen Kirchen zwen höfe, vnd die Mullen, zu Libniz (Lubniz bei Fridmannsdorf? Gefrees) zwen höfe, zu Fritalsdorf zwen höfe, zu der . . . . einen hof, Butzengerute (Luntzenreut, früher auch Butzenried unter Grünstein, bei Gefrees) mit — — — Auch haben sie noch mer gute beibe — — — von dem Ryche, sullen haben — — auch fürbaz lihen der sie nicht genennen kunten, wen sie die eruaren die sullen sie vns auch bekennen.
(Siehe Urkundenbuch zur Geschichte der Graffschaft Henneberg Schleusingischen Antheils von Schultes.)

B.

Zweites Stück.

Bischöfliches Salbuch des fränkischen Waldes.

A. Vom Jahre 1333.

A. Officium in Kranach.

I. Castrum Rosenberg est Episcopi.

Kranach Opidum est Episcopi etc.

Et nota quod silua, que est in parte versus Kranach prope flumen Thetin[1]) ab alia autem parte contra illos de Schewenberg[2]) est Episcopi et venatio ibidem et ultra. — Item silua que est in parte versus Kranach prope fluuium Sperwerspach et ab alia parte contra illos de hennenberg est Episcopi et venatio ibidem et ultra.

---

1) Die Tettau.
2) von Schaumberg.

II. Castrum Steinberg est Episcopi etc. Et nota quod omnia pertinencia ad Stheinberg sunt Episcopi et si aliqui ibidem habent uel habuerunt, id habent uel habuerunt ab Episcopo in purghuta; tamen multi bona huius modi uendunt et distrahunt ut propria sua et exinde multa sunt alienata, que possunt per Episcopum reuocari.

III. Castrum Rotenkirchen est Episcopi et Vlricus de hazala et sui heredes habent illud ab Episcopo cum uilla Rotenkirchen pro purchuta et respiciunt Episcopum aduersus omnem hominem cum ipso Castro ut fideles Castrenses Episcopi etc. etc. Welitsch¹) etc. Prezzek²) est desolatum et proprietas est Episcopi et iam soluit Episcopo annuatim II. libras hall. de graminibus seu feno. — Fridrichsdorf³ᵃ) etc. Langenpach³ᵇ) etc. Pfaffendorf⁴) etc. Nakenrod⁵) etc.

Et hec ville site sunt prope fluuium hazlach Langenacker⁶) habet V feuda quorum proprietas est Ecclesie Kranach et aduocatia Episcopi. Tiefpach⁷) — Neusezze⁸) proprietas est plebani seu Ecclesie kranacensis et Aduocatia Episcopi etc. — Reinsperch⁹) habet VI feuda etc. hofleins-

---

1) Wehlitsch an der Tettau zwischen Heinersdorf und Pressig.
2) Heute Pressig an der Haßlach.
3a) Friedersdorf am Buchbach, nach einer Urkunde von 1195 den 17. August von Friedrich v. Reut so genannt, und
3b) Langenau an der Langenau.
4) Pfaffendorf, schon 1180 in Urkunden, ist eine Wüstung zwischen der Weißbach und der Tettau unter dem Pfaffenberg.
5) Neukenrod an der Haßlach.
6) Wüstung.
7) Tiefenbach bei Steinberg.
8) Neuseß an der Robach.
9) Rennesberg zwischen Friesen und Unterrobach.

Rozclad¹) est Episcopi et est desolatum. Eyb²) est Episcopi et est desolatum etc. Dorfleins³) est episcopi. Lutten⁴) est episcopi et est desolatum. Zeyern⁵) est Episcopi etc. Item ibiđem adhuc est vnum feudum quod tenent dicti wildenerii et debent obinde custodire nidos accipitrum et siluam etc. Luetenberch⁶) est Episcopi et desolatum. Trebetsch⁷) est Episcopi et est desolatum. Echelprech⁸) est Episcopi et est desolatum. Kolcz⁹) est Episcopi et est desolatum. (Zusatz späterer Hand: jam colitur curia, quam dominus Fridericus de Aufsess Episcopus emit a Joh. Zigenfelder.) Feyntz¹⁰) est Episcopi et est desolatum. Cloppsperch¹¹) est Episcopi etc. häug¹²) est Episcopi et est desolatum. Perg¹³) est Episcopi et est desolatum in parte cultum et in parte incultum. Steiningenwiesen¹⁴) etc. Koteln¹⁵) est Episcopi et est desolatum.

IV. Northalben¹⁶) locus castri est Episcopi, ad quod

---

1) Roßbach bei Steinberg.
2) Eibraberg bei Steinberg.
3) Dörflas an der Kronach.
4) Wüstung ober-Ludwigland.
5) Zeyern an der Robach.
6) Leitenberg, ein Wald zwischen Lahm und Geschwand.
7) Trebesberg bei Glosberg.
8) Eichenbühl am Friesen- oder Eichelbergerhof bei Glosberg.
9) Wüstung oder vielleicht Weltsch zwischen Wolffersdorff und Güstling.
10) Vontz oder Fontz zwischen Gundelsdorf und Friesen.
11) Glosberg, Klosberg unweit Haslach.
12) Haig.
13) Berglesdorf.
14) Steinwiesen.
15) Köbelbergerhof am Köbelberg.
16) Nordhalben war nach der Aufschrift einer Urkunde von 1154 im Januar bereits erbaut.

pertinent Pukkenreut¹) et Heinrichstorf²) et siluo attinentes et est totum desolatum. Gerhareczgrun³) villa media est Episcopi.

V. Waldenrod⁴) castrum est Episcopi. (Von späterer Hand: Notandum quod Waldenrode est alterum feodum⁵) ab Ecclesia ut in libro feud. continetur.) Hohenrod⁶) locus Castri cum silua est Episcopi et desolatum. Horb⁷) et Neuuang⁸) sunt Episcopi et sunt desolata et aduocatis posuit ibidem quosdam census et census non est eis statutum, quod concessum ipsis pro liberalitate ad tempus. Lom⁹) est Episcopi et est desolatum et soluit pro feno XI sol. hall. (Von späterer Hand: est villa.) Item decima ibidem; duo partes sunt Episcopi et tertia pars Ecclesie parrochialis ibidem. — Effeltrich¹⁰) Decima ibidem; sunt due partes Episcopi et tertia pars Ecclesie parrochialis in Lom. (est villa) Et ambe due decime soluunt circa XL sumerinos auene mensure kran. Pirpawn¹¹) est Episcopi et est desolatum et soluit pro feno VIII sol. hall. Est villa. Pazekk¹²) est Episcopi et est desolatum. (Von späterer Hand:

---

1) Buckenreut.
2) Heinersberg.
3) Mittelgeroldsgrün.
4) ein Burgstall; Ruine dieser Gegend; vielleicht die „Hohe Warth."
5) Wechsellehen.
6) Dies Schloß hatte der Graf von Orlamünde wieder gebaut, mußte es aber nach einer Urkunde von 1384 zerstören, vielleicht heute „die hohe Ruh" im sogenannten „Schwarzenbacher Wald", Revier Geroldsgrün.
7) Wüstung.
8) Neufang an den Quellen der Remschliz.
9) Lahm an dem Kugelbach.
10) Effeltrich an der Grümpel.
11) Birnbaum zwischen Lahm und Neufang.
12) Posseck an der Schwarzbach erscheint schon 1197 und 1180 in den Urkunden.

Est villa.) Norn[1]) est Episcopi et est desolatum. Tiefenpach[2]) est Episcopi et est desolatum.

VI. Waldenuels Castrum est Episcopi cum siluis et attinenciis. Et iam secantes forestari soluunt XVI sum. auene mensure kranac. It. XL pullos. It. XL cascos. Item laborationes XII aratrorum. Et hec ville ibidem pertinent. Eyelawe[3]) soluit XXX carratas feni. Item Rodwel,[4]) Kosten,[5]) Weldinch[6]) soluunt XXX carratas feni sine omni labore et ex locatione. Item Newengrun.[7]) Reyweinsgrün,[8]) **Purchstal**[9]) et aliud **purchstal**, ubi est locus castri **Kanaansgrün,**[10]) et Geuzer[11]) cum siluis et attinenciis. Item decime super omnibus predictis uillis sunt monasterii Sanctimonnalium in **hofsteten** seu **sunneuvelt**.

Grub[12]) fortalitium seu cimiterium est Episcopi; in villa Grub resident subscripti. lupoldus habet vnum feudum heinricus klepfel unum feudum etc. **heinricus ratgeb** unum feudum etc. Quodlibet bonorum predictorum soluit annuatim XVII sol. hall. Et quilibet mansus XXXIIII sol. hall. Item presente non sunt ordinate quia nimis ibidem pauperes opprimuntur.

---

1) Nurn am Nurnberg an der Robach.
2) Tiefenbach am gleichnamigen Floßteich oberhalb der Effeltermühle.
3) Eila an der Haßlach, erscheint unter dem Namen Jlove schon 1127, 1152 u. 1195 urkundlich.
4) Wüstung.
5) Köstenhof oder Köstenberg (schon 1017 bekannt).
6) Wellersberg.
7) Neuengrün an den Quellen des Teugnitzbachs.
8) Wüstung; vielleicht der Mübleinsgrund ober — hof bei Norbhalben.
9) u. 10) Die Ruinen dieser Schlösser dürften der Aufsuchung werth sein.
11) Geuser an den Quellen des Zeyerner Wassers, Dorf von 9 Häusern.
12) Burggrub an der Lochbach, Nebenfluß der Haßlach.

De quibus redditibus Episcopus recipit duas partes et ille de Schawenberch tertiam partem.

Wenigengrub¹) villa tota est Episcopi sed desolata et redditus ejusdem ville sunt due partes Episcopi et tertia pars illorum de Schawenberch.

Newenhus Castrum²) est edificatum in fundo Ecclesie et partim in metis illorum de Schawenberch et mediatas castri est Episcopi et residua pars illorum de Schawenberg aut comitis de Hennenberg.

Item illi de Schawonberg fecerunt piscinam in rodewel et ille locus et fundus est Episcopi.

Lib. privil. Bamberg. A. 3. f. 26 et seq. im kgl. bayer. Reichsarchiv zu München.

B. Officium in Steinaha.

I. Opidum in Stainach³) est Episcopi etc.

Arce purchmannorum qui nichil solunnt: hermannus de meingarsreut tenet aream pro purchata, heinricus de pairreut vnam pro purchuta.

Item patrui Alberti de Waldenuels pro purchuta tenent III areas,

Item Waldenroderinus occupat indebite vnam aream, heinricus waldenroder tenet vnam aream pro purchuta ut dicit,

Ditricus gareysen duas areas,

Johannes de meingarsreut vnam aream,

heinricus de zaucha⁴) vnam aream,

Otto de meingarsreut vnam aream,

Chunradus de meingarsreute I aream,

---

1) Grub bei Knellendorf.
2) Neuhaus bei Buch am Forst in Sachsen-Coburg war sonach eine Burg der Grafen von Henneberg und der von Schaumberg.
3) Stadtsteinach.
4) jetzt Zaubach.

Et filia hartmanni de Tribenreut debet soluere cum oppidanis in Stainach Stheuram et vigilias de curia ibidem in Tribenreut, quam colunt.

Subscripta feuda. Ortos seu areas, qui sunt Episcopi tenent et occupant infra scripti: Riwinus de Waldenuels feudum et ortum prope steinach in quo fecit horreum; Albertus de Waldenuels mansum et pratum; heinricus de Waldenrod duo feoda, Chunradus de waldenrod pratum et agros prope ruestuel, Chunradus de Zaucha duo feoda, antiqua Zaucharinna duo feuda, heinricus peirreuter feudum, Johannes de meingarsreut mansum et duo feuda, heinricus de meingarsreut mansum et feudum dictum Schuzzenlehen et agros in plankenhouen prope steinach. de quibus scutelle et oue debentur Episcopo ministrari. Otto de meingarsreut feudum. Chunradus de meingarsreut duo feuda et ortum. heinricus haweysen unum feudum.

Item Episcopus habet in Steinach curiam predialem, Item ibidem medietatem decimarum, Item decimas noualium ibidem, Item Episcopus habet ex noualibus ibidem XIII sol. et quatuor hall. hac vice.

Item quendam locum desertum dictum peeze soluentem wal. et Mart. hac vice II libr. hall. Item Episcopus habet ibidem in Stainnach zentam et judicium[1]) intra Opidum et extra. Et Episcopo soluitur nomine judicii auena subscripta, que dicitur „gerichthaber" de villis infra scriptis:

De Langenacker,[2]) V quart. auene mensure kranac. vokendorf[3]) II sum. moztrogen[4])

---

[1]) Zent und Gericht.
[2]) Wüstung.
[3]) Vogtendorf an der Robach.
[4]) Mosbach zwischen Vogtendorf und Weißenbrunn.

I sumerinum. vischpach[1]) I sumerinum. vetzendorf[2]) I sum. Krantzperch[3]) I quart. Rada[4]) IIII sum. viechteich[5]) IIII sum. Waldebuch[6]) III sum. Seibolezdorf[7]) III sum. mens. kranac. Item de Weier[8]) XI sum. et 1 quart. mensure Steinachcensis. Gozzendorf[9]) VI sum. Leubs[10]) V quart. Ruchendorf[11]) III sum. et 1 quart. Zedlicz[12]) IIII sum. et 1 quart. Obernzucha[13]) II sum. minus 1 quart. Oberndorf[14]) III sum. mensure Stainac.

Et ad Zentam seu judicium pertinent subscripte ville (fehlen).

(Liber privil. Bamberg. A. 3 f. 35.)

II. Wartenfels.
Nota quod Riwinus miles dictus de Waldenuels de licencia domini heinrici Episcopi secundi exstruxit in districtu et dominio proprietatis Ecclesie Babenbergensis Castrum dictum Wartenuels prope Stainnach cum quo ipse Riwinus sicut promisit et jurauit pro se et suis heredibus ac posteris debet et eciam sui heredes post eum ac posteri sibi succedentes in castro eodem debent respicere Episcopum

---

[1]) Fischbach.
[2]) Wetzelsdorf.
[3]) Kreuzberg bei Kronach.
[4]) Rodach an der Rodach.
[5]) Vichtach.
[6]) Waldbuch.
[7]) Seubelsdorf.
[8]) Mariaweiher.
[9]) Gössersdorf.
[10]) Kirchleus.
[11]) Rugendorf.
[12]) Zedlitz.
[13]) Obernzaubach.
[14]) Oberndorf.

et Ecclesiam Babinbergensem in omni necessitate et tempore.

III. Similiter heinricus de plassenberg miles de licencia Wuluingi Episcopi Castrum Gutenberg exstruxit prope Stainach in districtu et dominio proprietatis Ecclesie Babinbergensis.. Castrum dictum (Plassenberg) ¹) cum quo ipse Heinricus, ut promisit et i uauit pro se et suis heredibus ac posteris debet et Etiam sui heredes post eum ac posteri sibi succedentes in castro eodem debent respicere Episcopum et Ecclesiam Babinbergensem in omni necessitate et tempore.

1318. Item Nycolaus de Grune ²) obtinuit a domino Wuluingo Episcopo extunc ab Ecclesia Babinbergensi in purchutam Castrum Wildenstein cum villis adiacentibus videlicet Ruczenreut, prawnsreut, Gravengchewe, Ditmarsreut. Et ipse Nycolaus et sui heredes posteri debent cum ipso castro Wildensteyn Episcopum et Ecclesiam Babinbergensem respicere in omni necessitate et tempore ut fideles Castrenses.

(ibidem f. 36.)

IV. Ludwigschorgast castrum ibidem est Episcopi etc. Item Episcopus habet ibidem agriculturam ad tres equos et Item Episcopus habet vnam Curiam predialem in Weikersdorf ³) quae colitur pro medietate etc. Item noualia seu agri dicti „neucharten ekker" sunt Episcopi et sunt circa XX agros.

Item resident in Schorgast hertwicus langenroder. Item dictus Creusner Item Chunradus

---

¹) Diese ausradirte Stelle „C. d. P." ist durch Reagens wieder hervorgerufen.

²) Nicolaus von der Grün, Sohn des Ritters Konrad von der Grün aus dem Geschlecht der Sack zu Planschwiz und Eckprechtstein aus der Linie zu der Grün, jetzt „Sacksgrün" ist der Stammvater der Freiherren von Wildenstein.

³) Weizendorf.

Zegast Item Bertoldus tukk. Item Eberhardus eibner. Item **Albertus Ekkprechtsteiner.** Item **Fridericus Ekkprechtsteiner.** Item Vlricus Lanczdorfer. Item Heinricus Herdegen. Item Hertwicus hoh. Item Johannes Krebs. Item heinricus estein. Et iidem habent ibidem bona feudalia ab Episcopo et nichil de eis soluunt.

C. Officium im Markschorgast.

I. Opidum Margt Schorgast et fortalicium ibidem sunt... Episcopi Et ciusdem opidi (sic) est Canonicorum sancti Jacobi et aduocacia Episcopi.

Chunradus fewlner habet Curiam predialem prope Schorgast Soluentem XXXVI Solidos hallensium annuatim. — Item dicti de Waldenrod habent ibidem Curiam predialem Soluentem XIIII Solid. hall. et vnum feudum Soluens X sol. hall. — Eberhart de wirtsperg habet Curiam predialem soluentem 1 libr. hall. Fridericus de Jesnitz[1] habet ibidem Curiam Soluentem 1 libr. hall. — Item notandum, quod solum quatuor homines habent in Marcht Schorgast agros, circa XXX ulterius XL agros et plus, hii plures hii pauciores, quos iidem inter se diuiserunt et petitur ab illis, qui non habent agros et qui habent pauciores, quod iidem agri inter eos **communiter diuidantur**, ut melius seruire valeant. Item dicti waldenroder habent de eisdem agris aliquos agros. Idem molendinum est ibidem in Schorgast et Super illo molendino eciam est Episcopus aduocatus et soluit atheuram. Item Episcopus habet Curiam predialem in apendorf,[2] prata impetiit waltherus kerner. **Eygencz Gotfridus et**

---

[1] Schwiegervater des letzten Waltpoten war ein Friedrich von Jesnitz nach einer Urkunde vom 26. Februar 1300.
[2] Wüstung.

fratres sui habent Curiam predialem, It. **albertus heffner** habet Curiam predialem ibidem **Chunrad Schulcher** habet Curiam predialem ibidem. Item dicti de **Waldenrod** et dicti **Menczel** habent Curiam predialem ibidem.

Ploncz ¹) habet Episcopus duas Curias prediales que libet ac vite soluit XXIIII sol. hall. — **Fridericus de Jesnitz** habet ibidem tria feuda, quodlibet soluit unam libr. hall. Item **Fridericus** habet ibidem 1 Curiam soluentem II libr. hall. que curia predialis est. Item **Fridericus** habet dimidium feudum soluens IX hall. ibidem.

Pulst ²) habet Episcopus duas Curias prediales vna soluit 1 libr. hall. Reliqua XXIIII sol. hall. **Eberhardus de Wirsperg** habet Tres curias prediales ibidem quelibet soluit 1 libr. hall. **Chunradus Fowlner** habet ibidem feudum.

Kloden ³) habet Episcopus duas Curias prediales quelibet soluit XXIIII sol. hall. Item dicti **Waldenroder** habent ibidem duas Curias prediales quelibet soluit XXIIII sol. hall. **heidenricus de valkensteja** habet vnam Curiam predialem ibidem Soluentem XXIIII Sol. hall.

Teufenrent ⁴) villa est Episcopi. Jbidem dicti de **Waldenrod** habent duas Curias prediales ambe soluunt XXV Sol. hall. annuatim. Item **Waldenroderii** habent ibidem locum Molendini valentem LX hall. seu soluentem. **heidenricus de valkensteyn** habet ibidem tria feuda, quodlibet soluit XXI Sol. hall. **Fridericus de Jesnitz** habet ibidem dimidium feudum valens annuatim VII Sol. hall.

---

¹) Pölliz bei Marktschorgast, früher Pöllnitz.
²) Pulst bei Marktschorgast.
³) Hohenknoten.
⁴) Wüstung.

Steinpach ¹) villa est Episcopi. Chunradus Fewlner habet ibidem sex feuda quodlibet soluit VI sol. hall. Item habet ibidem Curiam predialem soluentem 1 libr. hall. Item habet ibidem molendinum quod soluit XIIII Sol. hall.

Lib. privil. Bamberg. A. 3. f. 36 bis 40.

B. Vom Jahre 1348.

A. Officium Kranach.

I. Isto purchute deputate sunt ad castrum Rosenberch. Notá purchutas (sic) ad. castrum Rosenberch et Steinberch. primo: Fritz de ekprechtstein habet ab Episcopo pro purchuta desolatum Rossechla ²) et vnam curiam in foyntz ³) et in hofleins ⁴) IIII feoda et molendinum It. IX agros et prata ad II plaustra feni et ortum vnum prope Steinperch.

Item Ditericus de haslach habet pro purchuta villam Rotenkirchen que quidem villa fuit purchuta patris sui, quo defuncto reliquit quinque filios et ita quinta pars eiusdem ville devoluta fuit ad prefatum Ditericum, qui postea de iussu domini Leupoldi episcopi redemit reliquas quatuor partes fratrum suorum pro sexcentis libris hallensium et ita totam villam nunc retinet pro purchuta.

Item Erhardus filius alberti de Capella habet pro purchuta villam Entzmanstorf ⁵) desolata est. Item habet terciam partem de quinque feodis desola-

---

1) Stammbach ober Steinbach.
2) Roßlach bei Steinberg.
3) Fontz zwischen Friesen und Gloßberg, Gaubelsdorf und Steinberg.
4) Höfles zwischen Kronach und Robach.
5) Enzmannsdorf zwischen Kronach und Mitwitz.

tis in **Eybe** ¹) (von späterer Hand: modo tenet **Fritz Marscalcus** junior qui alias habet plures purchutas.)

Item **Cunradus kotzawer** et frater suus habent in villa **Lom** IX feoda pro purchuta. Item duas partes decime totius ejusdem ville et vnum molendinum ibidem (von späterer Hand: vacant modo Episcopo sed Advocatus colligit de soluentibus, sed de habentibus libertatem ad presens nichil recipit.)

Item **Chunradus taubertekel** habet desolatum **Fridrichsdorf** et duo bona in **friesen**, in quo resident arnoldus et dictus geueller dantes sibi de eisdem bonis XXVIII sol. hall. per annum et vnum pratum prope **Steinperch** ad tria plaustra feni.

Item **heinricus de zeyern** habet in villa **dorflein** ²) redditus II libr. hall. et VI sol. hall. pro purchuta (von späterer Hand: Idem est ad presens in captiuitate et advocatus recipit ad presens.)

Item **Hans de Selawe** et frater suus habent pro purchuta tertiam partem feodi in villa **Selawe** ³) et 1 feodum in **aychelperge** ⁴) et vnum feodum in **Trebeyz.** ⁵)

Item **Otto de zeyrn** habet pro purchuta ab episcopo quicquid habet in **aychenpuchel** ⁶) et vnum pratum in **weizzpach** ⁷) et ortum ante Castrum **Steinberch.**

Item **Fritz de zeyrn** habet pro purchuta in villa **Eybe** IIII feoda et in **pirchkeich** ⁸) III

---

1) Eibenberg bei Steinberg.
2) Dörfles an der Kronach.
3) Selach im Haßlacher Grund bei Kronach.
4) Eichelbergerhof bei Glosberg.
5) Wüstung oder Heimtreibes bei Unterrodach.
6) Eichenbühel bei Friesen.
7) Der Weißbach fließt in die Haßlach.
8) Birkig im Haslacher Grund bei Gundelsdorf.

feoda desolata (Zusatz von späterer Hand: Ille de waczdorf emit illa tria feoda. repetantur pro purkhuta.)

Item Otto mangersreutter habet desolatum dictum Nvern Item in Steinwisen habet duo feoda et prope Leutzdorf[1]) habet vnum pratum ad quatuor plaustra feni pro purchuta.

(Zusatz von späterer Hand: et aliquos agros.)

(Fernerer Zusatz von späterer Hand: Item hans v. Redwitz „cum malis oculis" et illi de Redwitz in duestenz habent Burkhuta V bona in hofleins [2]) et quicquid habent vel habuerunt in krantzberg [3]) que villa pertinet cum Judicio ad steinach.)

Item albertus de Waldenuels et fratres sui habent pro Burkhuta aduocatiam ville in Langenacker,[4]) que cum Judicio pertinet in steinach.

Item Otto schechslitzer habet pro Burchuta quicquit habet uel habuit in praunerstorf [5]) et Nota quod in dicto officio plures sunt ville desolate que possent institui de facili et eorum census hic conscribi.

(Zusatz von späterer Hand: Prima villa fridrichsdorf dabit censum in festo Michahelis anni L sexti qui instituentur eisdem hominibus et sunt XIII Item villa pressik, de qua scriptum est supra, et consimilem libertatem.

Item de villa pfaffendorf et Gelik [6]) eciam stat supra, que consimilem habent libertatem. Item horb dabit censum de duobus viris Michaheli anni L quinti, residuum collt advocatus pro se ut suprascriptum est.

---

[1]) Leutnitzhof bei Steinwiesen und Wallenfels.
[2]) Hofles.
[3]) Kreutzberg.
[4]) Wüstung.
[5]) Brauersdorf bei Rotenkirchen.
[6]) Wüstung.

Item **Pfaffengruen** ¹) dabit anno census qui instituentur eisdem Mich. anno LXIIII videl. XII viri.

Item **Mengersreut** ²) dabit cens. Mich. qui instituentur anno LX^{to}.

Item **wustenpossek** ³) dabit census anno LX ut supra **mengersreut**.

Item **Nueren** est Burkhuta Ottonis **Mengersreuter** ut supra stat. dabit census anno LX^{to} qui instituentur.

Item Molendinum in **koetel** ⁴) dabit census anno LVIII tempore Mich. residuum ville colitur ad **Steinenwisen** et preterea quod aduocatus et familiarum quatuor habent ibidem.

II. Nota Burkhuta ad castrum **Steinberch**. Primo filii **Johannes de weiczdorf** habent villam **Neuuank** pro Burkhuta Item habent villam **Pirkich** de qua dubitatur utrum sit Burkhuta. inquiratur.

Item **fricz von peulwitz** habet pro Burkhuta quicquid habet in **kelez** Item 1. feodum in **Lom** et vnum feodum in **pressik**.

Item **der henning** habet pro Burkhuta 1 mansum in **Treheys** et quicquid habet in **Aychelberk**. — Item **Ulrich Mentler** et **Johannes** filius suus habent pro Burckhuta desolatum **Grubfreut**. ⁵)

Item **Heintz von Grueb** habet mansum in **Grueb** pro Burckhuta.

Item **kven de puentzendorf** tenet ben haun und ben haug pro purchuta ut supra stat, quod precario tamquam Burkhuta in **Steinberch** debet deseruire.

---

¹) Wüſtung.
²) Wüſtung Mainsgereut bei Wartenfels.
³) Wüſtenpoſſeck iſt eine Wüſtung.
⁴) eine der vielen Mühlen an der Köbel.
⁵) Wüſtung.

Item albrecht de Mengersreut habet pro Burkhuta villam Reinsperg et pratum ante friesen.

Liber privileg. A. 3. f. 32⁰.

1348. De juribus ville dicte Gruen.,¹)

Item notandum quod quicquid continet villa Gruen citra ripam versus wildenborch habet in feodum ab ecclesia hermannus weissdorfer sed reliqua pars eiusdem ville ultra ripam versus Leubs est purchuta eiusdem hermanni residentis ibidem. locus erat desolatus. nunc autem Idem hermannus extirpando in agriculturam redegit ad LXXX agros et assidue augmentat excolendo.

Item decima ibidem ad eundem hermannum et progenitores suos emptionis titulo pertinet et pertinuit a multis temporibus retroactis.

Privil. Bamberg lib. A. 3. f. 30.

Redditus ecclesie Babenbergensis in officio Chranach ad mensam Episcopi pertinentes.

Circa prouentus ecclesie Babenbergensis in officio Chranach qui in descriptione hujus libri sepenotato loco ponitur. notandum est primo quod in Opido Chranach in uniuerso sunt XLIII aree quarum quelibet seruit Michaheli V den. Bab. ed media area seruit III den. in eodem festo.

Item quelibet area eodem tempore seruit V denar. pro Jure dicto „Marktrecht." Et quilibet Mechanicus ibi residens dat per annum IX denar. quorum III denarii dantur walpurgi, III Michaheli, et tres in purificatione beate virg. Et quodlibet maccellum sc. eorum, que seruiunt iam, termino seruit per annum X denar.

Est notandum quod illud Opidum non habet liberam communem.

Jura thelonei opidi **Chranach.**

---

¹) Grün zwischen Wilbenberg und Kirchleus.

Nota quod quilibet currus vel carruca sal ad forum deferens pro qualibet vice quilibet currus dat II virlingos solus, carruca vnum virlingum. Et quilibet currus quascunque uices ad forum deferens si vendit eas, dat II den. et carruca I den. si uero non vendit, nichil dat. Item portans merces suas in dorso si uendit, dat obolum.

Notandum quod predictos denarios recipit theleonarius et distribuit de eis ea, que secuntur.

Et primo Johanni de Redwitz 1 lib. hall.

It. dictis Kotzawern 1 lib. hall.

It. Ludowico Meinsrewdern V lib. hall.

It. Turnariis in Castro Rosenberch VII lib. hall.

It. Episcopo veniente in Chranach, theleonarius habet sibi ministrare ad coquinam ollas. sal. acetum. piper et crocum et eodem ipse thelonarius habet de curia pabulum et expensas.

Notandum quod idem Opidum dat nunc pro Steura communi ad 1 lib. hall. Et prope idem Opidum sunt circa LX agros quos olim Scibelsdorfer tenuit pro purchuta, nunc deuoluti sunt ad ecclesiam. et aduocatus locauit eos certis personis qui sibi dant partem fructuum de eisdem. deberent recipi ad usus episcopi.

Item notandum quod iuxta castrum Rosenberch in loco dicto hayn extirpati sunt per ciues ultra cc agros et continue extirpant, asserunt quod per dominum wlfingum episcopum appropriati sunt eis, quibus per Episcopum debitur partem census imponi.

Notandum, quod de iam dictis agris pro nunc dantur de quolibet agro tres den. quos recipit thelonarius, asseruit quod prefatus dominus wulfingus episcopus patrem suum et heredes suos pretextu scruiciorum suorum infeodauerit de eisdem. Item dominus habet ibi vnam Curiam predialem habens in agricultura ad LXXIIII agros et prata ad XII plaustra feni de qua villicus ejusdem curie seruit episcopo anuatim XX sumerinos siliginis et XXX sumerinos auene mensure Chranacensis et ista dat iuxta pactum cum eo factum. Item piscario seu piscationes aquarum ibidem sub et super defluentium ad limites Ecclesie sunt Episcopi et quilibet piscator dat per circulum anni qualibet ebdom. in feria sexta unum seruitium in piscibus, vero in quadragesima dat duo seruicia per ebdomatam etc.

Item notandum quod extra ciuitatem chranach aduocatus recipit de areis et ortis IIII lib. hall. et LX sol. hall. quos dicit ad ipsum aduocatum ex antiqua consuetudine pertinere, vt est in arbitrio episcopi.

De villa **Grueb.**

Nota quod villa Grueb est purchhuta Chunradi kotzawer habens octo feoda qui seruiunt ut sequitur. (deest) Villa **Steinwiesen**. Item villa Steinwiesen seruit walpurgi III lib. Math. tandum. (Von späterer Hand: et colunt kotel ad ipsum pertinens illud quod aduocatus et quatuor nobiles habent ibidem decrescunt IIII sol. hall.)

In villa **Zeyrn.**

Item villa zeirn seruit walp. II libr. XVII sol. hall. Martini tandum.

Desolatum **Friesen.**

Item desolatum Friesen seruit walp. II libr. hall. et VIII sol. Martini tandum. Item aduocatus in Steinberch instituit ibi de novo unam culturam dictam vulgariter halbpaw (halbpav) cui nondum determinatus est census.

Desolatum **doerflein.**

Item in desolato dorfleins walp. XIIII sol. hall. Martini tantum.

In **Selech.**

Item in Selech walp. VI sol. hall. Martini tantum.

In **hayn.**

Item in Hayn walpurgi sol. hall. Martini tantum.

(Von späterer Hand: Est precarium Chunonis de puntzendorff et uxoris sue Margarethe etc.)

In pfaffendorf.

Item in pfaffendorf walp. XVI sol. hall. Martini tantum.

(Von späterer Hand: Ista villa et villa weslech¹) infra obligata Dytricus haslach ut infra patet et desolatum pressik habent libertatem ad annos, vt patet, infra, per litteram consimilem.)

In Birnbaums.

Item in Birnbaums tria lib. seruiunt Mart. XI sol. hall. walpurgi tantum. It. ibidem. quatuor bona seruiunt walp. XXIII. sol. et IX hall. Martini tantum.

In Chlobsperge.

Item in Chlobsperge quatuor feoda walpurgi XXXVI sol. hall. mart. tantum. Item ibidem sunt quatuor feoda. seruiunt similiter walp. XII sol. hall. martini tantum.

It. 1 feodum. seruit walp. V. sol. hall. martini tantum.

In Leutenperg.

Item in Leutenberg Otto Stubich aduocatus ibidem comparauit Ecclesie redditus duarum librarum hallensium.

Desolatum dictum **Tieffenbach**.

Item de desolato in Tiefenbach datur de feno I lib. hall. Item de duobus pratis prope puchpach²) XIIII sol. hall. quos recipit aduocatus in Steinberch.

Desolatum in **harbe.**³)

Item desolatum in harbe colit aduocatus pro se fructus recipiens ex eodem.

Redditus ville **Neykenrod** obligati sunt cum castro **Furtenberch.**⁴)

---

¹) Heßlich, Heßlach?
²) Buch, Ort an der Kremnitz bei Steinberg.
³) Horb bei Mittwitz ist hier wohl ebenso zu verstehen als Harb bei Mupperg, Amt Sonnenfeld.
⁴) Furth am Berg an der Steinach, südlich von Mupperg, heute Sachsen-Koburgisch.

Nota quod villa Neykenrod seruit Walpurgis XX lib. hall. Michaelis tantum obligatum est illis de Schawnberch et de hespurch ad Castrum **Furthenberch**.

villa **Weslech**.

Item villa weslech seruit per annum IX lib. hall., obligata est Ditrico de haslach pro C. lib. hall.

Zum Perger.

Item desolatum zemperger obligatum est wolflino filio zolneri et uxori sue pro LX lib. hall. (Von späterer Hand: Item idem tenet in pignore villas Racznreut, Kroetendorf et Kaltenbrunn[1]) pro XL libr. hall. ut dicitur.)

desolatum haug.[2])

Item desolatum dictum haug obligatum est friderico de Zeirn et filiis fratris sui pro XX lib. den. babb. tenuerunt ad LX annos. Impense pro custodia castri **Steinberch**.

Hec impenduntur pro custodia Castri Steinberch.

Primo Turnariis VI lib. hall. et duo sum. siliginis.

Item portario IIII lib. hall. et unum sum. siliginis.

Et eisdem dantur expense de cibo et potu estimate per annum ad X lib. hall. ad minus.

Item duobus virgilibus V lib. hall. et duo sum. siliginis.

(Lib. privileg. Bamb. A. 3. f. 31.)

B. Officium Waldenuels.

1348. In Waldenuels officium VIII.

Redditus Castri Waldenuels.

Nota quod Officium Castri Waldenuels hic VIII ordine annotatur ad quod plures ville pertinent que licet jam desolate sunt, possunt tamen sue (i) temporis successu institui et conscribi.

---

[1]) Diese Orte und Wüstungen liegen zwischen den Schlössern Haig und Mitwitz am Haffenberg.

[2]) Haig zwischen dem Haffenberg und Burggrub.

Nota quod prope iam dictum Castrum nunc sunt VI mansionarii quorum quilibet soluit walpurgi VII sol. hallensium Martini tantum.

Item de quibusdam areis ibidem dantur walpurgi VIII sol. hall. Martini tantum. Item de quodam molendino de nouo constructo ibidem walp. I lib. Martini tantum. Item de una domo ibidem et orto walp. III sol. Martini tantum.

Redditus in Reiweinsgruen.[1])

Item in Reyweinsgruen sunt X feoda, quorum quinque seruiunt per annum XXX sol. hall. quodlibet VI sol. alia quinque desolata.

Redditus in Newengruen.

Item in Newengruen de nouo instituti sunt VI mansionarii quibus lapsis VI annis imponetur census videlicet anno MCCCLII°. Item ibidem instituti sunt duo mallei, quibus census est imponendus.

Redditus auf bem Geuzzer.

Item auf bem Geuzzer dantur XXII sol. hall. de Graminibus pratorum Istud desolatum bonum potest Institui quum voluit aduocatus.

(Zusatz von späterer Hand: ad illam villam iam instituit XVIII viros et eorum plures.)

(Ferner von späterer Hand: Notandum quod in dicto officio ad presens plures desolate ville iam institute preter prescriptas.

primo wolframsgruen[2]) habet IX viros.

Item zum wellings[3]) XII viros.

Item Canansgruen[4]) XII viros.

Item sunt desolate ibidem videlicet presentibus statibus. Item Choesten[5]) Item ze dem Doerneich[6]) et

---

[1]) Rübleinshof, früher Rübleinsgrund an der Norbhalbener Röbel, 1 Stunde von Norbhalben.
[2]) Wolfersgrün.
[3]) Wellesberg.
[4]) Wüstung.
[5]) Röstenberg oder Röstenhof.
[6]) Dörnach bei Zeyern.

ille desolate non sont instituende, quod nemus plus valet Episcopo, quam homines qui ibi possent locari.)

Sumptus impendendi pro custodia predicti castri. Nota quod pro Custodia iam dicti Castri impenduntur ista.

Primo cuidam qui est vigil et portarius IIII lib. hall. Item vnum sumerin. siliginis. Tunica grisea et expense quas sibi Castellanus ministrat.

Item alteri vigili I lib. hall. et omnia necessaria in victu et vestitu.

Item de VII villis iuxta fluuium Rodach situatis datur auena de aduocatia, quam recepit Castellanus ibidem.

Raubbemerkung:

Sumerinum auene est circa XIIII sumerina mensure chranacensis.

(ibidem.)

C. Officium Radekk.

Officium Radekk.

Redditus ecclesie pertinentes ad Castrum Radekke quod in ordine tenet nonum locum Ordine IX huius libri videndum est de prouentibus Castri Radekke. (non est reperiend.)

Lib. privil. Bamb. A. 3. f. 34.

Anmerkung: Da die Bestandtheile und Einkünfte des Amts Rabeck (heute Robeck) im Liber privilegiorum nur durch leere Blätter bezeichnet werden, so scheint dasselbe zu jener Zeit noch „in partibus infidelium" bestanden zu haben.

Das spätere Amt Rabeck hieß bei dem gänzlichen Verfall des alten Schlosses Rabeck in der Nähe des heutigen Forsthauses Robeck: Amt Enchenreuth, zu welchem der Markt Enchenreuth, die Bischofsmühle, das bereits hier bei dem Amte Steinach vorkommende Buchenreuth, Heydengrün (mit Hauehsen), die hohe Tanne am Döbraberg, Hohenzorn (das alte Zelegoist), das ehemals zur Wolfstriegelschen Herrschaft Schauenstein gehörige Pilmersreut, Poppengrün an dem nördlichen

D. Officium Obernsteinach.

In officio **Obernsteinach.**

Hic annotantur redditus ecclesie Babenbergensis prouenientes in Officio Obernsteinach.

Hic loco decimo conscribendi sunt redditus et prouentus ecclesie in Officio Obernsteinach. In quo

In ipso Opido iste datur census:

Primo Vericus filius arnoltine de feodo walp. 1 lib. hall. michaeli tantum. Item Siliginis 1 sum. et auene 1 sum. Steinacensis.

Notandum: quod vnum sumerinum in **Staynach** facit duo sumerina in **Babenberch** et paulo plus.

It. Hermannus etc. etc. (sequuntur decem viri.)

It. Albertus Maingersreuther de duobus feodis walpurgi 1 lib. hall. Mich. tantum siliginis II sumer. et auene tantum.¹

(Von späterer Hand: nunc tenet vlricus tandorfer pro Burkhuta.)

Item Colonus episcopi walp. 1 lib. hall. Mich. tantum. Item siliginis 1 sum. auene tantum.

(Zusatz von späterer Hand:

Idem Colonus seruit modo medietatem Episcopo vnacum curia infra.)

De arcis et ortis datur iste census in Stainach.

Item Langenloch¹) de arca walp. etc. (sequuntur 34 censuarii). Notandum quod quelibet arca extra ciuitatem posita dat in carnispriuio vnum pullum et eosdem pullos recipit.

Judex ciuitatis siue officiatus ibidem.

Item ibidem sunt tria molendina que seruiunt Episcopo.

Fuß des Döbra, Schnebes, Thron und Schönwald gehörten, und zu welchem noch die Bestandtheile der Wilden- und Reitzensteinischen Ritterlehen Marlesreuth und Nestelreuth mit Bärenhaus, Garles, Haueysen Molkenbrunn und Schottenhammer an der Kulmiz nach dem Anfall derselben an das Hochstift geschlagen waren.

¹) Wüstung.

Primo molendinum dictum Plotzmul seruit walp. XV sol. hall. Mich. tantum et in carnispriuio vnum pullum.

Item Segmul walp. 1 lib. hall. Mich. tantum et in carnispriuio 1 pull.

Item Hamermul walp. XV sol. hall. Mich. tautum et in carn. pull.

Summa V lib. hall. et III pulli.

Item Episcopus habet ibidem vnum pratum quod est ad V plaustra feni.

(Von späterer Hand: Notandum quod illud pratum et Curia predialis infra cum pratis et decima infra est episcopi et non sunt obligata.)

Item alia duo prata que sunt ad XII plaustra feni et ista duo prata pertinent ad Curiam predialem episcopi.

Et notandum quod de eadem Curia prediali colonus dat Episcopo circa LIIII Sum. diuersi grani, aliquando circa LX sum. mensure Steinacensis et habent VIII diuersam qualitatem anni. Item medietas antique decime veteri Opido Stainach, que est circa LVI uel LX sum. diuersi grani, est domini episcopi.

Item due partes decimarum noualium ibidem sunt et sunt precarium Chunradi, fabri Curie etc.

Census prediorum in villa vokendorf.

De villa Vokendorf versus montem Cupri,[1]) que est domini

Episcopi datur census hic subscriptus.

Primo petzoldus de vno feodo etc. (sequuntur octo viri et inter eos) heinricus feulnner walp. VIIII lib. hall. Mich. tantum.

item Otto Feulnner walp. IIII sol. Mich. tantum. in pascis XV oua et 1 pullum. In pentecosten 1 caseum. In natiuitate 1 caseum uel pullum. In. carn. 1 pull. etc.

Notandum quod ille de Gutenperg usurpat sibi III agros et unum pratum ad tria plaustra feni que pertinent ad villam vokendorf.

---

[1]) Kupferberg.

In villa **Obernhag.**¹)

In villa Obernhag Episcopus habet vnam decimam que est circa VIII Sum. diuersi grani alioquin plus uel minus iuxta qualitatem anni, Item Episcopus habet ibi circa L. iugera agrorum qui estimati sunt ad vnum mansum et vnum feodum, siue ad duos mansos. iidem agri coluntur Episcopo per araturas rusticorum suorum, de quorum fructibus Episcopus habet annis singulis circa LII sumer. diuersi grani plus uel minus iuxta qualitatem anni.

Item notandum quod prope Castrum Wildenstein situm est vnum pratum ad quatuor plaustra feni quod pertinet ad desolatum obernhag et alioquin albertus de waldenuels recepit fenum ejusdem prati nomine episcopi. postea idem Waldenuelser locauit **Nycolao de Gruen** ut pro eo singulis annis daret sibi de malleo suo certum numerum peciarum ferri. Nunc autem idem pratum filii **Nycolai de Gruen** dicunt se pleno iure pertinere.

(Von späterer Hand:

Notandum quod filii **Nycolai de Gruen** fecerunt iudicium sanguinis circa **wildenstein**, quod est reuocandum.²)

Item dicitur quod Chunradus waldenroder vendidit alioquin Nycolao de Gruen quatuor bona sita in (von späterer Hand darüber geschrieben: totam villam cum decima) in Prezzenreut³) prope wildenstein que ab episcopo tenuit pro purchuta.

Item tres rustici de vokendorf iurati dixerunt, quod Heinricus pairreuter et quidam manigersreut (von späterer Hand: arnoldus de cirkendorf) vendiderint domino Reywino villam Sterngrun et villam

---

¹) Wüstung.
²) Die Söhne des Nicolaus von der Grün waren Niclas Wildensteiner und Friedrich von der Grün. Letzterer war Besitzer zahlreicher Eisenhämmer im Oberland und Egerland.
³) Heute Petschenreut zwischen Vorbernreuth und der Wüstung Grueneburg gegenüber Nordeck.

Pukenreut¹) cum decimis earum et site sunt prope Castrum waldenuels²) et sunt ab ecclesia alienate (von späterer Hand: venditores dicunt castrum et villas procedere et processisse a **fortschone**).

Redditus episcopi in villa Trebenreut.³)

Nota quod villa trebenreut est episcopi et habet circa IX feoda, que sunt purchuta Ruperti Storonis et dicti Haweysen et Johannis de Newsezz sed de Jure pertinet et ante paucos annos pertinuit ad Granarium Episcopi in Steynach. Item decima eiusdem ville est circa XXXII sum. diuersi grani mens. steinac.

(Zusatz von späterer Hand: Notandum quod in illa villa sunt XII feoda, quorum tria haueysen tenet pro Burkhuta. Item tria Johannes waldenuelser pro Burkhuta. Item idem waldenuellser tenet residua VI feoda et decimam pro XLV lib.)

Notandum quod iam dictam decimam et V feoda in Trebenreut, que Rupertus Stor dicit esse suam, purkhutam. Idem Storo obligauit Chunrado de Gruen pro —⁴) lib. hall.

(Zusatz von späterer Hand: Item est ibidem vnum bonum quod dicti „hartung" habent de gratia Episcopi uel de Jure.)

Notandum quod rustici dicte ville prohibiti sunt, ne dicerent, quantum quisque daret pro censu. postea fiat renouatio si placet. Item notandum quod multi agri extirpati sunt in blankenhof (Zusatz: zedem hayn et alibi quibus et census imponendus et scribendus).

(Zusatz späterer Hand: Summus census extendit se

---

1) Buchenreuth a. b. wilden Steinach nördlich von Schluckenau.
2) Soll vielleicht heißen „Waldenrob?"
3) Tribenreut.
4) Leere Stelle. Nach einer Urkunde seines Sohnes Fritz Stör über die Wiederlösung von den Erben Konrads von 1355 den 20. Mai wissen wir, daß der Pfandschilling sich auf 42 Pfund Heller belief.

3

iam ad X lib. hall. et erit plus successu temporis et datur de quolibet agro sol. vv h.)

(Lib. privileg. Bamb. A. 3. f. 35.)

E. Officium Marchtschorgast.

Redditus et prouentus ecclesie Babenbergensis in Officio Marchtschorgast.

Nunc videndum est de prouentibus ecclesie Babenbergensis in officio Marchtschorgast, vbi notandum quod census arearum in Marchtschorgast datur prepositis beati Jacobi in Babenberg, Steura vero huius Opidi datur Episcopo et est circa L. lib. hallens.

Item notandum quod preter areas quas Ciues inhabitant est vna area que adiuncta est curie episcopali, quam tenet aduocatus ibidem. Item pueri Thomasin habent II areas de quibus nichil datur. Item dictus wipfel habuit vnam aream, de qua fugitiue recessit. deuoluta fuit ad Episcopum. sed arnoldus waldenroder se de ea intromisit. Idem et intromisit se de vna area desolata que est Episcopi. Item dicti Choznawer habebant duas areas, qui fugitive recedentes, arnoldus waldenroder se de eis intromisit. que nunc occupat Heinricus frater suus. Item idem heinricus emit vnam aream ab heinrico phannensmit de pairreut. que est Episcopi. Item dicti feulner habebant II duas areas pro purchuta quas vendiderunt Nycolao de Gruen, cuius filii occupant nunc easdem. Item fridericus de hirsperch habet unam aream pro purchuta. Notandum quod nobiles in dicto Opido tenent XI areas in quibus deberent residere. Ciues, qui suo tempore steuram dare deberent episcopo cum ceteris ciuibus et alia consueta seruitia facere cum eisdem. Item heinricus waldenroder construxit extra septam dicti Oppidi vnam curiam in fundo pertinente ad communitatem ibidem de qua ulla seruitia fuerint Episcopo et inscripta est ipsi Opido periculosa. Item ibidem sunt quatuor molendina, que habent speciales dominos, quibus dant censum debitum, sed episcopo non dant nisi steuram cum ciuibus ibidem. Dicunt ciues ibidem communiter quod Chunradus waldenroder habet in villa polst II Curias, Item in villa pulitz¹) duas Curias et in villa Chloden similiter duas Curias quas alioquin Judex loci tenuit nomine Episcopi et seruiebant Episcopo sed albertus waldenroder, pater suus, dicebat, quod dominus Leupoldus Episcopus ea sibi contulit pro purchuta.

Item heinricus de valchenstein habuit vnam curiam in Schorgast qui propter multas molestias sibi illatas per arnoldum waldenroder, iudicem tunc ibidem, factus fuit monachus. seu conuersus in **waltsachsen**, quo facto. Episcopus commisit predicto arnoldo, ut uxorem predicti heindenrich de eadem Curia cum vite necessariis foueret ita, ut ea decedente Curia ipsa ad Episcopum deuolueretur. sed ipse arnoldus postmodum eidem vxori dedit XXX lib. hall. minus X sol. et ita sibi eandem curiam vsurpauit minus iuste. — Item dicunt seniores in Schorgast quod alioquin Judex in Schorgast recepit ad usum episcopi omnia bona, que nobiles ibidem sibi iam attribuunt pro purchutis Item Chunradus waldenroder usurpauit sibi VI agros sitos prope opidum Schorgast, de quibus alioquin dabatur census Episcopo et istos colit ad bona in politz et dicit quod sint sua purchuta. Item omnes waldenrodarii violenter usurpant sibi ligna pertinentia ad communitatem in **Schorgast** et prohibent ciues et communitatem ibidem, ne eisdem lignis pro suis necessitatibus utantur, asserentes, quod pertineant ad eorum purchutas. quod, dicunt, non ita esse.

Item dictus Stolzner coluit prope dictum Opidum in loco, vbi patibulum positum est circa X agros, cui arnoldus waldenroder tot angarias intulit, quod de loco recessit de quibus agris idem iudex se intromisit et nunc

---

¹) Ponlitz.

filiis suis reliquit, Item albertus waldenroder violenter usurpauit sibi X agros sitos in loco dicto Kupfergrub, quos alioquin dictus ruerhunt et dictus Choznawer coluerunt. Notandum quod decime noualium ibidem sunt Episcopi, que assidue augmentantur. istas nomine episcopi recipit iudex ibidem, sed alias nichil dat Episcopo. Item notandum quod omnes homines sanctimonialium in Celicorona, residentes in iudicio, dant Episcopo Steuram cum alliis hominibus ibidem residentes (sic). Item ibidem datur Episcopo auena dicta Voithaber que est circa XIIII sum. mensure in kulmnach siue XIIII scheffl et amplius. Item Episcopus habet ibidem vnum pratum ad XIIII plaustra feni. Judex recipit. Item Curia predialis in **Seitenreut**¹) ad Episcopum pertinet sed Judex pro se colit. Item ibidem sunt VIII agri et vnum pratum ad quatuor plaustra feni. quod dictum fuit „putellchen" et ab antiquo pertinuit ad praeconem, nunc autem occupat albertus waldenroder. Item ibidem est Curia continens circa LXX agros quam Episcopus locauit quibusdam ciuibus ad colendum, qui iam episcopo nichil inde soluunt. — Item in foresta dicta Geheg extirpati sunt VI agri de quibus preter decimam Episcopo nichil datur. Item heinricus waldenroder extirpauit in eodem loco ad IIII agros de quibus similiter Episcopo preter decimam, quam iudex recipit, cum aliis decimis noualium de quibus adhuc certa estimacio non habetur. Item albertus et heinricus waldenroder occupant vnam Curiam sitam extra fossatum Oppidi iuxta Ecclesiam, que est Episcopi et incole eiusdem curie seruiebant cum ciuibus in donacione Steure et aliorum seruiciorum consuetorum. Item nemora Episcopi, quorum vnum est situatum retro villam Pulst et aliud iuxta fluuium Schorgast in loco dicto zigenpuchol²) prefati nobiles occupant. primum occupat Chunradus waldenroder. secundum albertus et heinricus wal-

---

¹) Heute Seſſenreuth.
²) Heute Ziegenburg.

denroder et dicunt, ea pertinere ad suas purchutas. Item extra opidum prefatum sita sunt alia Curia dicta Zeigent que alioquin fuit heinrici dicti Menzel sed Chunradus albertus fridericus et heinricus waldenrodarii captinitate et aliis angariis eidem illatis coëgerunt eum eandem curiam dimittere. et ipsam cum agris pratis et lignis et aliis attinentiis inter se diuiserunt. Item cringo de pulst qui in eadem fecit residentiam ultra XL annos dicit, quod Episcopus habet in eadem villa duas Curias, de quarum quelibet seruiebat walp. 1 lib. hall. Mich. tantum. in festo beati andree apostoli dedit preposito sancti Jacobi in Bab. LX hall. dictos „Muchelgelt." De hiis duabus Curiis intromisit se arnoldus waldenroder, tunc Judex loci, quas nunc occupant filii. dicunt autem quod sint eorum purchute. Item villa valtz,[1]) habens ad VI mansos, pleno iure pertinet ad episcopum et alioquin dedit censum et steuram, sed nunc heinricus et albertus waldenroder dicunt se tenere pro purchata. Notandum quod in officio prescripto Episcopus habuit magnos redditus, qui mirabiliter sunt distracti, et nunc continue extirpantur ibidem nemora Episcopi et seruiunt agriculture. multe instituuntur noue ville et omnes prouentus episcopi in censibus distrahuntur.

Notandum quod predictum officium cum suis prouentibus obligatum est **Chunrado de Gruen**;[2]) dicitur quod pro quingentis libris (hallensium) minus XIII libris hall.

(Liber privileg. Bamb. A. 3. f. 38.)

---

[1]) Fals liegt ein Viertelstunde von Marktschorgast.
[2]) Konrad von der Gruen, gen. Reichzenstein, war der Bruder Nycolai von der Gruen und hat sonach noch 1348 gelebt. Sein Geschlecht scheint den Bergbau stark betrieben zu haben. Interessant dürfte sein, daß sich im Lib. privil. Bamb. A. 3 das „Jglauer Bergrecht" in deutscher Sprache mit allen seinen civil- und criminalrechtlichen Bestimmungen für die Bergleute eingetragen findet.

Der Herausgeber.

C.
Kurfürstlich-Burggräfliches Kirchensystem im Jahre 1440 in
Oberfranken.
Register I und II
Beilagen 1 und 2.

I.

1440.

Diese Nachgeschribnen haben zu lehen dicz hernach geschribenen kirchen vnd gocgabe von der herschaft des Burggraffthums zu Nürnberg

zu dem ersten

Graf Wilhelm von Orlamunde was der Gotesgabe von der herschafft zum lewenstein mit namen. (leyhet.)

Graf Sigmund von Orlamunde was der gotesgabe leyhet von der herschafft zu lichtenburgg mit namen.

Eberhart der henlein am kirchensacz zu keyerlewbs.[1]

Mertein forsch von Turrnau den kirchensacz zu pesten mit Jr zugehorungen.

Die von Seckendorff mit namen herren Erenfrydes zu krotendorff die pfründe.

Die von Sparneck von Stein: pirck die Pfarre.

Die von wirsperg: lanczdorff die pfarr vnd frümesz.

Die von kindsperg: harsdorff vnd Nentmannsperg mit Jr zugehorung.

Die wolff die pfarr zu Tennszrewt.

Die wolffstrygel die frümesz zum Schawenstein vnd wungesesz (leyhet Johannes Jm Hofe der Eltere wann er das kaufft hat.)

---

[1] Kirchleus, Kerleus.

Die von Sparneck haben Weyßelstorff gancz zu lehen mit den ist zu reden ob die pfarr auch darinnen sey. Mit den von Güttemberg ist zu reden in welcher masz die Pfarr zu Güttemberg von der Pfarr zu Nyder=steinach kommen vnd geschieden ist vnd ir brif voruber verhören ꝛc.

Aeltestes Gemeinbuch des {Marggrafthums Brandenburg / Burggrafthums zu Nürnberg,} S. 320.

II.

1440.

Dicz sind die Gaystlichlehen vnd lehenschafften des Burck=graffthums zu Nuremberg.

A. Zum ersten in dem Bisthum zu Bamberg.

1. In dem Ampte zum Regniczhoffe.

1) Sand lanrenci pfarr in der vorstadt zum hoff mit sand Johans „des Mürrings Kapellen" genant gelegen mit sand Michels Kirchen in der Stadt, sand Niclas sand Sigmund Kapellen vor der Stat, vnd vff dem lande zu zober widersberg Grün[1) Gattendorf vnd Drogen;

2) von der vorgenanten kirchen sand Lorenczen pfarr geen die hernachgeschriben kirchen vnd Kapellen furpasz zu lehen.

Sand Johans „des Muerrings Kapelle" genant bey der vorgenanten sand lorenzen pfarr.

Auff dem lande.

Die pfarr zu Lotzaw mit sampt der frümes doselbst die pfarr zu Konradsrewt zum Gesell die pfarr=kirch vnd dieselb pfarr leyhet furpasz die pfarr zu

---

1) Sacksgruen ist die alte Veste Grune, nach welcher sich ein Zweig des Geschlechts Sack nannte und welche von den Faßmann zuerst den Vögten von Weida geöffnet wurde.

hirsperg mit anhangen der Kapellen zu Teppen.
Sye leyhet auch die frumesz daselbst zum Gesell
Auch leyhet dieselb pfarr zum Gesell dye pfarr zu
fröszen mit anhangen der Kapellen zu plinten=
dorff. — Die vorgenannt sand Lorenczenpfarr
leyhet auch die pfarr zu Miselerewt mit anhangen
der Kapellen zu Münchenrewt.

Mere leyhet die selbe sand Lorenczenkirche dye
pfarr zu Losau¹) mit der frümesz doselbst mit anhan=
gen der Kapellen zu Rospach.

Vnd die selbe pfarre zu Lasau leyhet fürder die
pfarr zu Passeck. ²)

Mere leyhet die obgenannt sand Lorenczenpfarr
zu Swerczenpach mit anhangen der Kapellen zu
Pilgramsrewt vnd resaw. ³)

Aber leyhet die obgenannte sand Lorenczen kirche
dye pfarr zu Selwicz mit anhangender Kapellen
zu Lewpolczgrüne vnd Marolczrewt.

Auch leyhet die selb sand Lorenzenkirche die pfarr
zum perge mit anhangen der Kapellen zum Sparn=
berg Ahorns⁴) vnd ysigar⁵) vnd auch die Kapelle
zu Gottsmannsgrune vnd auch die Kapelle zu
vnsers herrn Leichnam.

Darzu leyet sye auch die pfarr zu Eicheich.

Die pfarr zu Steben mit anhangen der Kapellen
zu lichtenberg mit der frumesz doselbst vnd die
pfarr zu Newlein die auch zu der vor genanten
kirchen sand Lorenczen gehören. In solcher maß
vnd rechten als an der vorgeschriben kirchen, die der

---

¹) Regnizlosau.
²) Posseck.
³) Rehau.
⁴) Vielleicht der Orlenstein bei Tiefengrün.
⁵) Isaar an dem „Isiger Bächel" darf nicht mit „Issigau" ver=
wechselt werden.

hochgeborne furst vnd herre friderich Burggraf zu Nuremberg rc. dem wolgeporn graff Otten von Orla=
müud hindann gegeben hat doch an pebstlich vnd
bischofflich bestetung vnd willen.

3) Die herschafft leihet auch dye frümes in sand Michahels kirchen. Sie leihet 4) auch die pfarr zum Spitall do selbst zum hoffe. Auch leyhet si 5) dye meß in dem selben Spitall „des Schutfellsmeß" genannt.

Summa der vorgenannten pfarr frümeß vnd Kapellen XLIII (43.)

6) Schawenstein bi frumeß.

Munchberg.

7) Ein meß in der pfarrkirchen doselbst.

II. In der herrschafft vnd Ampte zu Plassenburg.

1) In der pfarrkirchen sand Peters zu kulmnach sand Kunigund des heiligen Krewtz sand katherein=meß vnd=pfründe. — Die selben pfarrkirch leihet ein abpte zu lanckheim des Klosters doch hat Burggraff Johanns selig außgetragen mit dem Stule zu Rome vnd babste Mertein, dieselben kirchen abzuwechsellen vnd ein Stiffte darauß zu machen als des dy herschafft gute bebstliche Brieff vnd bullen hat.

2) Sye leyhet auch die pfrunde vnd Messe off der Burck plassenburck, derselbe Kapellan sunderlich der herr=
schafft verpunden ist nach außweisung der Stifftebrieff.

3) Dy herschafft leihet auch die pfarrkirche zu Niderstainach mit anhangen der Kapellen zu Gutemberg. Mit den von Guttemberg ist außzutingen wie vnd welcher maß ir pfarr zu Guttemberg von der vorgenannten pfarr ist abgeschieden vnd ob das mit der herrschafft will gescheen sey oder nicht.

4) Die pfarrkirche sand Jacob zu Drosenfelt mit anhangen der kirchen onser lieben frauen zu der langenstat.

III. In dem ampt zu Berneck.

1) Die herschafft leihett dy pfarr do selbst zu Berneck

mit sampt der frühmeß vnd sand anthonien pfründe des sones mes genannt.

2) Noch ist eine pfründe bo selbst by lehen by von wallenrode vnd by sy fürpaß von der herschafft zu lehen haben.

IV. In dem Ampte Goltkronach.

1) Dye pfarr vnser lieben frawen zu Nidmannstorff[1]) leihet die herschafft.

2) Darczu leihet sy auch by messe in sand Erhardes Kapellen zu Goltkronach.

V. In dem Ampte zu beyerrewt.

1) Czum ersten die pfarr zu beierewt mit anhangen der frühmeß boselbst vnd uf dem lande der Capelle Mistoligen Eckerstorff vnd Stockeich vnser lieben Frawen Meß in der selben pfarrkirchen, die Meß in dem Spitall, die Meß zu dem heiligen Krewtz, die frumeß zu Mistelgeu.

uff dem Lande.

2) Die pfarr zu pynlock, by hat by herrschaft verwechsellt vmb die pfare zu lawbendorff vnd by fürpaß in das Kloster Langenzeen gegeben.

3) Die pfarrkirchen vnserr lieben frawen zum Gesetz die frumeß boselbst zum Gesetz.

4) Die pfründe und Kapellen zu Mistelbach,

5) die pfarr zum Oberngesetz,

6) die Pfarr zu Pußpach mit anhangen der Kapellen zu Treberstorff.

7) Die Pfarr zu Newnkirchen,

8) by pfare zu Pönck.

9) by pfare zu Weybenberg vnd bye frumeß boselbst.

VI. In dem Ampte zu Krewßen.

---

[1]) Remmersdorf.

1) Die pfarr Sand Jakobs doselbst zu krewsen die mittelmesse, die frumeß auch doselbst.
2) Mengew.
3) Die pfarrkirch sand Johannes zu Kassendorf mit anhangen sand Magen Kapellen.
4) Pesten die kirchen ist gesundert worden von der vorgenannten kirchen die furpaß von der herschaft zu lehen haben bye forschen.

VII. In dem Ampte zu Zwernicz.
1) Die pfarrkirch sand lorencz zu wungeseß mit anhangen sand Margarethen Kapellen vnd auch der uff der burge zu zwernicz, die Goerg lichtenberger gestiftet vnd die sein lebtage vnd nicht lenger zu leyhen hat, Sunder wenn der gestirbet, so hat die die herschaft furber zu leyhen.
2) Die frumeß doselbst leyhen by wolffstrigel vnd by furpaß von der herschafft zu lehen geen (die leyhet nun Johannes Im hofe der Eltere vnd sein Erben, wann er sollich lehen aufft hat).
3) Die pfarr zu Drumstorff mit anhangen der Kapellen zu der Newenstabt in dem forst vnd althdorff.

Rabenstein.
4) Die pfrunde vnd Kapellen zu Burckahorn.

Osternach.
5) Die fruhmeß vnd Kapellen zu Hohenstat.

Beyerstorff.
6) die frumeß doselbst

Krafficzhoff vor Nurinberg.
7) Die pfrunde vnd frumeß doselbst zu sand Jörgen.
8) Die Meß vff der burg zu Nurnberg sand Othmars Kapellen (ist nu verkaufft).

Bamberg.
9) doselbst uff der Stiffte Bamberg ein vicarien vnd pfrunde uf sand Mathiasaltar vnd sand elspeten=Kapellen In des Thumprobsthoff, iczunt zu Wirczburg.

B. In dem Bisthum zu Wirczpurg 2c. 2c.
C. In dem Bißthum zu Regenspurg.
zu Weisenstat.
1) a. Die pfarrkirchen boselbst.
   b. Sand Erhardi Kapellen und frümeß barane.
2) Die Pfarrkirchen zu Bischoffgrüne.
Tirhein.
3) Die Pfarrkirchen boselbst.
4) Die Pfarrkirchen zu Tirsheim vnd die frumeß boselbst.
5) Die Pfarrkirche zu Lewten.
Kirchenlamitz.
6) Die Pfarrkirche boselbst
Selbe
7) a. Die Pfarrkirche boselbst
   b. Die frumesse ⎫
   c. Die Engelmesse ⎭ alles boselbst zu Selbe.

Aeltestes Gemeinbuch des Markgraffthums Brandenburg Burggrafthums in Nürnberg im kgl. bayer. Prov. A. zu Bamberg.

Beilage 1.

1464 den 24. April.

Hertnid vom Stein Thumbdechant zu Bamberg[1]) schreybt von Rom, das er hoffe er woll bey dem pabst erlangen, die erlaubniß, ein Stifft gen Kulmbach zu machen, zu welchem die pfarr zum hof soll geschlagen werden. Item das die Thumprobstey zu Aystett von dem Pabst sey verliehen worden Grauen Heinrich von Wirttemberg, deß Eltern Graven Ulrich Sohn. Er hett dieselbe Probstei auch gern gehabt, So hat sich der Thumbdechant daselbst auch hart barumb gekümmert.

Dat. am St. Gregorii tag ao. 1464.

Ankunftsbuch für das Fürstenthum Bayreuth
Seite 285.

---
[1]) Derselbe war Pfarrer zu Hof.

Beilage 2.

A. de dato 1481 den 16. Dez.

Marggraf Albrechten Churfürsten schreiben an seine vnderthanen, da die pfaffen von Ihrer Stewer[1]) wegen Interdict gelegt.

Eingang ꝛc.

Es setzt auch Marggraf Albrecht die fundamente sines fürnemens vnd seiner gerechtikeit also:

Item wahr das wir vom Reych haben Kloster vnd Stifft, die vns sonst pflegen zu dienen In vnsern eignen sachen, warumb sollten sie vns nicht dienen in deß reichs sachen?

Item wo wir Jus patronatus haben, da haben wir es in Vebung hergebracht vns zu dinen auch In vnsern eignen Sachen, warumb sollten sie vns nicht dienen In des Reychs sachen?

Nachdem wir mit allen den vnsern, seinen gnaden den dienst vollbringen sollen, auch vnser fordern vnd wir sie gestifftet haben von vnserm gut vnd aus dem fursteuthumb, das wir von dem heiligen Reych vnd kaysern vnd königen zu lehen tragen, worumb sollte es dann vnserm genedigen herrn dem keyser nicht helfen sein dinst vollbringen, Nachdem es aus seinem eigenthum, vnserm lehen gestifft Ist? Wer hett Jhme seine gerechtigkeit zu begeben? vnd wie möchts der kayser dem Reych begeben ohne verwilligung der Churfürsten? So Ist es kein Stewer Sonder ein wegengelt vnd ein hülff wider die Türken.

B. 1481 den 7. Okt.

In einem brieff an Burgermeister vnd Rath zum Hof schreibt er also:

---

[1]) Die Steuer war zur Deckung der Türkensteuer vom Kurfürsten ausgeschrieben und auch die Geistlichkeit mit herangezogen.

Von des **Bischoffs zu Bamberg** protesten haben wir appelliret für vnsern heiligsten vatter den Bapst ut Cautelae, deß wir euch abschrifft hiemit schicken, dem atherirt! will die priesterschaft nicht atheriren, So laß man sie ziehen vnd nem' andere, die atheriren, gult vnd opffer annemen vnd alle Christliche werk' thun. Alß Ihr meldet begrabens halb, prebigt euch Ewer pfarrherr all' prebig vnd spricht euch „die offen schuld" vor, die vnbter andern Innen hellt die „Newen freudben Sünd." Wer die todten nicht begrebt, die sein nothbürftig seind, do übt die werk der barmherzigkeit, die euch euer pfarrher prebigt, vnd laßt sie begraben, so bedorffens nicht auff dem Kirchhoff stehen. Sonst muß man Jedermann berichten an dem letzten vnd wann sein nott Ist. Ihr lebt aber, ob Gott will, noch lang. wir glauben, die pfaffen wehren all' gern exempt für vogtey vnd aller Obrikeit, möcht es Ihnen nur gebeyen ꝛc. ꝛc. Sonntags nach **Francisci** (7. Oktober im 81ten).

Ankunftsbuch des Fürstenthums Bayreuth. S. 539.

II.

Krohnemann,
der Goldmacher.

Die Alchymie, die vermeintliche Kunst, Gold zu machen, hat zu allen Zeiten und in den verschiedensten Ländern hohe und niedere Geister beschäftigt. Manche von ihnen mögen in der That von der Möglichkeit, aus unedlen Metallen edle zu erzeugen, überzeugt gewesen sein, und die von ihnen in dieser Hinsicht angestellten Versuche mögen nicht ohne wohlthätigen Einfluß auf die Wissenschaft geblieben sein. Die Meisten aber waren Betrüger, welche die Leichtgläubigkeit Anderer benützend auf Kosten derselben ihren Säckel füllen wollten. Zu den Letzteren gehörte auch jener berüchtigte Goldmacher Krohnemann, der in Bayreuth zur Zeit des Markgrafen Christian Ernst neun Jahre lang sein Wesen trieb.

Das Leben dieses Abenteurers hat der vormalige Professor und Rector Fikenscher zu Culmbach im Jahre 1800 ausführlich beschrieben. Da ich aber unter den Manuscripten des historischen Vereins dahier eine Biographie Krohnemanns aufgefunden habe, welche ein interessantes Aktenstück enthält, das Fikenscher nicht hat: so will ich hier dasselbe mittheilen und zu dem Ende aus Krohnemanns Leben nur so viel anführen, als zum Verständniß jenes Aktenstückes nöthig ist. Ich folge hiebei ganz den handschriftlichen Aufzeichnungen, welche indessen in manchen Punkten von Fikenschers Darstellung abweichen.

Krohnemann kam im Jahre 1677 nach Bayreuth und trat in markgräfliche Kriegsdienste. Bald aber ließ er sich verlauten, daß er Gold machen könne und Proben seiner Kunst liefern wolle. Der Markgraf, jung und lebenslustig, brauchte zwar immer Geld, traute aber gleichwohl dem Fremden nicht recht. Erst auf die besondere Empfehlung des Geheimenraths und Generalsuperintendenten von Lilien, der ein großer Gönner Krohnemanns war, ließ er diesem ein Laboratorium in einem kleinen Gewölbe des Schlosses zu Bayreuth errichten. Hier machte denn Krohnemann in Gegenwart des Fürsten, seiner Gemahlin Sophie Luise, des Geheimenraths von Lilien und einiger andern Räthe, nachdem er 14 Tage lang beständig in Schmelztigeln gearbeitet hatte, in zwei eisernen Pfannen eine Mischung von Quecksilber, Essig, Grünspann, Salz und andern Dingen, in die er dann ein weißes Pulver, welches er in einer Schachtel bei sich hatte, schüttete, woraus Gold wurde. Diese Stoffe waren aber schon vorher mit Gold vermischt worden, wie man später durch die von einigen mißtrauischen Räthen vorgeschlagene und von dem Münzmeister Johann Jung am 10. März 1681 vorgenommene Untersuchung und Prüfung erfuhr.

Nun war sein Ruf als Adept begründet. Der Markgraf verlieh ihm mehrere Titel und Ehrenstellen und gewährte ihm einen glänzenden Unterhalt. Seine Titel und Ehrenstellen sind aus einem Glückwunsche zu ersehen, den er dem Fürsten 1679 zu seinem Geburtstage nebst einigen Schaumünzen übergab. In dieser Schrift nennt er sich Christian Wilhelm Baron von Krohnemann, Herr zu Rothenstein und Fichtenburg, Erbherr zu Kranichenfeld und Großenhahn, Ritter vom Orden des güldenen Kleeblatts, Obrister, hochfürstlich Brandenburgischer Oberpräsident, Geheimerath, Generalkommandant, Kammerherr, Münz- und Bergwerksdirektor.

Der Generalsuperintendent von Lilien lieh ihm über 1000 fl. vor, die Krohnemann in Wollüsten vergeudete.

Auch den Oberhofmarschall Johann Albert von Ranov und den Hofrath German Luitcke nahm er so ein, daß diese bedeutende Summen für ihn verpfändeten.

Im Schlosse zu Bayreuth gefiel es ihm jedoch nicht lange, wahrscheinlich weil er daselbst zu sehr beaufsichtigt wurde; er wußte es dahin zu bringen, daß ihm auf der Plassenburg ein großes Laboratorium in einer Küche am rothen Thurm, in dem er später gefangen saß, eingerichtet wurde.

Hier verfertigte er nach und nach 7 silberne Schaumünzen, welche er dem Markgrafen zum Geschenk machte.

Da aber seine Betrügereien, wie bereits gemeldet, durch die von dem Münzmeister Jung am 10. März 1681 vorgenommene Untersuchung entdeckt wurden, so wurde er in den rothen Thurm auf der Plassenburg gefangen gesetzt. Auf die Verwendung des Generalsuperintendenten v. Lilien durfte er jedoch auch während seiner Gefangenschaft fortlaboriren. Auch brachte es derselbe bei dem Fürsten dahin, daß seine Gefangenschaft sehr erleichtert wurde.

Der vorausgegangenen Thatsachen ungeachtet wußte Krohnemann bei dem Markgrafen sich so von allem Verdachte zu reinigen, daß dieser am 1. März 1685 „Herrn Baron von Krohnemann auf freien Fuß dergestalt und also gestellt, daß er, wenn es ihm gefallen und belieben wird, innerhalb Unserer Festung herumb absonderlich in die Kirche und zum Gottesdienst gehen möge," und noch am 9. Juli 1685 den nachstehenden Vertrag mit ihm abschloß:

Zuwissen, demnach dem Durchlauchtigsten Fürsten und Herrn, Herrn Christian Ernsten, Markgrafen zu Brandenburg 2c. 2c. Herr Christian Wilhelm Baron v. Krohnemann 2c. Obrister 2c. mit höchsten Beteurungen, so wohl schrift= als mündlich, zugesaget und versprochen, was Maßen er darthun und erweisen wolle, daß diejenige truckene Tinctur, fermentata et infermentata, welche Se. Hochfürstliche Durchlaucht von ihm bekommen und in Handen haben, mit großem Nutzen Goldgenerirend, mehr und über

Eine Tonnen Goldes werth sei und ad infinitum auf Kindes=Kind augmentirt werden könne, auch den 6. Martii und 28. Juny laufenden Jahres, zimliche Proben dessen erwiesen, auch dergleichen an Gold und Silber, noch weit reichlicher zuthun, verheißen hat, und beede Prozesse auf Gold und Silber, ganz deutlichen und klar beschrieben, förderlichst auszuantworten: wie nicht weniger die gezeigte Drei gute Hoffnungen, mit Göttlicher Hülffe und Beistand, nach aller Möglichkeit, zu dem gewünschten Ende zu bringen, treulichst zugesaget, und höchstbesagt Se. Hochfürstl. Durchlaucht der gänzlichen Zuversicht leben, es werde gedachter Herr Baron von Krohnemann, sothane seine Zusagen im Werke, allerdings zu erfüllen, äußerstens befließen sein.

Alß haben Zweitens Se. Hochfürstl. Durchlaucht für sich, dann Deroselben Erben und Nachkommen, dagegen, gnädigste Versprechung gethan, wiederholen auch dieselbe hiermit, am Kräftigsten und Beständigsten, daß Dieselbe ihm, Herrn Baron von Krohnemann, dessen Ehe=Frau*) und Kinder, sammt anderen Angehörigen, in beständigen Schutz und Protektion, auch ihn in Dienst und zwar zum Geheimen Rath, und Ober=Burg=Voigt auf Plassenburg, und gebührende Pflicht nehmen, mit ordentlicher Bestallung schriftlich versehen, auch wider alle unbillige Gewalt schützen und handhaben; ingleichen Justiz wider seine Feinde, welche ihn in das große Unglück gestürzet haben, ernst= und gebürlich administriren.

Drittens, Jhme und allen den seinen, gestalten Sachen nach, würkliche Gnade erweisen, und von ihm als einem Dero merklichen Nuzen beförderenden gebürende Aestim machen, auch ihm, so viel immer möglich sein kann, guten Fried und Ruhe verschaffen wollen.

Und weilen Viertens, auf Unser Gnädigstes Begehren, Herrn Baron von Krohnemann beliebet hat, noch

---

*) Sie war die Tochter eines Generalauditors und Kriegsraths Namens Rolland.

eine Zeitlang auf der Vestung zu verbleiben, und die sogenannte alte Probstei, darzu bequem befunden worden; wollen Se. Hochfürstl. Durchlaucht Befehl ergehen lassen, daß dieselbe, nach Herrn Barons von Kronemann Gutbefinden, ehistens zugerichtet und zur Wohnung bequem gemacht werde.

Fünftens haben Se. Hochfürstl. Durchlaucht zugesaget und versprochen, daß Sie ihme, zu sein und der seinigen Unterhalt jährlich **Vierhundert Reichsthaler,** oder Vierhundert und Achtzig Gulden Fränkischer Währung, aus Dero Scatul, und jederzeit, Ein Vierteljahr zum Voraus, womit von den 1. July an, mit **Einhundert** Thaler der Anfang unfehlbar gemacht werden soll: ingleichen ein zulänglich Stück Geldes, als Einhundert Reichsthaler, zu allerhand Notdurft zu der Operation bezahlen, auch gute Kohlen und Tiegeln anschaffen lassen wollen.

Sechstens, soll jederzeit, nach Verlauf Dreier Monate, (dafern Gott Gesundheit erhält) die Lieferung an Gold und Silber geschehen, und abgeredeter Maßen, alles, was Se. Hochfürstl. Durchlaucht angewendet und hergegeben haben, zum Voraus abgezogen, der Nuz oder Ausbeute aber, es sei an Gold oder Silber, in Vier gleiche Theile zerschlagen, und davon Sr. Hochfürstl. Durchlaucht Drei, der Vierte aber, es sei so viel, als es immer wolle, Herrn Baron von Kronemann und den seinen, unweigerlichen seyn und verbleiben.

Siebendens: Und damit Göttl. Güte, seinen milbreichen Segen und allergnädigstes Gedeihen zu denen Operationen, desto reichlicher verleihen möge, soll bei jeder Lieferung, davon der Anfang auf nächstkommenden Michaelis-Termin zu machen, jedes Mahls **Ein halb Mark Goldes,** oder so viel ausmachendes an Silber, von der Ausbeute genommen, auch zu Bestell= und Unterhaltung eines eigenen Schloß=Predigers, welcher an Sonn=, Fest= und Feier-Tagen, wie nicht weniger in der Woche, den Gottesdienst, mit Predigen und Betstunden halten, gebürend versehen, auch andere seelsorgliche Werke verrichten solle, angewendet werden: doch dem jezigen Schloßpredigern M. Ottonis, biß zu seiner ferneren Beförderung, auch den Armen, ein Gewißes quartaliter abgegeben werden.

Achtens: Und weilen den 26. Juny, in Gegenwart der Durchleuchtigsten Fürstin und Frauen, Frauen Christiana Charlotta, geborner Herzogin zu Württenberg und Teck, verwittibten Fürstin von Ost=Friesland 2c., Herr Baron von Krohnemann ausdrücklich vermeldet, daß neulichst geschehene Lieferung, ein geringes Ding wäre, und künftig weit größer erfolgen solte; Als sagen im Gegenteil Se. Hochfürstl. Durchlaucht zu, daß, je größer die Lieferung jederzeit erfolgen, desto größer auch, Ihre Gdste Erkändnus in der That selbst seyn werde. Woran Herr Baron von Krohnemann, oder die seinigen, gar nicht zu zweifeln Ursach haben sollen.

Neuntens: haben absonderlich Se. Hochfürstliche Durchlaucht zugesaget, daß Dieselbe Herrn Baron von Krohnemann, seiner Frau und Kinder, gebürend verstatten, auch respective von Eger aus, in Dero Land, auch, auf seine schriftliche Imploration, ihme alle seine in dem Haus zu Baireut, zurückgelassenen Sachen, so wohl an Mobilien, als Büchern und andern, so viel immer möglich ist, verschaffen, und auf die Vestung bringen lassen wollen.

Zu dessen allen mehrer Versicherung, ist von Seiner Hochfürstl. Durchlaucht und Herrn Baron v. Krohnemann, dieses eigenhändig unterschrieben, mit den respective Hochfürstlichen und gewöhnlichen Insigeln bekräftiget, auch in Duplo ausgefertiget, und jedem Theil ein Exemplar zu Handen gestellt worden.

So geben und geschehen Plassenburg den 9. Julii, Anno 1685.

Christian Ernst, M. z. B.

(L. S.)   Christian Wilhelm Baron
von Krohnemann.
(L. S.)

Obgleich es, wie es in diesem Vertrage heißt, „Herrn Baron von Krohnemann beliebet hat, noch eine Zeitlang auf der Vestung zu verbleiben und die alte Probstei bequem dazu befunden worden," so behagte ihm doch seine Gefangenschaft nicht lange, und da er einsehen mochte, daß er seine Rolle nicht länger fortspielen könne, so faßte er endlich, als er immer dringender an die Erfüllung seiner Versprechungen gemahnt wurde, den Entschluß, sich der ihm drohenden Gefahr durch die Flucht zu entziehen. Daher suchte er einen um den andern von seinen Aufwärtern auf seine Seite zu bringen und ließ sich am 12. Februar 1686 Abends um 7 Uhr mittels eines Seiles durch das heimliche Gemach hinab. Er erreichte glücklich die Bambergische Grenze und kam am andern Tage Morgens um 3 Uhr nach dem Bambergischen Kloster Marienweiher, wo er, um Schutz zu erhalten, katholisch wurde. Er wurde aber ausgekundschaftet, und der Oberamtmann zu Kupferberg, Erdmann Ulrich von Walbenfels, brachte ihn mit List aus dem Kloster heraus und behielt ihn in Verwahrung.

Nach verschiedenen Unterhandlungen durch den markgräflichen Lehenprobst Johann Wolfgang Frank mit dem Bischofe Marquard Sebastian, der die Auslieferung Krohnemanns anfangs verweigerte, wurden von markgräflicher Seite 240 fl. erlegt, die gewöhnlichen Reversalien ausgestellt, und der Flüchtling an der Grenze oberhalb Untersteinach am 1. März ausgeliefert. Von da wurde er unter starker Bedeckung nach Culmbach in die Frohnfeste gebracht.

Nun begann sogleich die gerichtliche Untersuchung, in welcher sich ergab, „daß er die Vestung Plassenburg violirt und bestiegen, vier silberne Schüsseln, die ihm zum täglichen Gebrauche aus der Vorrathskammer gegeben worden, verschmelzt, solches nebst 130 Pfund Quecksilber nach Nürnberg und Eger verkauft; durch sein Gesind mittelst eines dazu verfertigten Ditrichs, die Silberkammer zu Plassenburg eröffnen und aus einem Schrank drei silberne große Geschirre entwenden laſſen, die nebſt den Schüſſeln 34 Pfund gewogen; durch dieſe bei dem Tertius zu Culmbach, M. Chriſtoph Ulrich Althoffer einſteigen und ihm ſein Geld, dann Gold und Silber wegſtehlen laſſen; endlich bei ſeiner letzten Lieferung dem Fürſten falſches Gold und Silber überſchickt."

Nachdem die Unterſuchung beendigt war, wurden die Acten „verſchickt" und ihm „von den Auswärtigen" wegen ſeiner Betrügereien, Diebereien und Ehebruchs mit ſeiner Schließerin der Galgen zuerkannt. Die Collegien in Bayreuth wollten zwar dieſe Strafe in lebenslängliches Gefängniß verwandeln; allein die von ihm Betrogenen drangen auf die Vollziehung des Urtheils, welches denn auch am 27. April 1686 an ihm vollſtreckt wurde.

Vor der Hinrichtung trat er, um ſein Leben zu retten, wieder zur evangeliſchen Religion über, beichtete einige Tage vorher bei einem Culmbacher Geiſtlichen und genoß das heilige Abendmahl. Er hatte ſeinen Glauben viermal gewechſelt. Der Geburt nach war er evangeliſch, in Holland wurde er katholiſch, in Bayreuth wieder evangeliſch, in Marienweiher nochmals katholiſch und ſtarb endlich wieder evangeliſch.

Der Markgraf wollte ihm zuletzt doch noch das Leben ſchenken, allein die Begnadigung kam zu ſpät; er war bereits am Galgen erkaltet.

III.
Die Streitigkeiten
der
Markgrafen von Bayreuth
mit der Ritterschaft über die
Reichsunmittelbarkeit.

Quellen: Grundriß zu einer vollständigen Staatsgeographie des Burggrafthums Nürnberg ꝛc. von Lange. 1763. Manuscript. — Bayrenther politische und Intelligenzzeitung 1792 — 1796. — Instruction, die Landesrechte, welche Sr. königl. Majestät von Preußen auf den Hintersassen, Besitzungen und Gütern benachbarter Stände und der Ritterschaft in dem obergebürgischen Fürstenthum zustehen, betreffend. 1796. Manuscript. — Staatsarchiv der königl. preuß. Fürstenthümer in Franken, bearbeitet und herausgegeben von Hänlein und Kretschmann. Bayreuth. 1797. II. Band. Seite 446. —

Nach Lange's Darstellung schlossen sich zu Ende des 15. und zu Anfang des 16. Jahrhunderts mehrere obergebirgische Edelleute an die fränkische Ritterschaft an, weil sie zum Theil neben ihren burggräflichen Lehen auch unmittelbare fränkische Güter besaßen, oder sich mit unmittelbaren fränkischen Geschlechtern durch Heirathen verbunden hatten, oder bei dem veränderten Kriegswesen ihre Ritterdienste ver=

silbern d. h. durch Geld ablösen wollten, oder auch mit ihren Unterthanen in Processe geriethen und deren Entscheidung den markgräflichen Gerichten nicht überlassen wollten. Namentlich kündigten viele zu den Herrschaften Plassenburg, Bayreuth und Creußen gehörige Landsassen und Vasallen, so wie auch einige im Voigtlande den Markgrafen den Gehorsam auf und läugneten außer ihrem Vasallagium alle weitere Verbindlichkeit gegen dieselben ab. Auch lieferten sie von da an die Steuern ihrer Hintersassen nicht mehr in die fürstlichen Cassen, sondern in die Rittertruhen ab.

Die fränkische Ritterschaft nahm sie bereitwillig auf und bemühte sich, derselben immer mehrere an sich zu ziehen. Zwar trennten sich später die meisten wieder von derselben, und insbesondere erkannte die in den Hauptmannschaften Bayreuth, Hof und Wunsiedel angesessene Ritterschaft auf den 1615 zu Bayreuth und Wunsiedel gehaltenen Landtagen den Markgrafen als ihren Landesherrn an; allein mehrere blieben bei der fränkischen Ritterschaft, und es kam nun zu Processen zwischen dieser und dem voigtländischen Adel, sowie auch zwischen der fränkischen Ritterschaft und den Markgrafen, kurz es entstand eine Verwirrung, die nicht zu entwickeln war.

Diese Processe nahmen schon 1576 ihren Anfang und wurden theils vor dem Kammergerichte, theils vor dem Reichshofrathe bis in die neueren Zeiten, also fast über 200 Jahre lang, geführt. Die Markgrafen schlossen mit den benachbarten Ständen Verbindungen gegen die Ritterschaft, sie ergriffen stets den Recurs wider die Verfügungen des Reichshofrathes; Georg Wilhelm brauchte selbst Gewalt gegen die adeligen Insassen; allein die Sache blieb unentschieden.

Indessen blieb die voigtländische, sowie die übrige mit ihr verbundene Ritterschaft dem Markgrafen treu und gewann dadurch so viel, daß ihr nicht nur für ihre Güter, sondern auch für ihre Personen beträchtliche Freiheiten und Vorrechte ertheilt wurden, während dem übrigen Adel außer den ihm durch die Belehnung zu Theil gewordenen Befug=

nissen nicht die mindeste Gerichtsbarkeit über seine Hintersassen und keinerlei Vorrechte zugestanden wurden.

Der Bayreuther Adel wurde nun durch die Benennung fränkisch und voigtländisch unterschieden. Diejenigen Güter, deren Besitzer es fortwährend mit der fränkischen Ritterschaft hielten, wurden fränkische Rittergüter genannt; diejenigen hingegen, deren Besitzer sich als landsässig bekannten, die Steuern ihrer Unterthanen in ihren eigenen Rittercassen verrechneten und sich den fürstlichen Befehlen fügten, wurden voigtländische Güter genannt.

Die voigtländische Ritterschaft theilte sich in drei Cantons: Hof, Wunsiedel und Bayreuth. Die beiden ersten begriffen alle in den beiden Hauptmannschaften Hof und Wunsiedel gelegenen Rittergüter; der letzte erstreckte sich aber auch in die Amtshauptmannschaft Kulmbach und das ganze Unterland.

Jeder Canton hatte seinen Ritterhauptmann, welcher von der Ritterschaft gewählt und vom Markgrafen bestätigt wurde. Unter dem Ritterhauptmann standen die Consulenten, Secretarien, Cassiers und übrigen Offizialen eines Cantons. Die von den adeligen Hintersassen zu entrichtenden Steuern wurden zu den Besoldungen und übrigen Ausgaben verwendet, auch von ihnen die zur fürstlichen Landschaft zu zahlenden receßmäßigen Jahrgelder, sowie die von Zeit zu Zeit den Markgrafen bewilligten Dons gratuits bestritten.

Alle voigtländischen Güter hatten die niedere Gerichtsbarkeit; einige waren jedoch mit der hohen Jurisdiction belehnt.

Beim Tode Friedrichs im Jahre 1763 befand sich im eigentlichen Voigtlande und in der Amtshauptmannschaft Wunsiedel kein fränkisches Rittergut; dagegen waren in den Amtshauptmannschaften Bayreuth und Kulmbach, so wie im Unterlande viele voigtländische Güter zu finden. Die fränkischen Rittergüter in den zuletzt genannten Amtshauptmannschaften und im Unterlande waren selten, da sie theils heimgefallen, theils von den Markgrafen angekauft und den fürstlichen Domänen einverleibt waren.

Im Jahre 1792, als das Fürstenthum Bayreuth an die Krone Preußen fiel, wendete sich die voigtländische Ritterschaft an den König von Preußen mit der Bitte um Bestätigung der mit ihr errichteten Recesse. Der König forderte hierauf die obergebirgische Regierung unterm 18. April desselben Jahres auf, hierüber einen gutachtlichen Bericht zu erstatten, was dieselbe auch unterm 15. Mai d. J. that.¹) Zugleich reichte die voigtländische Ritterschaft Höfer und Wunsiedler Bezirks bei Gelegenheit der Steuer-Konkurrenz-Verhandlungen, welche sie mit der Landschaft zu pflegen hatte, Generalbeschwerden ein und bat um die landesherrliche Abhülfe.²) Der König aber befahl durch Rescript vom 10. Juli d. J., die Receßbestätigung der voigtländischen Ritterschaft so lange auszusetzen, bis der Staatsminister Freiherr v. Hardenberg sein Gutachten über die Verbindlichkeit der Recesse abgegeben hätte und die ritterschaftlichen Privilegien von ihm dargelegt wären. Dies geschah auch im August d. J.³) Allein anstatt der erwarteten Bestätigung der Recesse erfolgte erst im Jahre 1796 eine k. Bekanntmachung, in welcher die Landeshoheitsrechte auf sämmtlichen adeligen Gütern in den beiden fränkischen Fürstenthümern Bayreuth und Ansbach, deren Besitzer sich noch zur Reichsritterschaft hielten, geltend gemacht und auf alle Adelige ohne Ausnahme ausgedehnt wurden, indem behauptet wurde, daß in den Fürstenthümern Bayreuth und Ansbach durchaus kein unmittelbarer Adel vorhanden sei, und daß diejenigen, welche sich reichsunmittelbar nennen, von jeher wahre Landsassen gewesen seien. Auf Befehl des Königs mußte dies Alles in dem von Lang und Kretschmann im Jahre 1797 zu Bayreuth herausgegebenen Staatsarchive nachgewiesen und historisch begründet werden.⁴)

¹) Beilage Nr. I.
²) Beilage Nr. II.
³) Beilage Nr. III.
⁴) Man vergleiche übrigens damit, was Frhr. v. Aufseß im Archive für Geschichte und Alterthumskunde von Oberfranken 1. Band 1. Heft S. 131 — 144 hierüber sagt. — Hausgesetz der Grafen von Giech. S. 7. Tübingen 1858.

Zugleich wurde noch im Jahre 1796 eine genaue Revision des ritterschaftlichen (voigtländischen) Steuerwesens angeordnet und hierauf die Beschlagnahme der Cassen befohlen, weil die Ritterschaft seit mehreren Jahren die Steuern, welche sie in die königlichen Cassen liefern sollte, zurückbehalten, gleichwohl aber von ihren Hintersassen beträchtliche Steuern erhoben, eine Separatsteuerkasse gebildet und diese äußerst unwirthschaftlich behandelt habe. Am 30. März 1796 wurden daher die Steuerkassen der voigtländischen Ritterschaft, Höfer und Wunsiedler Bezirks, weggenommen und unter Bedeckung nach Bayreuth gebracht, wo sie bei der Hauptsteuerkasse deponirt wurden. Der Ritterschaft aber wurde durch ein besonderes königliches Rescript die Versicherung ertheilt, daß der König keinesweges die Rechte der Ritterschaft beeinträchtigen wolle, sondern lediglich von seinem Rechte der ihm zustehenden landesherrlichen Oberaufsicht über das Steuerwesen Gebrauch mache.

Zuletzt erging am 24. Juni 1796 auf speciellen Befehl des Königs von Preußen von dem Landesministerium der fränkischen Fürstenthümer zu Ansbach an die Regierung I. und II. Senats zu Bayreuth, bezüglich der Landeshoheitsrechte, eine ausführliche Instruktion, in welcher ausgesprochen wurde, daß das Fürstenthum Bayreuth ein geschlossenes Territorium sei, und daß Alles, was in demselben gelegen, der vollen Landeshoheit des Königs unterworfen sei. Zugleich wurde der Regierung zur Pflicht gemacht, die Justiz- und Kirchengewalt auf allen Gütern und Kirchen des Fürstenthums auszuüben und zu dem Ende die oberaufsehende, gesetzgebende und vollziehende Gewalt zu behaupten.

Nachdem nun die Art und Weise, wie in dieser Hinsicht gegen die einzelnen Nachbarn, namentlich die Krone Böhmen, Kursachsen, die Grafen von Reuß, Sachsen-Saalfeld, die Kurpfalz, Bamberg, Würzburg, Eichstädt, den Teutschorden, den Langheimischen Klosterhof zu Kulmbach, die Reichsstädte Nürnberg, Windsheim und Rothenburg, verfahren werden sollte, genau vorgezeichnet, wurde rücksichtlich der voigtländischen Ritterschaft bestimmt:

1) Die eigentliche Quelle der Gerichtsbarkeit auf voigtländischen Rittergütern seien landesherrliche Gnadenbewilligungen.

2) Der Regel nach hätten alle voigtländischen Rittergüter die niedere Gerichtsbarkeit; nur einige seien mit den Obergerichten, unter denen blos die jurisdictio criminalis zu verstehen, begnadigt, nämlich: Konradsreuth, Förbau und Schwarzenbach an der Saale, Gattendorf, Hofeck, Isaar, Itziga, Münchenreuth, Nentscha, Oberkotzau, Reginzlosa, Hohenberg, Zedwitz, Erkersreuth, Oberredwitz, Schönwald.

3) Die höhere sowohl als die niedere Gerichtsbarkeit müsse nach den Vorschriften des preußischen Landrechts ausgeübt werden und das Versenden der Acten auf auswärtige Universitäten ganz unterbleiben.

4) Manchem von Abel stehe zwar das Patronatsrecht über die Kirchen zu, aber Gerichtsbarkeit in Kirchensachen oder Gerichtsbarkeit über den Prediger und Schulmeister gehöre dem Patronatsherrn nicht; daher könnten die Pfarrer nur vom Consistorium abgesetzt werden.

5) Kirchen- und Schulgebäude müßten von den Patronen und den Eingepfarrten erhalten werden.

6) Auch die Reitzensteinischen Reichs-After-Lehnleute im Amte Wunsiedel seien der unbeschränkten königlichen Landeshoheit unterworfen, und den von Reitzenstein stünden blos grundherrschaftliche Rechte zu.

Hinsichtlich der fränkischen Ritterschaft wurde ausgesprochen, daß diejenigen von Abel, welche sich zu derselben halten, und deren Güter im Fürstenthum Bayreuth gelegen, der vollen königlichen Criminal- und Civilgerichtsbarkeit unterworfen seien, und daß ihnen über ihre Hintersassen und Lehenleute blos die jurisdictio colonaria zustehe.

Ebenso seien die im Bayreuthischen gelegenen Hirschbergischen Reichslehen, sowie auch die Schwarzenbergischen und gräflich Castellischen Hintersassen der vollen königlichen Landeshoheit unterworfen.

In Betreff der Grafen von Giech wurde der Regierung befohlen, in Gemeinschaft mit der obergebirgischen Kammer eine Commission nach Thurnau zu senden, um die Landeshoheit über den im Jahre 1699 vom Markgrafen Christian Ernst ohne Consens des Kurhauses an die Grafen von Giech um 26000 fl. veräußerten Distrikt in Besitz zu nehmen. Jedoch sollten vor der Hand deren Hintersassen, welche außerhalb des im genannten Jahre vermarkten Distrikts in königlichen Aemtern sitzen, nach den gegen die fränkische Ritterschaft vorgeschriebenen Grundsätzen behandelt werden.

In Folge dieser Verfügung ging auch am 9. Juli desselben Jahres eine Regierungs- und Cammercommission von Bayreuth nach Thurnau ab und nahm daselbst im Namen des Königs von den Landeshoheitsrechten über die Grafschaft Thurnau Besitz.

Indessen wurde auf die Bitte des Grafen von Giech demselben d. d. Berlin 10. November 1796 die königliche „Assecuration" ertheilt, daß 1) er und seine männlichen Nachkommen den im Jahre 1699 veräußerten Distrikt in und um Thurnau, so weit er vermarkt ist, unter der königlichen Landeshoheit ferner besitzen und in jedem einzelnen Falle damit von dem Ministerium der fränkischen Fürstenthümer als mit einem brandenburgischen Mannlehen beliehen werden sollten, wogegen die im Jahre 1699 bezahlten 26000 fl. den königlichen Cassen innen und anheim gefallen bleiben; 2) der Graf von Giech nebst dem Prälaten von Langheim der erste Landstand des Fürstenthums Bayreuth sein soll.

<small>Vergleiche die staatsrechtlichen Verhältnisse des gräflichen Hauses Giech, von Dr. Pernice. Halle, 1859.</small>

Das Ritterlehengericht zu Bayreuth wurde am 8. August 1796 aufgehoben und die dahin sich eignenden Gegenstände der Regierung I. Senats zugetheilt.

Dr. Holle.

Beilage Nr. I.

Obergebürgische Regierung.
Gesammter Voigtländischen Ritterschaft
gemeinschaftliches Suchen um allergnä=
digste Bestättigung derer Recesse, und
darauf sich beziehenden Landesherrlichen
Resolutionen betreffend.

Referent:
Geheimer Regierungsrath Wipprecht.

Bei Ew. Königl. Majestät hat gesammte Voigt=
ländische, und derselben associirte Ritterschaft des Obergebür=
gischen Fürstenthums um Bestätigung der mit derselben
errichteten Recesse, und hiernach ergangenen Resolutionen
allerunterthänigst angesucht, und Allerhöchst Dieselben
haben uns unter dem 18. erst verflossenen Monats aller=
gnädigst befehliget,
darüber gutachtlichen Bericht zu erstatten.

Die Ritterschaft ist hierunter der Gewohnheit nachge=
gangen, welche sie, und ihre Vorfahren bei jeder höchsten
Regierungs=Veränderung durch gleiches Ansuchen beobachtet
hatte, jedoch mit der dißmahl sich auszeichnenden lobenswür=
digen Bescheidenheit, daß sie solches ihr Gesuch nicht, wie
in vorigen Fällen geschehen, sogleich mit der Voraussezung,
daß der Voigtländische Adel den Landsaßiat in dem Fürsten=
thum nur durch Verträge, und gegen Bedingung anerkannt
habe, verbunden.

Ohne Zweifel wird aber die Ritterschaft auf den Fall,
wann Ew. Königl. Majestät die Bestätigung der Recesse
und Resolutionen so, wie sie vorliegen, pure zu ertheilen,
Anstand finden sollten, jene Sprache von einem Nexu subjec-
tionis pactitio zu führen, nicht unterlassen.

In dieser Rücksicht finden wir ohnumgänglich noth=
wendig, von der ursprünglichen Verbindung des Voigtländi=
schen Adels mit dem Obergebürgischen Fürstenthum; von

Veranlassung der Recesse und von denen dadurch erlangten Rechten, Privilegien und Freyheiten, die derselbe dermahlen noch zu geniesen hat, einige kurze Bemerkungen vorausgehen zu lassen.

Unter den Erwerbungen, welche die Herren Burggrafen zu Nürnberg, und nachherige Herren Marggrafen zu Brandenburg an Districten des ehemaligen Voigtlandes, einer zwischen Sachsen, Böhmen, Thüringen, und Franken gelegenen besondern Provinz, meistentheils durch Kauf gemacht, war der eingesessene Adel jedesmahl mitbegriffen. Besonders war solcher als ein Theil der Stadt Hof, und des Regniz Landes, schon denen Herzogen von Meran, dann denen Grafen von Orlamünde, und denen Voigten von Weyda, als ehemaligen Besitzern solcher Herrschafft, unterwürfig und, als selbige von letzern im Jahr 1373 an Herrn Burggraf Friederich V. durch Kauf überlassen worden, so ist gedachter Adel eben so, als ein beträchtlicher Theil des vormaligen Adels in Chur=Sachsen, worinnen von jeher der tiefe Landsaßiat eingeführt war, und noch gegenwärtig herrschet, durch die Tausch=Handlung zwischen dem Herrn Churfürsten Friederich und Herrn Herzogen Johannes zu Sachsen, dann den Herrn Marggrafen Casimir und Georg zu Brandenburg von 1524 in gleicher Eigenschaft an das Obergebürgische Fürstenthum mit übergegangen. Wie dann auch das nemliche Verband des in Voigtland, und in den sechs Aemtern gesessenen Adels mit den zum Burggrafthum acquirirten dortigen Ländereyen erforderlichen Falles aus den Archiven hinlänglich documentirt werden kann.

Vor dem XVI. Jahrhundert, und den Regierungs=Zeiten des Herrn Marggrafens Georg Friederich wurde auch der Landsaßen Nexus des Voigtländischen Adels von Niemand bezweifelt, und noch in dem Plassenburgischen Receß, oder mißbräuchlich sogenannten Vertrag von 1515, wodurch von den Herren Marggrafen Casimir und Georg die in einiger Irrung befangen gewesene Adeliche Gerichtsbarkeit, in der Art einer Begnadigung, und mit ausdrücklichen Vorbehalt der Landesfürstlichen Obrig= und Gerechtigkeiten, bestimmt worden, findet sich solcher Nexus zu wiederhohlten mahlen anerkannt, und bestättigt.

Als aber im Jahr 1559 die Ritterschaft in Franken von Kayser Ferdinand I., wiewohl ungehört der dabey interessirt gewesenen Reichsstände, das erste Privilegium, und von Kayser Maximilian II. im Jahr 1566 zu Erhaltung ihres neuen Corporis formati, dann Bestreitung der 1564 ausgeschriebenen Reichshülfe an Geld und Türken Steuer, ingleichen der Kayserlichen Charitativ=Subsidien das jus collectandi erlanget, so hat von dieser Zeit an die Fränkische Ritterschaft Orts Gebürg unter der Hand alle ordentliche Wege und Mittel eingeschlagen, auch den Brandenburgischen Adel in Voigtland mit in ihr Consortium zu ziehen, sich denselben contribuablo zu machen, und, da verschiedene Mitglieder desselben sich durch die verheisene Theilnahme an den vorgespiegelten Immediatäts=Rechten, Freyheiten und Utilitäten einer Reichs Ritterschaft würcklich blenden, und zu Besuchung ihrer Ritter=Tage, dann Steuerung zu der Orts Casse verleiten lassen, daraus ein solches Jus quaesitum gefolgert, daß der Ritter Canton wegen der in Rückstand verbliebenen Steuer schon im Jahr 1576 bey dem Reichs=Cammer=Gericht ein Mandat ausgewürcket, dessen Vollziehung aber durch die Intervention, und nachdrückliche Vorstellungen höchstgedachten Herrn Marggrafens Georg Friederich fast gänzlich entkräftet worden.

In der Folge mag eben dieses Mandat bei denen von der Fränkischen Ritterschaft an sich gelockten Mitgliedern des Voigtländischen Adels eine Reue über die mit selbiger eingegangene Verbindung, auf Seiten der höchsten Landesherrschaft aber vorsichtige Maas Reguln verursacht haben, letztere gegen die fernere Nachstellungen der Fränkischen Ritterschaft auf dem kürzsten Weeg der Güte in der Submission zu erhalten; Und der dem Voigtländischen Adel mehrmalen gemachte Vorhalt seiner ursprünglichen Verfassung, und vorlängstiger Incorporation in das Burggrafthum Nürnberg hatte endlich zu den Regierungs-Zeiten des Herrn Marggrafens **Christian** die ersprießlichste Würckung, daß die in den Hauptmannschafften Hof und Wunsiedel gesessene Ritterschaft in den Recessen von 1615 ihre schon vorher bestandene Landsaßigkeit aufs neue feyerlich anerkannt, so, daß also diese Submissions-Agnitions-Recesse mit dem Nahmen eines Submissions-Vertrags nur mißbräuchlich beleget worden. Wogegen die Ritterschaft in den Recessen von 8. Juni 1626 und 24. May 1638, dann in den Resolutionibus vom 28. Nov. 1649 solche Landesherrliche Bewilligungen erhalten, zu welchen hochfürstlicher Seits, außer jenen Rücksichten, keine Verbindlichkeit vorhanden, noch von der Ritterschaft in Weg Rechtens zu behaupten gewesen wäre. Wiewohln nun die fränkische Ritterschaft wider einige solcher Voigtländischen Mitglieder im Jahr 1626 beim Kayserlichen Reichshofrath mit einer abermaligen Klage insurgirt, und auf die errichtete Recesse ein Mandatum poenale cassatorium, dann gegen den Herrn Marggrafen **Christian** ein Rescriptum cassatorium, inhibitorium, et restitutorium auszuwürcken gewust, so wurde doch von den höchsten Landes-Regenten solchen — der Fränkischen Ritterschaft auf den Voigtländischen Adel gewagten fuglosen Vindications-Ansprüchen auch dießmahl mit Standhaftigkeit entgegen getretten, so, daß die impetrantische Ritterschaft den angezettelten Proceß nunmehro seit 50 Jahren gänzlich unverfolgt gelassen, und da nach den Reichs Gesezen jeder höchster Reichsfürst Sich gegen seine Unterthanen bey den hergebrachten Juribus selbst zu handhaben, vollkommen berechtiget ist, dem Voigtländischen Adel aber durch den Wiederruff der ihnen Landesherrlich bewilligten beträchtlichen Vorrechte, Freyheiten, und Privilegien, davon keinem im Fürstenthum gesessenen Mitglied der Fränkischen Ritterschaft etwas zugestanden wird, der empfindlichste Nachtheil selbst zuwachsen würde, so läßt sich bei der Voigtländischen Ritterschaft eine weitere Neigung, ihre anerkannte und mit geleisteten Erb-Huldigungs-Pflichten so vielfältig bekräftigte Landsäßigkeit jemahln bezweifeln zu wollen, kaum benken, noch biese Subjection blos einem von der Ritterschaft willkührlich eingegangenen Vertrag mit Grund zuschreiben. Gleichwie es aber bei solchen bewilligten Juribus der Ritterschaft nicht verblieben, sondern biese sie bei günstigen Gelegenheiten durch Geld-Abträge an die höchsten Regenten immer zu erweitern gesucht; Also sind die Receßmäsige Gerechtsame berselben, welche unter den zweyen Worten:

Jura Voigtlandica

begriffen sind, von sehr weiten Umfang, wie das Regierungs-Collegium bei mehrfältigen Gelegenheiten, besonders unter der Regierung des Herrn Marggrafens Friederich Christian p. m., aus deren Cabinet solche Jura um sehr geringen Preiß zu erlangen waren, nach den Trieb seiner Pflichten, durch eine concentirte Paraphrase jener wenigen Worte unterthänigst vorgelegt, und dadurch bewürckt, daß in der Folge mit weiterer Ertheilung derselben zurückgehalten worden.

Da solches Detail eine hinreichende Uebersicht der Receßmäsigen Gerechtsame Voigtländisch Abelicher Mitglieder, und ihrer Hintersaßen gewähret; so finden wir Zweckmäßig, solches hierdurch allerunterthänigst beizufügen:

I.

haben die von Abel selbst sich zu erfreuen:

A.

In Jurisdictionalibus:

1) der vollständigen Niedern Voigteylichkeit, und zwar sowohl über ihre, mit Thür und Angel beschlossene Hintersaßen, als auch auf deren sämmtlichen Lehen zu Dorf und Feld, und denen privat Weegen, welche in criminalibus sogar die Cognition der Fornications- dann Diebstahls-Fälle bis auf 5 fl. — Werth, ingleichen aller Schlägerey- und Verwundungs-Sachen, wann daraus keine würckliche Lähmung entstehet, auch

anderer Policey= und sonstiger Frevel, in civilibus aber alle und jede Actus tam voluntariae, quam contentiosae jurisdictionis, und bey letztern die Verführung förmlicher Concurs-Processe, mit Edictal-Citationibus, Subhastationibus, und andern Actibus publicis, ja in Ehe=Sachen die Befugniß, nebst den Geistlichen pro matrimonio zu handeln, in sich begreifet. Womit denn auch die Stallungs=Requisitiones von denen hochfürstl. Aemtern verbunden sind.

B.
In processualibus:

2) des Privilegii Fori bey ihren eigenen Gerichten,
3) eines besondern Menagement in Inquisitions= und Arrest=Sachen,
4) der Befugniß, sich in delictis levioribus per Mandatarios, oder schriftlich verantworten zu dörfen,
5) der vorzüglichen Beschleunigung ihrer Processe,
6) der freyen Election des Hof= oder Kayserlichen Land=gerichts bey Appellationibus von Regierungs=Erkenntnissen,
7) der Befugniß, die Communication der Amts=Berichte zu verlangen,
8) der Befreyung von den Succumbenz-Geldern.

C.
In Lehens=Sachen:

9) eines besondern Menagement intuitu der verschuldenden Lehens=Fehler, welchen gemeiniglich gegen geringe Emenden condonirt wird,
10) der Dispensation der Mitbelehnten von weiterer Ab=leistung der einmahl praestirten Lehens=Pflicht nach Absterben der Possessorum,
11) der leicht erhaltenden Erlaubniß, die Belehnungen per Mandatarios zu empfangen,
12) der Befugniß, den Lehenherrlichen Consens ad oppig-

norandum bis zum Drittel des Lehen-Werths zu verlangen,

13) des beneficii competentiae bei verschuldenden Lehen-Güttern.

D.
In Marsch- und Einquartierungs-Sachen:

14) Der Exemtion ihrer Ansitze von Einquartierungen ausser den äussersten Noth-Fällen.

E.
In Forst- und Jagd-Sachen:

15) Der Exemtion von derer Herrschafftlichen Forst-Officianten Holz-Anweisen in ihren Waldungen,
16) der Exemtion von dem Wald-Verboth bey der Setz-Zeit des Wildprets, dergestalt, daß sie zu allen Jahres-Zeiten in ihren Wäldern Holz hauen, und die zu ihren Güttern gehörige Huthen und Triften besuchen dörfen,
17) der ihnen gewißermaßen verstatteten Befugniß, Streu zu schnäbeln,
18) verschiedener Praerogativen bey der niedern Jagd, welche ein oder der andere von Abel hergebracht rc. rc.

F.
In Handwercks-Sachen:

19) Der Befugniß, folgende 6. Handwercker, als Schneider, Schuster, Hufschmiede, Weber, Zimmerleute und Maurer indistincte auf ihren Lehen zu halten,
20) der Erlaubniß, wenn sie mehrere Handwercker auf ihren Lehen etabliren wollen, mit Hofnung der Deferenco darum ansuchen zu dörfen,
21) der Freyheit, sich auf den Ansitzen vor ihre Familie und Hauß-Genossen auch unzünftiger und ausländischer Handwercks-Leute bedienen zu dörfen,
22) der Erlaubniß, ihre unzünftige Ziegler und Kalchbrenner in die Städte und Märkte mit Kalch und Ziegeln handeln zu lassen,

23) der Befreyung von Einfällen nach Handwercks=Störern in ihre Gerichte.

G.
In Bergwercks=Sachen:

24) eines besondern Menagements intuitu des Salpeter=Grabens,
25) der Freyheit, Kalch=Steine und Leimen ohne alle Muthung graben zu lassen.

II.
In Herrschafftlichen Praestandis:

Der Befreyung
26) von der Steuer wegen ihrer eigenen Güter,
27) von Vernachsteuerung ihres ausser Landes bringenden Vermögens,
28) vom Zoll vor ihre auf den Ritter=Güttern gewinnende, und verkaufende Feilschafften, welche Immunitaet auch den Ritter=Guths=Pächtern und halb=Bauern zugestanden wird,
29) vom Mahl=Accis,
30) vom Bier=Umgeld vor ihr Hauß=Bedürfen,
31) vom Wein=Umgeld, wann solcher noch nicht in das Herrschafftl. Umgeld geschrieben ist,
32) vom Stampf=Pappier,
33) von Zuchthauß=Tax=Geldern in rebus gratiae et justitiae, und überhaupt
34) von neuen Landes=Anlagen und Extra-Ausschlägen.

Ferner haben die Voigtländische von Abel die Praerogativen, daß sie
35) vor Promulgirung einer pragmatischen Landes=Verordnung mit ihren Gutachten gehöret werden,
36) auf ihren Kirchen= und Pfarr=Lehen die Gotteshauß=Rechnungs=Abhör behaupten,
37) eigene Brau= und Multz=Häußer zu ihrem Hauß=Bedürfen errichten, auch

38) sub certis conditionibus Tröpfhäußer erbauen dörfen,
39) Die Bau=Frohnen, von ihren Hintersaßen zu den Ansiz=Gebäuden praetendiren, und
40) die Nachsteuer, wo sie selbige hergebracht, von ihren wegziehenden Hintersaßen erheben, auch
41) die Kinder der Hintersaßen zu Dienstbothen verlangen können.

Nicht zu gedencken, was gedachte Voigtländische von Abel in honorificis, als:
42) wegen der Titulatur-Curialien etc.,
43) wegen der öffentlichen Proclamation bey Verheyrathungen,
44) wegen Einschließung ins Kirchen=Gebet, obwohl nur formula generali,
45) wegen des Trauer=Läutens,
46) wegen der Nacht=Leichen,
47) wegen Behängung der Kirchen=Stände bey Trauer=Fällen ɾc. ɾc.

vor andern für Praerogativen haben.

Nicht minder genießen

II.

derer Voigtländischen von Abel **Hintersaßen** vor denen immediat-Unterthanen die Vorzüge und Privilegien, daß sie
48) von der Steuer wegen ihrer walzenden Lehen=Stücke, so denen von Abel auf dem Land zu Lehen rühren, item
49) von der Handwercks=Steuer, ingleichen
50) von Cammer=Frohnen gänzlich, und
51) von Kriegs=Frohnen, außer denen Märschen, welche von Reichs= und Craiseswegen, dann auswärtigen Truppen geschehen, ingleichen
52) von dem Mahl=Accis, und
53) dem Holz=Anweisen der herrschafftl. Forst=Officialen in ihren Waldungen, nicht minder
54) von genauer Beobachtung des Wald=Verboths,

befreyet sind, und

55) mit keinen Extra-Anlagen, oder
56) sonstigen Neuerungen beschweret werden; daß sie ferner
57) bei der Einzünftung in die Städte und Märkte mit geringen Kosten, und meistens mit der halben Ordnungsmäßigen Gebühr durchkommen, und sich gleichwohl aller Handwercks-Privilegien zu gaudiren haben,
58) die freye Wahl haben, wohin sie sich zünftig machen wollen,
59) des Hauß-Webens zu ihren und der Jhrigen Bedürfen mit unentgelblicher Erhaltung der Weber-Stuhl-Stand-Zettul berechtiget sind,

da überdem
60) denen eine Stunde von der Stadt Hof entfernten Adelichen Zapfen-Wirthen das Hauß-Schlachten sub certis conditionibus verstattet ist.

Und dieses sind die hauptsächlichsten Immunitäten und Vorrechte der Voigtländischen Ritterschaft, von deren Bestättigung gegenwärtig die Frage ist. Unter den bisherigen Regierungen wurde zwar, wie es die Heiligkeit Fürstlicher Worte, und Versicherungen erfordert, die Ritterschaft bei dem Genuß solcher Rechte ohnbeeinträchtigt gelassen, und gegen die jemaligen Eingriffe der Beamten geschüzet.

Unersättigt aber mit solchen, war das Bestreben der Ritterschaft fortwürig auf noch mehrere Erweiterungen derselben gerichtet, und man mußte Landes-Herrschaftswegen alle Wachsamkeit anwenden, um dem von der Ritterschaft beabsichtigten Plus ultra Einhalt zu thun.

Bey jeder Regierungs-Veränderung hat selbige die Bestättigung der Recesse und Resolutionen gesucht, und sich sogar, nach dem Praesupposito einer nur Vertragsweiße anerkannten Landsäßigkeit, erlaubt, auf jene die Ableistung der Huldigungs-Pflichten zu conditioniren, auch den Landesherrlichen Confirmationibus selbst den unschicklichen Nahmen Fürstlicher Reversalien beyzulegen.

Ohne das Hochfürstl. Hauß den grösten Beschwerlichkeiten, und neuen Reichs-Gerichtlichen Proceßen auszusezen, konnte die Confirmation nicht versaget werden, und dahero ist sie jedes mahl ohne Anstand erfolgt.

Ob aber die Verbindlichkeit derer bisherigen höchsten Regenten des Obergebürgischen Fürstenthums, über gesammte der Ritterschaft ohne des allerhöchsten Königl. Churhaußes Consens ertheilte Gnaden = Bewilligungen fest zu halten, an Ew. Königl. Majestät mit übergegangen, und bei gegenwärtiger höchsten Regierungs=Veränderung, da die Fränkische Fürstenthümer mit Allerhöchst Dero Chur vereiniget worden, die Ritterschaft die Bestättigung solcher Rechte praecise in der Maaße, wie sie vorliegen, zu fordern, berechtiget seye? scheint einigermassen zweifelhaft zu sein.

Dieweiln aber

1) in selbigen nichts, was den wesentlichen Innhalt der subsistirten Dispositionen und Verträgen des Chur= und Hochfürstl. Haußes Brandenburg entgegen laufen könnte, enthalten ist, hiernächst

2) ein groser Theil solcher Jurium von der Ritterschaft durch onerose Titul erworben worden, und

3) des höchstseeligen Königs, Friederich II. Majestät, allerglorwürdigsten Andenkens, als bey allerhöchst Ihro die Voigtländische Ritterschaft im Jahr 1779. um eventuale Confirmation ihrer Recesse allerunterthänigst nachgesuchet, Sich durch das hohe Cabinets=Ministerium mittelst Schreibens an das Anspachische vom 20. Julii dicti anni dahin vorläufig allergnädigst erklärt haben: wie Allerhöchst Dieselbe und Dero Nachfolger der Ritterschaft bei künftiger Ereigniß des Anfalls allezeit Dero Huld und Gnade durch thätige Merckmale erweisen und ihre wohlerworbene Rechte, und Freyheiten niemahls schmälern, kränken, und beeinträchtigen lassen würden,

und

4) Selbst Ew. Königl. Majestät bey Antritt allerhöchst Dero Regierung in den Ober= und Untergebürgischen Fürstenthümern durch das Edict vom 5. Ja-

nuarii dieses Jahres gesammten Innsaßen, Einwohnern und Unterthanen allergnädigst zugesichert haben,

 sie bei ihren Rechten, und wohlerworbenen Freyheiten kräftigst zu handhaben,

übrigens aber

5) die Aufrechthaltung des Landsäßigen Adels, so wie jeder Provinz, also besonders hiesigem Fürstenthum nicht blos zur Zierde, sondern auch in mancherley Betracht zum wahren Nuzen, vornemlich aber zur Förderung des Militair-Dienstes, darinn von jeher viele Mitglieder der Voigtländischen Ritterschaft und deren Söhne, sich durch Proben der Fähig- und Tapferkeit hervorgethan, — gereichet,

so kann wohl gesammte, um die Confirmation der Recesso alleruntertänigst bittende Ritterschaft allergnädigste Gewähr ihres submissesten Suchens, wenigstens unter gewissen — der Billigkeit, der Landes-Verfaßung, dem Staats-Bedürfniß, und der Territorial-Hoheit angemessenen Modificationen mit Grund anhoffen. Zu Modificationen dieser Art möchten die bey folgenden Gegenständen in etwas übertriebenen Freyheiten der Voigtländischen Ritterschaft und deren Hintersaßen vorzüglich vereigenschaftet seyn, als:

1) der leztern bisherige gänzliche Exemtion von Militair-Dienst, und thätigen Beywürckung zur Landes-Defension, davon zwar in den Recessen selbst wenig vorkommt, aber einzelne Erklärungen der höchsten Landes-Regenten vorliegen, welche, nebst dem Herkommen, solche Befreyung ausser Zweifel gesetzt,

2) die Befreyung der Ritterschafftlichen Angehörigen von Bequartierung der **eigenen Hauß-Truppen**; gestalten in den Recessen nur wegen der Durch-Märsche und Einquartierung **frember Kriegs-Völker** disponirt, und erst noch im Jahr 1762 von weyland Herrn Marggraf Friederich durch ein ausführliches Decret vom 12. ejusdem aufs neue dahin bestättiget worden, daß

a) zwischen den immediat-Unterthanen, und den Ritterschafftlichen Hintersaßen in Ansehung der Bequartierung, der Kriegs-Fuhren, und Ausschläge eine durchgehende proportionirte Gleichheit beobachtet — zu diesem Ende auch

b) bei denen, von den Landesherrlichen Officialen zu machenden Repartitionibus ein Ritterschaftlicher Deputatus, um gegen allenfallsige Praegravationes der Jhrigen bescheidene Erinnerungen zu machen, zugelaßen, und übrigens,

c) außer den höchsten Nothfällen, derer von Adel eigene Wohnsitze mit der Bequartierung verschont bleiben sollen.

3) Die allzugroße Beschränkung des Landesherrlichen Zoll-Regals, besonders durch die dem neuesten Haupt-Recess mit der Voigtländischen Ritterschaft höfischen Bezirks von 1729. eingeflößene Stelle,

daß die Ritterschaftlichen Hintersaßen bey den Zoll-Quantis, wie sie damahlen waren, ohne Erhöhung gelaßen werden sollen,

als wodurch deren höchsten Regenten die Hände dergestalt gebunden werden, daß Sie, wenn auch die erheblichsten Beweg-Ursachen, die nicht bloß auf das Cameral-Interesse, sondern sogar auf das allgemeine Beste des Publici Bezug haben, zuweilen eine Erhöhung der Einfuhr-Zölle erfordern, von Seiten der Ritterschaft, Kraft jener Clausul, die heftigsten Widersprüche, und Erschwerungen erfahren müssen, nicht zu gedenken, daß wegen des Zolles von dem erhandelten Vieh in den Recessen so viele doppeldeutige Ausdrücke vorkommen, welche die Thür zu fortwürigen Beschwerden und Jrrungen offen halten, und daher eine weit genauere Bestimmung sehr bedürfen.

Unter die nachtheiligen Bewilligungen ist auch

4) zu rechnen, daß den Vasallen unter der Voigtländischen Ritterschaft nicht nur in dem von derselben also be-

nahmten Fundamental-Recess von 1626. der Lehen-
herrliche Consens zur Verpfändung ihrer Güter bis
zum dritten Theil des Lehen-Werths, generaliter
zugestanden, sondern auch in dem folgenden Haupt-
Recess von 1662 diese Oppignorations-Befugniß sogar
auf solche Güter, die bey dem Besizer auf dem Heimfall stehen, erstrecket worden, wodurch sich die höchste
Lehen-Herrschaft, wider alle Rechte, verbindlich gemacht,
in jedem Apertur-Fall den dritten Theil des Lehen-
Werths hinaus zu zahlen, und also nur zwey Theile
von einem vermannten Voigtländischen Ritter-Guth für
sich zu erlangen.

Auch ist es
5) bedenklich, daß, ohnerachtet der Voigtländischen Ritter-
schafft zugestanden worden, die Steuer von dem
vermannten, oder durch Kauf consolidirten Güttern an
ihrer Steuer-Concurrenz-Schuldigkeit in Abzug zu
bringen, und daher die Landesherrliche Cammer solche
zu vergüthen gehalten ist, dennoch selbige von der Co-
Ephorio über die Ritter-Casse etc. und deren Administration gänzlich ausgeschlossen wird.

Und so erfordert endlich auch
6) der enorme Mißbrauch, welchen ein grosser Theil
des Voigtländischen Adels mit der selbigen im Jahr
1745. unter gewißen Bedingungen concedirten Errichtung neuer Trüpfhäußer auf ihren Lehen, getrieben,
wo nicht die gänzliche Aufhebung solcher Gnaden-Be-
willigung, wenigstens eine viel genauere Einschränkung
derselben.

Auf alles dieses, und einige wenige Neben-Umstände
wird bey der gegenwärtigen Confirmation der Ritterschaftlichen Recesse Rücksicht zu nehmen, aber auch nothwendig
seyn, hierunter förderſamst mit der Ritterschaft über die
allergnädigst beschliesende Modificationes Unterhandlung
pflegen, und sie durch Remonstrationes zu deren gütlichen
Annahme bewegen zu lassen, damit sodann alle Punkte mit

erforderlicher Praecision entweder in einen von den zu deputirenden Räthen, und den Ritterschaftlichen Bevollmächtigten unterschriftlich zu vollziehenden, dann von Ew. Königl. Majestät allergnädigst zu ratificirenden **neuen Rocess**, oder, wie es der Landesherrlichen Würde, und dem Verhältniß einer Landsassigen Ritterschaft gegen selbige gemäser ist, in eine — alle ältere Bewilligungen in sich haltende Haupt-Resolution gebracht, und der Ritterschaft zu ihrer Beruhigung hinausgegeben werden könne.

Ob, und wie weit nun Ew. Königl. Majestät die Confirmations-Sache der Voigtländisch Ritterschaftlichen Recesse nach diesem pflichtmäsigen Gutachten gefaßt wissen wollen, darüber müssen wir uns die Eröffnung der Allerhöchsten Willens-Meinung allersubmissest erbitten, um sodann jeden Punkt der ohnzielsezlich angetragenen Modificationen näher instruiren, und den Entwurf einer der Ritterschaft vorläufig zu ertheilenden allerhöchsten Resolution hiernach bemeßen zu können. Bayreuth den 15. May 1792.

v. d. Kettenburg. v. d. Kettenburg. v. Völdernborff.
Wipprecht. Schegk.
Wipprecht jun. Georg. Arnold.
Justus Hermann Deahna.

Beilage Nr. II.

Obergebürgische Regierung.

Die von der Voigtländischen Ritterschaft Höfer und Wunsiedler Bezircks bey Gelegenheit der jüngsten Steuer-Concurrenz-Tractaten übergebene General-Gravamina und darauf zu ertheilende Resolutiones betreffend.

Von jeher war es eine Gewohnheit der Voigtländischen Ritterschaft, bey den Steuer-Concurrenzhandlungen, welche selbige zu gewißen Zeiten mit Hochfürstlicher Landschaft durch ihre Deputirte zu pflegen haben, General-Gravamina zu sammeln, dann zur Landesherrlichen Abhülfe zu übergeben, und erachtet sich selbige dessen um so mehr berechtiget, als ihren Vorfahrern in den Submissions-Agnitions-Receß von 1615 die Landesherrliche Zusicherung geschehen, daß, auf Einlangung ihrer Gravaminum, diesen, **billigen Dingen nach,** remedirt und abgeholfen werden solle.

Wir können zwar die etwas bittere Beschuldigung, welche die Landeshauptmannschaft Hof in einem derselben über etliche Beschwerungs=Punkte abgeforderten Erläuterungs= Bericht vom 24. Nov. 1779 den Ritterschaftlichen Deputatis mit folgenden stachlichten Worten gemacht:

Offenbar ist solche Beschwerde bey einer allgemeinen Gravamen Jagd erhaschet worden. Denn einige Wochen vor den Abmarsch der edlen Deputirten zu den Con= currenz=Tractaten wird alles aufgebothen, aufgehezt, aufgestöbert, um Gravamina aufzuheben.

Im Grund geschiehet es in keiner bösen Absicht, sondern blos um die Concurrenz=Tractaten zu verlän= gern und Diäten zu ziehen; denn wenn man nur 10 dergleichen Gravamina zusammen treibt, und über ein jedes 3 Tage deliberirt, so tragen 10 Gravamina einem Deputirten 150 Thaler ein, und kosten der Ritterschaft 8 bis 900 Thaler

nicht für ganz gegründet achten, soviel aber mit der Erfah= rung bewähren, daß der wenigste Theil solcher General= Beschwerden, deren Abhülfe von der Ritterschaft bey den Concurrenz=Tractaten gesucht wird, dem Sinn der Recesse angemessen sind, sondern die meisten auf extensive Miß= deutungen derselben hinausgehen, welche die Hofnung der Ritterschaft, jedesmahl wenigstens einige gewührige Reso= solutiones auszuwürcken, und die Absicht, sich dadurch immer mehrern Zuwachß zu denen „derselben in den Recessen zuge= standenen," an sich sehr beträchtlichen Gerechtsamen zu erwer= ben, deutlich genug zu erkennen geben.

Von solcher Art war auch fast das ganze Plaustrum

der vermeinten General-Gravaminum, mit welchen die Ritterschaft Höfer und Wunsiedler Bezircks bey den Concurrenz-Tractaten im Jahr 1770 gegen die Regierungs- und Cammer-Collegia, Landes-Amtshauptmannschaften, und Unter-Beamten vorzüglich in Jurisdictions-, Zoll-, Umgelds-, Berg- und Handwercks-Sachen herfürgetretten war.

Auf Serenissimi höchsten Befehl wurden von der Regierung sämmtliche Gegenstände solcher Beschwerden, nach Maasgab der Recesse, gründlich beleuchtet, und darauf der Ritterschaft ausführliche Resolutiones ertheilet, worinnen derselben entweder der Ungrund jeder Beschwerde remonstrirt, oder, wo Recesse, wie z. B. wegen neuerlicher Erhöhung des Zolls von dem einführenden hällischen Salz, die Intention der Ritterschaft würcklich begünstiget, diesen die Abhülfe in solcher billigen Maase gegeben, daß sie, sich dabey zu bernhigen, vollkommen Ursache gehabt hätte, um so mehr, als derselben durch das den Gerichten ihrer Mitglieder unter gewißen Bedingungen nachgelaßene Forum deprehensionis frember Fornicanten abermals ein neues Recht, welches in den Recessen schlechterdings keinen Grund gehabt, aus bloser Landesherrlichen Gnade bewilliget worden.

Alleine die Ritterschaft ließ sich hieran nicht ersättigen, sondern erneuerte vielmehr bey den im Jahr 1779 nächstgefolgter Steuer-Concurrenz-Traktaten, in der schmeichelhaften Meinung, noch mehrere Accessiones zu ihren Juribus zu erlangen, nicht nur ihre bereits abgefertigte oder conditionate remedirte vorige Gravamia, mit Wiederhohlung der Gründe, worauf sie diese zu bauen gesucht, sondern vermehrte solche auch mit neuern Beschwerden, in welche sie sogar Particular-Angelegenheiten einzelner Mitglieder mit eingemischet, dergestalt, daß deren Anzahl auf 39 Objecta hinangestiegen.

In ältern Zeiten, wo die Erörterung der Ritterschaftl. General-Gravaminum ein privatives Geschäfft des hochfürstl. Geheimen Conseils gewesen, wurde bey den einmahl ertheilten Resolutionibus gemeiniglich beharret, und die Ritterschaft darauf verwiesen, hingegen unter der sehr milden Regierung des Herrn Marggrafens Alexander Hochfürstl. Durchlaucht die Ritterschaft, wie in Parthey-Sachen, auf die Resolutiones mit ihren Repliquen, und weitern Vorstellungen zugelaßen; welches dann selbige so dreiste gemacht, die ein oder ettlichemahl fehl geschlagene Versuche bis zu möglichster Erreichung des Ziels ihres Verlangens fortzusezen.

Diß geschahe auch bey oben bezielten im Jahr 1779 erneuerten General-Beschwerden der Ritterschaft, als ein Theil der von ihren Deputatis vorzüglich betrieben wordenen Resolutionen an dieselbe noch in dem nemlichen Jahr hinausgegeben worden; Sie beruhigte sich dabey abermahl nicht, sondern machte neue Gegenvorstellungen, und, wenn auch auf diese, wie nicht anders seyn können, sogleich inhaesivo Zurechtweisungen erfolgt wären, so würde es an anderweiten Ritterschaftlichen Re- und Tripliquen nicht gefehlet haben, mithin das Gravaminiren der Voigtländischen Ritterschaft niemahlen ein Ende nehmen, und mit solchen auch Ew. Königl. Majestät fortwürig behelliget werden.

Da die noch rückstelligen Resolutiones auf die Ritterschaftliche General-Beschwerden einzig und allein nach denen in den Recessen vorliegenden Grundsätzen zu bestimmen sind; so kan jene Instruirung nicht eheuder, als bis die von der Ritterschaft gesuchte Bestättigung solcher Recesse nach unserm alleruntertänigsten Bericht vom 15. dieß ausser gänzlichen Anstand gesezt, und würcklich erfolgt seyn wird, ohnmöglich geschehen. Es werden sich auch, wann, besonders in der wichtigen Materie des Zolles, als des Hauptgegenstandes der Ritterschaftlichen Beschwerden, die dunckeln Stellen der Recesse deutlicher gefaßt, und die übertriebene Vorrechte der Adelichen Hintersaßen vor den immediat Unterthanen ihre billigmäßige Richtung erlangen, die Beschwerden der Ritterschaft von selbst heben, und, woferne solches nach vorgängiger Unterhandlung mit derselben, folgbar mit ihrer eigenen Zufriedenheit geschiehet, die Veranlassungen zu weitern

Gravaminiren aus den Weeg geraumt. Ew. Königl. Majestät zeigen wir demnach solches auf die ergangene allerhöchste Verordnungen, die Resolutiones auf die General=Beschwerden der Ritterschaft zu beschleunigen, hierdurch aller=submissest an, und erwarten zuförderst auf angezogene unsere allerunterthänigste Relation vom 15. dieß die allerhöchste Weisung. Bayreuth den 25. May 1792.

v. d. Kettenburg. v. Falkenstein.
Wipprecht. Petermann. Franck.
Wipprecht jun. Georg. Pfeiffer. Arnold.
Deahna.

Beilage Nr. III.

S. N.

Bayreuth, den August 1792.

An des Königs Majestät.

Die Receß=Bestätigung der Voigtlän=dischen Ritterschaft betr.

Allerunterthänigster Bericht.

Ew. K. M. haben in dem allergnädigsten Rescript vom 10. des vorigen Monaths die Receß=Bestätigung der Voigt=ländischen Ritterschaft so lange auszusetzen geruhet, bis mein Gutachten über die Verbindlichkeit der Recesse überhaupt, und insonderheit die Darstellung der Ritterschaftlichen Privi=legien selbst erfolgt sein würde. Beydes zu bewürcken be=finde mich dermahlen vermögend, und da in diesem aller=unterthänigsten Bericht, mich nur auf die Prüfung der mit der Voigtländischen Ritterschaft von den vormahligen Landes=Regenten eingegangenen Recesse, einschränke; so erachte für nothwendig, der Hauptsache eine kurze Geschichte der Ent=stehung und gegenwärtigen Verfassung der Voigtländischen Ritterschaft, vorausgehen zu lassen.

Die Voigtländische Ritterschaft gehörte ursprünglich zu den Chur-Sächsischen Landsassen, ist in dieser Eigenschaft an das Brandenburgische Hauß gekommen, und gränzt als ein Strich Landes des ehemahligen Voigtlandes, an Chur-Sachsen, Böhmen, Thüringen und Francken. Ein Theil dieser Voigtländischen Ritter-Güther, welcher um die Stadt Hof und im Regnitz-Lande liegt, gehörte schon den Herzogen von Meran, und Grafen von Orlamünde, als Besitzern einer dortmahls eigenen Herrschaft und Voigtey zu Weyda, die im Jahr 1373 an den Burggrafen Friedrich V. durch Kauf überlassen wurde.

Der gegenwärtige ganze District und sein Uebergang an das Obergebürgische Fürstenthum gründet sich nach den vorhandenen Archivalischen Urkunden, auf Tauschhandlungen zwischen den Churfürsten Friedrich, und Herzog Johann zu Sachsen, auf einer, und den Marggrafen Casimir und Georg zu Brandenburg, auf der andern Seiten, die im Jahr 1524 gänzlich berichtiget worden waren.

Noch zu Anfang des 16. Jahrhunderts dachte kein Voigtländischer von Adel daran, seinen Landsaßiat nur im mindesten zu bezweifeln, wie denn von allen diese nie bestrittene Landsäßigkeit in dem so genannten Plassenburgischen Receß von 1515, wodurch der Voigtländischen Ritterschaft nach Art einer ausdrücklichen Begnadigung ein Theil der niedern Gerichtsbarkeit bewilliget wurde, mehrmals anerkannt und bestätiget worden ist.

Die der Ritterschaft in Francken gegen die Mitte des 16. Jahrhunderts ohne vorheriges Gehör und zur längst bewiesenen Kränkung der Reichsstände ertheilten Kaiserlichen Privilegien, absonderlich aber die vom Kaiser Maximilian im Jahr 1566 zu den dortmahligen Hülfsbedürfen gegen die Türcken, eben dieser Ritterschaft verwilligte Besteuerungs-Rechte ihrer Unterthanen, mit den Kaiserlicher Seits sogleich gangbar gemachten unerschwinglichen Charitativ-Geldern, machten es der Fränkischen Ritterschaft und besonders dem Canton Gebirg zur Nothwendigkeit, allerwarts Mitglieder aufzusuchen, und diese zu ihrer so genannten Ritter-Truhe, oder gemeinschaftlichen Casse Steuerbar zu machen.

Gegenüber hatte der Umfang der Kaiserlichen Privilegien, mit den darinn vorgespiegelten Unmittelbarkeits-Rechten, einen so kräftigen Reiz der Neuheit, daß sich hier und da ein Mitglied des Voigtländischen Adels blenden, und dadurch verleiten ließ, heimlich den damahls häufigen Rittertagen beyzuwohnen, und auf gleiche Weise seinen Steuer-Beytrag in die Gebürgische Orts-Casse einzuliefern.

Von diesen clandestinen Thatsachen, und da noch außerdem einige der angelockten Voigtländischen von Adel, entweder aus Reue, oder durch eigenes Bedürfen genöthiget, mit den versprochenen Rittersteuern gegen die Orts-Casse in Rest verblieben, nahm der Ritter-Canton Gebürg schon im Jahr 1576 Gelegenheit, bey dem Reichs-Cammergericht gegen diese Widerspenstigen ein Mandat auszuwürcken.

Dem Marggrafen Georg Friedrich glückte es nicht nur, durch seine kräftige Intervention, diesen Schritt gänzlich zu vereiteln, sondern es machte auch dieser gefährliche Vorgang ihn und seine Nachfolger in der Regierung desto aufmerksamer, auf der einen Seiten dem Voigtländischen Adel die Folgen eines unbestrittenen Landsassiats fühlbarer zu machen, und auf der andern Seiten, solche Masregeln zu ergreifen, wodurch diese erschütterte Acquisition gegen Kaiserliche und der Fränkischen Ritterschaft Nachstellungen für beständig gesichert werden konnte.

Dieses Benehmen und eigene Ueberzeugung der Voigtländischen Ritterschaft brachten die gute Würckung hervor, daß im Jahr 1615 von letzterer in dem bekannten Submissions-Agnitions-Receß die völlige Landsäßigkeit unumwunden anerkannt wurde.

Ihrer Beharrlichkeit bey diesem Schritte, und den unter der Hand noch immer fortdauernden Bewegungen des Kaiserlichen Hofes und der fränkischen Reichs-Ritterschaft der Sache eine andere Wendung zu verschaffen, ist es zuzuschreiben, daß eben diese Voigtländische Ritterschaft von Zeit zu

Zeit Befreyungen erhielte, auf die sie im Weg Rechtens niemahls hätte Ansprüche machen können.

Es unterließ die fränkische Reichs-Ritterschaft zwar nicht nach jener neuen Unterwerfung des Voigtländischen Adels, bey dem Kaiserlichen Reichshofrath gegen den errichteten Receß ein Rescriptum cassatorium, inhibitorium et restitutorium wider den Marggrafen Christian, und ein dergleichen Mandat gegen diejenigen Voigtländischen Mitglieder die vormahls zu verfänglichen Schritten sich hatten verleiten lassen, im Jahr 1626 auszuwürcken; man begegnete aber fortwährig fürstlicher Seits diesem Unfug mit so viel Nachdruck, daß die Fränkische Reichs-Ritterschaft seit 50 und mehr Jahren ihre Vindications-Ansprüche unverfolgt gelassen hat.

Von jener Zeit an, wo die Voigtländische Ritterschaft die völlige Landsäßigkeit anerkannte, ließ sie keine günstige Gelegenheit vorbey, bald durch Geldabträge, bald durch Mitwürkung ihrer Mitglieder die häufig Hofdienste annahmen, die ihr gleich vom Anfang bewilligten Privilegien sehr beträchtlich zu erweitern. Sie erhielt in den Jahren 1626, 1662 und 1729 förmliche Recesse, und statt derselben, wurden ihr 1741, 1745, 1749, 1754 und 1757 Resolutiones zu Theil, deren jede neue Befugnisse und Befreyungen ihr zugewendet hat.

Erst in den neueren Zeiten wurde das sich immer mehrende ungleiche Verhältniß den Landes-Regenten um so fühlbarer, je deutlicher alle Recesse mit den ertheilten Resolutionen zu Tage legten, daß bey solchen Gelegenheiten nur der alleinige Vortheil der Ritterschaft bezweckt, die Landesherrlichen Gerechtsamen aber zu schmälern und zu verengen getrachtet worden.

Man kann aus den Acten sogleich darthun, daß es der Voigtländischen Ritterschaft, absonderlich aber ihren Consulenten zur Gewohnheit geworden, in den Recessen und Landesherrlichen Resolutionen, solche Stellen aufzuspüren, wo sie nicht Proben der Auslegung, sondern Meisterstücke der

Verdrehungs=Kunst liefern, einen Faden der Zweifelhaftigkeit anspinnen, und wenn dieses nur einiger massen geglückt, ein solches Gewebe am Ende zu einer Beschwerde umformen konnten, deren Abhülfe ihnen auf verschiedenen Wegen entweder ganz oder doch zum Theil, fast immer gellingen muste.

Man kann nicht läugnen, und die Acten sprechen laut dafür, daß das Obergebürgische Regierungs=Collegium auch noch dann, wenn schon alles präparirt vorlag, oder Vorschritte gewagt waren, die sich nur schwer redressiren ließen, zur Vertheidigung der Landesherrlichen Befugnisse sich mit männlichem Muth widersezt; nur selten aber konnte ihrem Willen ein glücklicher Erfolg entsprechen.

Ich komme nunmehr auf die Privilegien selbst, die ich auf das genaueste aus den Recessen und Landesherrlichen Resolutionen aufgesucht, die ich in ihrem ganzen Umfang beleuchten, die allenfallsigen Nachtheile für die Landesherrlichen Befugnisse darlegen, und am Ende meine alleruntertänigsten Anträge submissest beyfügen werde.

Die Privilegien der Voigtländischen Ritterschaft theilen sich.

A. in solche, die der Voigtländische Adel für seine Person, und in Ansehung seiner eigenthümlichen Länderey Besitzungen genieset; dann

B. in diejenigen, deren die Unterthanen der Voigtländischen Ritterschaft fähig sind, und Vorzugsweis vor den unmittelbaren Landes=Unterthanen theilhaftig werden.

Was

A. die Befreyungen der Voigtländischen Ritterschaft für ihre Personen und Güther anbetrifft; so haben diese

I. entweder die Minderung der Landesherrlichen Einkünfte zum Gegenstand oder sie beruhen

II. auf Vorzügen, deren andere Unterthanen nicht fähig sind, und wodurch diese leztern, theils beschwert werden, theils allgemeine Landesherrliche Einrichtungen, bald eine Unmöglichkeit, bald sehr lästige Modificationen erhalten müssen.

I. Die Minderung der Landesherrlichen Einkünfte geht in das Grose, wenn erwogen wird, daß

a) jeder Voigtländische von Abel in Rücksicht seiner Güther eine völlige Steuer-Befreyung genieset. In wie fern deren Unterthanen davon frey sind, werde unten bemerklich machen, und diesen Haupt-Umstand noch mehr entwickeln.

b) Der Voigtländische von Abel ist von aller Nachsteuer seines gesamten aus dem Lande gehenden Vermögens gänzlich frei.

c) Eben diese Ritterschaft genieset eine gänzliche Zoll-Befreyung derjenigen Produkte, die aus ihren Ländereyen gewonnen werden, und dieser Gegenstand allein liefert schon einen redenden Beweiß meiner obigen Behauptungen wegen der Ritterschaftlichen Auslegungs-Kunst der vorliegenden Recesse: denn sie wuste diese Zollbefreyung auch auf ihre Pächter und Halbbauern auszudehnen, die natürlicher Weise ein um so grösseres Pachtgeld auch für das geringste Land geben, je leichter es ihnen wird unter diesem Schilde alle Produkte Zollfrei aus dem Lande zu bringen. Die Unterschleife sind Zahlloß, und werden dann am meisten sichtbar, wenn über einen oder mehrere Artikel Landes-Sperren, bei welchen die Ritterschaft immer Exemtionen behauptet, verhänget werden müssen.

d) Die gänzliche Befreyung vom Stampf-Papier, und Zuchthauß-Taxgeldern sowohl in Gnaden- als Justizsachen ist für die landschaftliche Ober-Einnahme, wegen der Menge der Ritterschaftlichen Gerichtshaltereyen und wegen der häufigen Processe der Adelichen bey der Regierung und dem Hofgericht von einem starken Belange.

e) Jeder Voigtländische von Abel ist mit seinen sämtlichen Hintersassen von dem Landschaftlichen Kopf- und Mahl-Accis frey, und wie beträchtlich dieser Verlust sey, erhellet nicht nur aus meinen über die Landständische Verfassung erstatteten allerunterthänigsten Bericht, sondern es lässet sich auch leicht begreifen, welche Unterschleife die unmittelbaren

Unterthanen, die so häufig mit den Voigtländischen vermischt sind, getrieben werden können. Diese Unterschleife werden aber dadurch erst Zügelloß, daß

f) die Voigtländische Ritterschaft wegen alles eigenen Wein= und Bier=Bedürfens die völlige Umgelds=Befreyung genießet. Da endlich derselben

g) die Cognition in peinlichen Fällen mit der Einschränkung zustehet, daß ihre Gerichte Geldstrafen bis auf 5 fl. fränk. verhängen dürfen, so ist leicht begreiflich, daß die unmittelbaren Gerichtsstellen längst schon auf die Fructus iurisdictionis Verzicht geleistet, die Voigtländischen von Adel selbst aber, sich ein eigenes Gesetzbuch geformet, nach welchen jede Strafe, die wegen der Peinlichkeit öfters nicht den allermindesten Zweifel übrig lässet, mit klingender Münze erkauft werden kann.

II. Unter die eminenten Befreyungen der Voigtländischen Ritterschaft, wodurch theils andere unmittelbare Landes=Unterthanen beschweret, theils allgemeine Einrichtungen verhindert, und öfters vergeblich gemacht werden, gehöret

1) in Handwerkssachen, die Befugniß, folgende 6 Handwercker, als Schuster, Schneider, Hufschmiede, Weber, Zimmerleute, und Maurer auf allen ihren Lehen zu halten; und da es in den vorigen Zeiten besonders, wenn sich ein Adelicher unmittelbar an den Landes=Regenten gewendet hatte, gar nicht schwer hielte, diese bestimmte Zahl noch mit andern Handwerckern zu vermehren, die Kosten das Meisterrecht zu erlangen aber mit dem, was die unmittelbaren hierauf zu verwenden, in keinem Verhältniß stehen, die Handwerks=Steuer bei jenen gänzlich cessiret, und andere Vortheile sich in den Ritterschaftlichen Dörfern seßhaft zu machen, nach dem was ich weiter unten anführen werde, von einem überwiegenden und unendlichen Reitz sind; so wird jedem leicht begreiflich sein, daß an allen Orten und Enden der ritterschaftlichen öfters sehr geringen Güther, der opificiarische Nahrungszweig so fruchtbar seyn müsse, daß die unmittelbaren Unterthanen bey weit lästigern Abgaben nicht

gedeyhen können. Dieses Aufkommen der unmittelbaren Meister noch mehr zu hindern, haben es die Voigtländischen von Adel durch die Recesse so weit gebracht, daß sie sich für ihre Person, Familien und alle Haußgenossen so gar unzünftiger und ausländischer Handwercksleute bedienen dürfen, ja was kaum glaublich ist, ganz unzünftigen Zieglern und Kalchbrennern die sich ihres Schutzes zu erfreuen haben, verstattet, ihre Fabricata deren Werth sich hierdurch am geschwindesten beurtheilen lässet in die unmittelbaren Städte und Märkte zu verführen.

2) In Bergwercksachen, werden die Voigtländischen Hintersassen vermöge der vorliegenden Recesse, besonders bey dem für die Unterthanen so lästig eingeführten Salpeter-Graben, mit einem ganz besondern Menagement behandelt, welches auser der Neidvollen Unbegreiflichkeit für die Landes-Unterthanen an vermischten Ortschaften noch die Folge hat, daß letztere härter mitgenommen werden. Ebenso haben alle Voigtländische von Adel die Freyheit, ohne alle Muthung Kalchsteine und Leimen graben lassen zu dürfen.

3) In Forst- und Jagd-Sachen haben sich die Voigtländischen von Adel den allgemeinen auf Erhaltung und Verbesserung dieser Gegenstände abzweckenden Landesherrlichen Verordnungen in so weit entzogen, daß Landesherrliche Forst-Officialen in ihre eigenwillige Gebahrung mit den Wäldern sich nicht mischen dürfen. Der Adel ist nicht an das allgemeine Waldverboth, nicht an die Setz-Zeit des Wildprets gebunden, sondern er jagd, lässet Holz hauen, und die Wald-Huthen, eigener Convenienz nach zu allen Zeiten betreiben. Daß diese Vergünstigungen besonders bey herabgekommenen und schlimmen Wirthschaften nicht unter die Mittel einer allgemeinen Holz-Cultur gehören, bedarf wohl keines sonderlichen Beweises, wenn sich die Nachtheile auch nicht zugleich auf die benachbarten herrschaftlichen und privat Waldungen erstrecken solten.

4) In Lehenssachen möchte der Voigtländischen Ritterschaft wohl zu gönnen seyn, daß ihre Mitglieder vermöge

der Recesse bei Lehens=Neglecten glimpflicher als andere Vasallen behandelt werden sollen, daß ihre Mitbelehnten von weiterer Ableistung der einmahl prästirten Lehenspflicht nach dem Absterben der Besitzer frey sind, und daß ihnen nie verweigert wird jede Belehnung durch einen Bevollmächtigten zu empfangen; desto nachtheiliger für den Lehenherrn ist hingegen die bedungene Verbindlichkeit, daß jedem Voigtländischen Vasallen die Lehensherrliche Einwilligung zur Verpfändung seines Lehens bis auf ein Drittel des wahren Werths ertheilt werden muß. Man darf daher in thesi für ausgemacht annehmen, daß bey Lehens=Heimfällen der dritte Theil der Lehen verlohren ist, weil kein Vasall fidem vasalliticam so weit treibet, daß er zum Vortheil entweder seiner weiblichen Descendenz oder anderer Personen, durch Lehenherrlich bestätigte Schulden=Contracte, das competirende Drittel, bey dem leicht vorauszusehenden Heimfall, nicht aus dem Lehen ziehen solte.

5) In Proceß=Sachen ist die Befreyung von den Succumbenz=Geldern deren sie sich zu erfreuen haben von keinem Belang. Der Betrag derselben fließt auch nicht in die herrschaftlichen Cassen, sondern wird unter die Räthe desjenigen Gerichts wo die Succumbenzgelder hergebracht sind vertheilet. Bey Inquisitions= und Arrest=Prozessen hat sich die Voigtländische Ritterschaft eine sonderlich glimpfliche Behandlungs=Art, und bey geringern Verbrechen die Befugniß durch Bevollmächtigte zu erscheinen, oder sich in Schriften verantworten zu dürfen, ausbedungen. Bei Appellationen von Regierungs=Erkentnissen, hat sich die Ritterschaft die freye Wahl an das hiesige Hofgericht oder Kaiserliche Landgericht in vorigen Zeiten vorbehalten, welches aber heutzutag um beswillen den Nahmen eines privilegii nicht verdienen kann, weil diese Wahl bisher allen Unterthanen frey gelassen wurde. Sonderbar, jedoch leicht begreiflich ist es, daß in den Recessen der Ritterschaft die Mittheilung aller Amts=Berichte und die vorzügliche Beschleunigung ihrer Activ=Processe zugesichert worden ist.

6) In Rücksicht der Gerichtsbarkeits-Ausübung hat die Voigtländische Ritterschaft von Zeit zu Zeit ausserordentliche Befreyungen zu erlangen gewust. Gegenwärtig hat ein jeder Voigtländischer von Adel die vollständige niedere Voigteylichkeit über alle seine Hintersassen und auf deren sämtlichen Lehen zu Dorf und zu Feld. Diese Voigteylichkeit hat man in criminalibus noch auf die Untersuchung der Huren-Fälle, dann Diebstähle die am Werth der gestohlenen Sachen nicht über 5 fl. fr. betragen, und auf die Abwandelung aller Schlägereyen und Verwundungs-Sachen, wenn daraus keine Lähmungen entstehen, erweitert. Auch die Verführung der Concurs-Processe, die der Regel nach im ganzen Lande nur den Amtshauptmannschaften und Ober-Aemtern zustehen, hat man mit allen dazu gehörigen öffentlichen Handlungen, als Subhastationen, Edictalien u. s. f. der Voigtländischen Ritterschaft überlassen, und sogar in Ehesachen darf dieselbe mit dem Geistlichen pro matrimonio handeln. Endlich und

7) in Ansehung der Gesezgebenden Gewalt ist der Voigtländischen Ritterschaft zwar Receßmäßig die Zusicherung geschehen, daß vor der öffentlichen Bekanntmachung einer jeden pragmatischen Landes-Verordnung dieselbe mit ihrem Gutachten gehöret werden solte; allein es ist diese Zusicherung nur selten erfüllet worden, und selbst die so benannte Bayreuthische Landes-Constitution wurde ohne vorheriges Gutachten der Ritterschaft promulgirt. Indessen entstehen aus dieser Zusicherung, wenn Ritterschaftliche Mitglieder den Gesetzen entgegen handeln, und sich nachher auf die Nicht-Verbindlichkeit derselben wegen unterlassener Abforderung ihres Gutachtens, berufen, lästige Einhänge in den Processen, und rechtlichen Erkenntnissen, wenn besonders letztere in die Hände auswärtiger Schöppenstühle fallen. Ich übergehe hier, daß sich die Ritterschaft besondere Curialien, die Befreyung der öffentlichen Ausruffungen bei Verheyrathungen, die Einschliesung in das Kirchen-Gebet, das Trauerläuten, und mehrere solche Vorrechte ausbedungen, wodurch

weder die Landesherrlichen Einkünfte geschmälert werden, noch die andern Unterthanen mit dem gemeinen Wohl darunter leiden; und da sich nach dem Geiste eines jeden Zeitalters, wenn auf dergleichen unschädliche Vorrechte noch ein Werth geleget wird, öfters sehr grose Zwecke erreichen lassen; so würde deren Vernichtung mehrentheils mit der Klugheit im Widerspruch liegen.

B. Was die Befreyungen der Hintersassen der Voigtländischen Ritterschaft anbetrift, die wesentliche Vorzüge vor den unmittelbaren Landes=Unterthanen in sich begreifen; so gehört dahin

1) die Befreyung von der Handwercks=Steuer;

2) eine gänzliche Befreyung von allen Cammer=Frohnen;

3) eine Befreyung von Kriegsfuhren, auser den Märschen, welche von Reichs= und Craiseswegen, oder vor auswärtigen Truppen gefordert werden können; und

4) die Befreyung vom Mahl=Aceis. Auch die Ritterschaftlichen Unterthanen sind

5) der Landesherrlichen Oberaufsicht in Forst= und Jagdsachen auf ihren privat Hölzern nicht unterworfen, so, daß sie sich weder an ein Waldverbot des Landesherrn binden, noch eine Einschränkung desselben bey Wald=Verwüstungen erkennen. Sie sollen

6) nie mit Neuerungen beschweret werden. Es stehet

7) den Handwerckern die Einzünftung in die unmittelbaren Städte und Märkte frey, wobey sie nur die Hälfte der Ordnungsmäßgen Gebühren entrichten dürfen. Endlich und

8) geniesen alle Voigtländische Hintersassen die vollständigste Befreyung von allen Militair=Diensten, und der geringsten thätigen Beyhülfe zur allgemeinen Landes=Defension. In den eigentlichen Recessen ist diese Befreyung mit ausdrücklichen Worten zwar nicht gegründet, andere einzelne Landesherrliche Resolutionen aber, und die Thatumstände,

daß niemahls auf den Voigtländischen Besitzungen Recruten ausgehoben worden, machen diese Befreyung so weit solche den Besitzstand betrift, außer Zweifel. Aus meinen allerunterthänigsten Berichten vom 3. Jul. und 2. d. M. ist Ew. K. M. die vollständige Lage dieses Gegenstandes schon hinlänglich bekannt, und da die darauf erfolgten Befehle vom 10. 24. und 27. des abgewichenen Monaths von mir pünctlich vollzogen worden, die hier auseinander gesezte Beschafenheit der Privilegien des Voigtländischen Adels selbst aber noch mehrere triftige Gründe darbieten, den einmahl betretenen Weg fort zugehen; so zweifele ich auch im mindesten nicht, daß die Behauptung dieser Landesherrlichen Befugniß zur Conscription, Enrollement, und Recruten-Aushebung sich gegen die Voigtländische Ritterschaft mit allen Folgen wird durchsetzen lassen. Ich bemerke hier nur noch, daß standhaftes Beharren um so nothwendiger wird, jemehr sich dadurch die ganze ritterschaftliche Verfaßung alterirt, und die gesegnetsten Folgen auf Allerhöchstdero unmittelbare Landes-Unterthanen dadurch werden verbreiten müßen: Denn, wenn man für ausgemacht annehmen darf, daß in neuern Zeiten, für jeden Landes-Eingesessenen und für seine Söhne darinn der größte Reitz lag, durch eine minder unbequeme Veränderung seines Aufenthalts, sich von jenen allgemeinen Verbindlichkeiten aller Unterthanen frey zu machen, diese noch auserdem mit andern Vortheilen zu vertauschen, und eine Art von Entvölckerung bewürcken zu helfen, deren Folgen den Wohlstand auf den Adelichen Besitzungen in derjenigen Maße vermehrten, in welchen er bey den unmittelbaren Unterthanen abnehmen muste; und wenn nunmehr auch die Ursachen hinfällig werden, um welcher willen die Adelichen Güther-Besitzer, entweder heimlich, oder unter Darlegung scheinbarer Gründe, öfters ihre Dorfschaften durch Erbauung neuer Häußer für die ausgewanderten Landes-Unterthanen, um die Hälfte erweitern kounten; so läßet sich mit völliger Gewißheit voraussehen, daß die in Ansehung der Recruten-Aushebung hergestellte

Gleichheit, jene nachtheiligen Auswanderungen verhindern, und die Voigtländischen Asyle für öfters reiche Landes-Unterthanen minder gefährlich machen wird.

Bey so vielen und auserordentlichen Privilegien einer Ritterschaft, die den Landsaßiat anerkannt hat, bringet sich mit starcker Gewalt jedem unbefangenen die Frage auf, durch welche Verbindlichkeiten die Voigtländische Ritterschaft diese Vortheile compensire, welcher allgemeine oder besondere Nutzen durch ihre Verfassung dem Staat zuwachse, und in welchen gleich vortheilhaften Verband ihre Hintersassen mit den unmittelbaren Landes-Unterthanen stehen?

Es lässet sich aber, wenn man diese Fragen aus den Recessen und übrigen Verhältnissen beantworten will, fast nichts auffinden, was einer Vergütung gleich sähe, oder den Befreyungen der Voigtländischen Ritterschaft die Gestalt eines privilegii onerosi geben könnte.

Denn die Voigtländischen von Adel haben für ihre Personen und Güter, auser dem allgemeinen Lehens-Verband, weder eigene Verbindlichkeiten auf sich, noch tragen sie zu den Lasten des Staates das allermindeste bey. Nur ihre Hintersassen werden von den Landständen zu der allgemeinen Landes-Besteuerung auf eine Art mit beygezogen, deren Verhältniß ohngefähr durch die Bier-Umgelds-Befreyung, aufgewogen wird.

Man würde es Landesherrlicher Seits nicht so weit gebracht haben, wenn hier nicht die Reichs-Geseze welche allen Landsassen zu den Reichs-Bedürfnissen gewisse Beyträge auflegen, mit in das Spiel gekommen wären.

Dergleichen Beyträge musten aber durch Verträge bestimmt werden, und hieraus entstunden die in dem Obergebürgischen Fürstenthum so berüchtigten Steuer-Concurrenztractaten mit der Voigtländischen Ritterschaft.

Mit dieser Steuer-Concurrenz hat es folgende Beschaffenheit. Wenn der Landesherr wegen des Hülfs-quanti, welches auf die allgemeine Landessteuer ausgeschlagen wird, mit den Landständen abgeschlossen hat; so tractirt derselbe der Concurrenz wegen mit der Voigtländischen Ritterschaft, und liefert nicht nur ihren Beytrag, sondern auch seine ratam von den consolidirten Voigtländischen Rittergüthern, zur Landschaftlichen Casse.

Zu einiger Uebersicht dieser in der allergrösten Verwirrung liegenden Concurrenz=Anstalten will aus den weitläuftigen Acten hierher nur folgendes bemercken:

- I. Die **Höfer** Ritterschaft ist seit 1779 bis 1792. mithin seit 13. Jahren an Concurrenz=Steuern schuldig
10789 f. 45$\frac{1}{4}$ kr. fr.

Hieran hat die Renten an Beiträgen für die consolidirten Voigtländischen Rittergüther zur Landschafts=Casse geliefert
7381 f. 35$\frac{7}{8}$ kr. fr.

Die Voigtländische Ritterschaft ist also wegen des Höfer Bezircks noch schuldig
3408 f. 9$\frac{1}{2}$ kr.

II. Die **Wunsiedler** Ritterschaft wurde seit der nemlichen Zeit schuldig
6750 f. — „

lieferte bisher zur landschaftlichen Casse
1452 f. — „

und hat daher gegenwärtig einen Rest von
4298 f. — „

III. Die **associirte** Ritterschaft ist von denselben Jahren her schuldig
7048 f. 25 kr.

Daran hat die Renten ihren Beytrag für ein einziges in diesem Bezirck consolidirtes geringes Guth mit
7 f. 13$\frac{1}{3}$ kr. fr.

geliefert, und bestehet solchemnach dieser Ritterschaft zum Rest
7041 f. 12$\frac{2}{3}$ kr. fr.

Der ganze Betrag dessen, was die gesamte Voigtländische Ritterschaft auf 13. Jahre zu concurriren hat, leider aber noch heute schuldig ist, macht also
14747 f. 21$\frac{1}{8}$ kr. fr.

Man theile diese Summe auf 13. Jahre, und fühle das

Verhältniß!! Auffallend ist es bey allen dem noch, daß, da die Voigtländische Ritterschaft dieser Concurrenz wegen ihre Unterthanen fortwürig besteuert, und den Beytrag der Landesherrlichen Cammer von den durch Kauf consolidirten Rittergüthern wieder in Abzug bringt, und eben dieser Camer=Beytrag wenigstens bey der Voigtländischen Ritterschaft Höfer Bezirckes sehr beträchtlich ist, dennoch die Kammer von der Oberauffsicht und Mitverwaltung der Ritterschaftlichen Concurrenz=Steuer=Casse gänzlich ausgeschlossen ist.

Bey dieser zum Theil ganz unbegreiflichen Lage der gegenwärtigen Verhältnisse zwischen Ew. K. M. und der Voigtländischen Ritterschaft, kann ich nun zwar auf keine Weise rathen, die vorliegenden nur für letztere vortheilhaften Recesse und Landesherrlichen Resolutionen, vor der Hand für ganz unverbindlich zu erklären, weil dadurch nothwendig alles wieder in den Stand vor dem Submissions-Agnitions-Recess kommen, und dieses für die Fränkische Ritterschaft, mit welcher man erst nach dem völlig hergestellten neuen System mit der Voigtländischen, auf das Reine wird kommen können, eine sehr annehmliche Gelegenheit seyn würde, jene alten Processe bey dem Kaiserlichen Hof und den Reichs= Gerichten zu reassumiren, auch von Seiten der Voigtländischen Ritterschaft die auf diesen Fall eintretende Entschädigungs=Forderungen eine sehr weitläufige Untersuchung erheischen möchten; so kann doch nicht geläugnet werden, daß die gegenwärtige Verfassung der Voigtländischen Ritterschaft und ihre Mißverhältnisse gegen Ew. K. M. und Allerhöchstdero Obergebürgisches Fürstenthum, auf solche Art länger nicht bestehen können. Allerhöchstdero Preißwürdigsten Gesinnungen den Weg der Güte jeder auch auf die unlängbarsten Befugnisse sich stützenden Gewalt vorzuziehen, möchte daher ganz entsprechen, wenn, wie ich allerunterthänigst antrage,

> die gesamte Voigtländische Ritterschaft in der Absicht
> zusammen berufen würde, um die derselben ertheilten
> Recesse und Landesherrlichen Resolutionen zu prüfen,

und der Bestätigung oder Aufhebung wegen, unter Sachdienlichen Remonstrationen bis auf Allerhöchstdero Ratification, dahin unverfängliche Unterhandlung zu pflegen, damit die Verhältnisse dieser Landsäßigen Ritterschaft in allen ihren Theilen in ein der Natur der Sache und dem Wohl des Obergebürgischen Fürstenthums angemessenes System, worüber als denn eine bündige Resolution ertheilet werden könnte, gebracht werden möge.

Von Ew. K. M. allerhöchsten Einsichten hängt es ab, mich hierüber allergnädigst zu instruiren und in dessen Erwartung beharre in allertiefster Devotion

  Bayreuth den August 1792.

      Ew. K. M.

IV.

Einblick in das
Geschäftsleben des fränkischen Kreisconvents
unter dem obersten Regiment des Markgrafen
Christian Ernst
von Brandenburg-Bayreuth.

(Gesammelte Aktenstücke von Hartwig Peetz.)

Wenn auch durch die hier mitgetheilten Aktenprodukte des fränkischen Kreisconvents wenig neuer Stoff geboten wird, wodurch das schwerfällige Geschäftsgetriebe eines für das heilige römische Reich weiland wichtigen Kriegsinstituts näher, als es bisher schon geschehen, beleuchtet werden könnte, so dürften doch diese wenigen Blätter insoferne Interesse erregen, als dieselben die schwierige Aufgabe deutlich erkennen lassen, welche den brandenburgischen Markgrafen durch das von ihnen früher eifersüchtig erstrebte, nachmals aber oft überlästige Commando, beziehungsweise Ausschreib= amt des fränkischen Kreises erwachsen ist.

Sie liefern zugleich, wenn auch dürftige, doch selbst= redende Skizzen, in welcher Weise das Land sich bei dem buntscheckigen Contingente beitragspflichtig zu betheiligen hatte, lassen aber zugleich überall die dunklen Fäden jener unzähligen Hindernisse erkennen, welche einer gesunden Ent=

wickelung der so viel geschmähten Reichsarmee vom Beginn der Formirung ihrer kleinen Truppentheile an entgegen gelaufen sind.

Der aufgebotene Rekrut brachte schon den wohlverzeihlichen Widerwillen der Bevölkerung gegen diese unabsehbare und für die Unterthanen doch ergebnißtrübe Belästigung mit zur Stelle, daher er die Saumseligkeit, welche die betheiligte Heimath in dieser meist unpopulären Angelegenheit an den Tag legte, eigentlich repräsentirte. Welche Hefe des Volkes lief erst aus Mangel an Unterhalt dem Werbeoffizier zu! Die allzeit dienstbeflissene und schreibselige Kriegskanzlei verbarg ihre Rathlosigkeit meist hinter floskelreiche Communikate und machte die militärischen Aktionen noch schleppender. Die rechtzeitig mangelnden Mittel zu planmäßiger Verpflegung und Mobilmachung bedingten die sprichwörtlich gewordene Langsamkeit in der Bewegung gerade so, wie die damals fast unüberwindlich schlechten Verkehrswege.

Wozu aber nochmals die so oft geschilderten und beklagten Mißstände bezeichnen wollen?

So unerquicklich denn der Gegenwart das Andenken an jene traurigen Verhältnisse meistens vorkommt, an jene glücklich überwundene Zeit, welche den deutschen Sohn nur unter die Fahne rief, um vorwiegend für fremde Zwecke des Eigennutzes fern von seinem Vaterlande zu kämpfen, ihm den letzten Ruhm persönlicher Tüchtigkeit oft noch verkümmernd — auf jenes deutsche Grundübel immer wieder durch geschichtliche Belege hinzuweisen und vor Rückfall zu warnen, mag doch so ganz überflüssig noch nicht erscheinen und daher auch die hiemit bezielte kurze Vergegenwärtigung eines kleinen Abschnitts jener trübseligen Periode rechtfertigen.

Traunstein, im März 1861.

Abschrift von Abschrift.

I.

Christian Cruß ꝛc.

Hochfürstliches Rescript.

Es wird Euch ohne weiters anzuführen, Zur gnüge bekannt sein, Was vor Sorge Zeit und Mühe unserseits, biß diese stunde, angewendet worden, mit der Stadt Schweinfurth zur Völligen stellung ihrer Contingentien zu Pferdt, Womit zu unserer Comp. concurriret, Zu Vermögen, ohne daß wir das geringste von derselben erhalten können. Wenn wir dann dergleichen im Creyßschluss=mäßigen Verfahren und cunctiren nicht länger nachzusehen gemeinet sind, sondern Vielmehr die Compagnien, vornehmlich aber unserer Leib=Compagnie zu Pferdt in completen standt gesetzet wissen wollen, und dahero gäntzlich entschlossen, das Schweinfurthische Contingent, so in 7 Reitern bestehet, aus eigenen Mitteln ad interim anwerben zu lassen. Also ergehet hiemit unser gdstr Befehl an Euch, Ihr wollet die hiezu behörige Werb und montirungsgelder einsweilen anticipiren, und selbige an unsern Rittmeister von Reitzenstein, der sich die Mannschaft in Kurtzen aufzubringen getrauet, unverzüglich übermachen, die erforderliche Curassier-Pferdte aber drob ankauffen, und durch unsere itzmahligen Lieutenant von Feiltzsch hierunter bringen lassen, nicht wenig auch so viel Curassen Casquet zur Comp. schicken, damit solchergestalt dieselbe auf den bevorstehenden Rendezvous ohne abgang erscheinen, zuvörderst aber im Felde zu gleichen Diensten purificirt werden können. Da Wir unß inzwischen reserviren, an die Stadt Schweinfurth unsern regress zu suchen, und unß an selbige auf ein oder die andere Weise Wiederumb zu erholen. ꝛc. ꝛc.

Datum Eßlingen.

An dero Landschafts=Räthe.
Das fränk. Creyßcontingent der
 Stadt Schweinfurth betr. .

II.
Christian Ernst ꝛc.

An dieselben.

Ob den Inschluß habt ihr zu ersehen, wohin sich die Stadt Schweinfurth, peto der anwerbung ihrer abgangischen Mannschaft in wieder antwortten ercleret hat, allermassen nun sowohl aus diesem Schreiben, alß ihrer in andere Wege bißhero geführten Conduito soviel wahrzunehmen, daß Sie die von unserer Landschafft übernommene Werbung mit schlechten Dank erkennet, und die darbey aufzuwenden habende uncosten nicht so leicht zu remboursiren gedencket, wir aber besagter Schweinfurth lenger nachzusehen nicht gemeinet, Also befehlen Wir Euch hiemit gdst, Ihr wollet Zur Execution förderlichst schreiten, und dem Von Euch letzthin an handgegebenen Vorschlag nach, den Landschaffts Secretarium Scheumann mit gemessener Instruction nach gedachten Schweinfurth abzuschicken, und es in die Wege richten, damit das=Jenige was in der güte bißhero nicht zu erhalten gewesen, durch den Weg der würcklichen Execution, wohin die Creyß=Conclusa von selbsten ab Zielen, eingetrieben werden möge.

III.
Christian Ernst ꝛc.

An dieselben.

Was unter andern ihr, in Euren unterm 22. biß an unß erlassenen unterthänigsten Bericht, den Wir mit gestrig Post zu recht erhalten, wegen des Schweinfurthl. Contingents in unterthänigkt mit angemerket, auch wohin sich selbige Stadt auf Euer dahin erlassenes Schreiben in wieder antwortt heraus gelassen, das haben Wir ablesend deß mehrern ersehen.

Gleichwie wir nun die repraesentirte lamentationes ob=berührter Stadt Schweinfurth zwar in Consideration ziehen, gegenüber aber selbigen in so weit alß Sie vermeint, aus Vorwaltendt relevant Euch ohnehin bekandten ursachen, wodurch der unnachbleibliche ruin der übrigen von der Compagnie zu Diensten stehenden gantz clar vor augen schwebet, keinesweges indulgiren können. Also befehlen Wir Euch hiemit gbst, Ihr wollet durch ein anderweites an offt berührte Stadt Schweinfurth ergehendes Schreiben derselben unsere ultimato resolution dahin eröffnen, daß wir der volligen stellung ihrer Contingentien nebst complirung aller bei benenselben sich befindlichen defecten längstens nach denen heil: Weynachtfeyertagen, und gleich balden, alß selbige verstrichen, bey dem Regiment gewerttig sein, widrigens und in unterbleibung dessen solche der militärischen Execution unnachbleiblich zu gewerttigen haben solle.

IV.

Schreiben an Herrn Bischoff zu Eychstädt Von S. hochfrstl. Drchlcht. zu Bayreuth.

Besonders lieber Herr und Freund.

Euer Ldn Wird sonder Zweyfeln Dero abgesandter auff den jüngst vorgewesenen Bambl. Creyßtag gehorsamst referirt haben, welchergestalt Ew. Ldn unß, den Herrn Grafen von Dambach und der Stadt Schweinfurth beym Erfrauschen Rgt zu Fuß, eine Compagnie von 165 Mann aufzurichten zu repartirt worden, und Ew. Ldn dabey 24 Köpff zu stellen haben. Was maßen wir zwar nicht zweyfeln, Ew. Ldn werden, alß ein getreues Commembran dieses löbl. fränkl. Creyses dem Creyß-Schluß zu Folge, gedachtes Contingent, haben anwerben lassen und nunmehro fest auf den Beinen haben, Also habe doch mit diesem Ew. Ldn frbl. ersuchen wollen, unß, in wie weit Sie mit der Werbung avanciret, unschwere Nachricht zugeben, Und weiln die löbl. Stadt Schweinfurth das mehrerste und zwar 105

Mann zu stellen hat, auch iemands anhero abgeordnet, der die Zusammenstellung concertioriren helfen soll, und wohl wünschen mögen, daß von Ew. Ldn gleicherstig iemand solle zugegen sein, der solchen concert. beywohnen mögen, So wollen Wir doch nicht ermangeln, wie solches Beschehen, Euer Ldn darvon die Subrepartition, und was derselben anhängig, sambt denen Concurrenz=Costen, mit nechster Post zu communiciren, Sind annebenst Ew. Ldn zu Erweisung angenehmer Dienst=erzeugung allstetswillig und bereit.

V.

Instruction

welche in gegenwärttig Abwesenheit beß durchlaucht. bero zu den abermahls provocirten= und nacher Nürnberg*) aus= geschriebenen Convent abgehende Gesanden biß auff anhof= fende gbste ratification, Zu ihrer sambt= und sonderer Nach= achtung auff der von hochfürstlichen Creyß Ausschreib Amts= wegen communicirto deliberations-Punkte ertheilet worden, und zwar

1.

Nachdeme der $^{16}/_{26}$ Mart. Zur Einkunfft bestimmet, hätte zwar der Principal-Abgesande, Herr Graf von Pickler sich auch sofort auf solche Zeit in loco Conventu einzufinden und seine stelle sogleich beym Anfang mit zu Praesention, Weiln es aber andem, daß derselbe beordert worden, dem bereits zu beß herrn Sr. hochf. Drchl. Voraus gegangenen hochfürstl. Bambergl. Geh. Rath vnd Oberhoffmarschallen herrn von Schrotenberg alsofort dergestalt per porta zu folgen, daß Er den gerabesten Weg auff Seines vnnd vnsers gnbsten Herrn hochfürstl. Drchlt. zunehme, und der= selbige Zweyfels lebig die Reiß nunmehro dahin wird an= getretten haben, Also muß seine Ankunfft zum Convent

---

*) Seit 1567 der gewöhnliche Versammlungsort des Convents.

nothwendig biß nach zurückgelegter erstmentionirter Reiß und dero dependirender Expedition differirt werden, Inmittelst aber hat sich der mit abgehende Herr Geheimbder Rath Bundte (?) dazu anzuschicken, daß er in termino in Nürnberg einlangen möge, umb bei seiner Ankunfft, was sowohl wegen reciprocirlicher beneventirungs complimenten alß auch anderer Curialien, dann wegen der Creyß Ausschreib Amtlichen praeliminar Conferenz ehemals hervorgebracht worden, auch dermalen zu beobachten, bey dem Antritt der Consultationum aber zuforderst dahin mit anzutragen, daß derselbe, umb derer ohnehin erforderlichen großen Kosten willen, bestmöglichst beschleuniget, und mithin das erwünschte Ende dieses de novo provozirten Convents in balden erreichet werden möge.

Hierauf um zu denen Deliberations-Punkten selbst zu schreiten So waltet

2.

bei dem 1sten Punkte außer allen Zweifel, es werde Ein ieder hoch und Wollobliche Stand von selbst di Beschaffenheit, wie deß universi statu belli, also insonderheit in wieferne dieser hochlobl. Convent dabey interessiret, patriotisch behertzigen, und ohne sonderbare difficultates ermessen können, wie die dermahlige Verfassung ohne Beyschaffung grosser Sumtuum unmöglich in ihrer Consistenz zu erhalten, und daß dahero, Weiln dieses hochloblichen Convents force auff allianzen mit andern benachbarten Potenzen und Ständen bestehet, die dahin accordirten subsidien ohne abgang denen herrn Confoederatis bezahlt werden müssen, will man anders deren separation den daraus erfolgenden ruin und die darauff endlich erfolgende blame Vermeiden, wozu anhoffentlich Kein einziges pro Salute Imperii et Circuli pactirtes Mitglied incliniren, Vielmehr alle Mittel und Wege hervorsuchen wird, wie es durch anwendung der äusersten crüfften seine defension noch ferner mit behaupten und etwa den sehnlich erwündschenden Fried auff eine sichere und dabei reputirliche Art acquiriren helfen möge; in noch weiterer

Consideration, daß an dessen Entstehung nicht nur die bishero aufgewandte in Vielen Millionen bestehende spesen Vergebens sein, sondern auch dem feind Zu ausführung seiner desseins Thür und Thor geöffnet und doch endlich dieser Creyß den endlichen und totalen Untergang über sich ergehen lassen müsse, Solten aber wider alles Verhoffen sich einige status sogar moros erfinden lassen, welche der angeführten hochtriftigen motiven willen ungeachtet gleichwol mit der abführung ihrer Zurepartirten Creysspraestandorum saumseelich zu seyn gedächten, Wären dieselben billig mit der unverweilten Execution dazu zu verappelliren, damit nebst ihnen die willigen Stände nicht succumbiren dorffen, Inmassen dann sothanen morosis allenfalls die Verantworttung aller ob den Verzug entstehenden üblen emergentien und bösen effectuum zu überlassen, ingleichen gegen dieselbe der regressus ratione indemnisationis hiernachst zu reserviren ist.

Wann aber leicht Zuvermuthen, daß bei Vorkehrender höchster Sorgfalt auch anwendung aller dieser mittel, es gleichwol an retardaten, nach der bisherig leidigen Erfahrung nicht ermangeln dorffte, so entspringet dahero die in diesem cösten punct sub fine annectirte Frage Wohero in omnem insperatum casum der länger Unentbehrliche Mittel zu Hand zu bringen.

Gut were es, und der billichkeit gantz gemeß, daß bey diesem schwehren Reichs Krieg auch andre Reichs Creise ad exemplum der beeden Fränk- und Schwäbischen concurrirten und dadurch denjenigen, so die last zu schwehr über den Hals liegt, und nunmehro unerträglich werden will, durch ihre mitleidige Concurrenz einige sublevation zu Wege brächten.

Es wird aber vermuthlich, Wie bishero, also noch ferner der effect davon mehrers zu wündschen alß zu hoffen einfolglich auf ein anderes und solches mittel die reflexion zuschlagen sein, welches bei der ausfindung sogleich die Würckung nach sich ziehet, und möchte vielleicht unter allen remediis das praestantissimum seyn, ein ansehliches und erkleckliches Anlehen, so unter deß gesambten Creyses guarantie und Verschreibung aufzunehmen, Zumahlen da man mit heuriger campagne den Krieg ein erwünschtes final zu machen begierig ist, wozu der höchste alle consilia et actiones glücklich reussiren lassen wolle, Wie aber und von Weme ein so ansehnliches Kapital zu erlangen wird sich in ipso progressu deliberationum ergeben und wann es auf Kaufleuthe, ankommen sollte, vielleicht die (ist im Context ausgestrichen und scheint blos ein Versehen des Schreibers zu sein) Buriotbische (soll, da es sehr undeutlich geschrieben ist, vielleicht Buirette'sche heißen?) Compagnie das meiste contribuiren können. So hochstnothig um die erforderliche Geldmittel, so unentbehrlich ist

3.

Nach dem andern propositions punct die Formirung der Magazinen mit dem benöthigten Proviant, dessen man zur täglichen unterhalt Vor Mann und Roß, so zu reden nicht einen Augenblick entbehren kann, Es ist aber denen sambtl. Conventalis nicht unbekannt, wie sorgsam sich das hochfürstl. Creyßausschreib=Ambt mittelst verschiedener dazu erlassener nachdrücklicher excitatorien dabey bezeiget, welche hoffentlich umb so weniger außer Consideration biß daher oder noch sein werden, als der unvermeidliche Schade bey dem abgang unschwehr zu begreifen, Von seiten dieser hochfürstl. Landschafft hat man iedesmahls sich die beybringung seines Contingentes eiferigst angelegen sein lassen, wie dann Voritzo noch in die 1800 Ort Meel zu Zeilen (Markt Zeuln?) bereits parat liegen, so daß solche stündig auf die Flöß gebracht und weiterhin das Magazin fortgeführt werden können.

4.

Der dritte proposit. pct theilet sich in 2 membra, ob deren das erste die bellion, Welche mit deß H. General=Comandt. Drchl. anoch eine Creyßabsendung nacher Günzburg zu überlegen, das andre aber das Veranlaßte vorgängige Concert mit Schwaben betr:

Gleichwie aber die bellion hauptsächlich in die Incumbenz der hohen Generalität einlaufen, und daher nach nunmehro glücklich erfolgter retour Dchg deß Herrn Generals Drchl. von deroselben der Vortrag dißfalls zu vernehmen und sodann von Creyßwegen pro re nata in einem und andern darauf zu resolviren seyn wird. Also wird sich bey der hienächst zu Nürnberg eintreffenden Schwäb. Creyßgesandschafft und mit dieser anfallenden Conferenzien ergeben müssen, was das Objectum deliberationis bei sothanen Vorgängigen concerto eigentlich seyn möchte, weil man dervon dato keine specialia hat, Vermuthlich aber werden die tractaten wegen uebernehmung der Chur Pfalzischen trouppen gegen die bereits an deß Herrn General Lieut. hochfftl. Drchl. offerirte 100 f. wovon jeder Creyß die Helffte zu bezahlen, Vest zu stellen sein, wenn zumahlen ab altera parte der promittirte numerus der 6000 Mann complet zu beeder Creyßen defension wird gestellet werden.

5.

Was Vor inconvenientien und schädliche effectus, auf den 4. propositionspct zu gelangen, ehmals verschiedentlich daher erfolget, wenn man mit denen confoederatis, bevorab mit Chur Sachsen, rate subsidiorum in unrichtigkeit bestehen geblieben und dadurch die langen subsistenzien verursachet, ist leider zu annoch schmertzlicher empfindung bekanter, alß daß man erst weitlaufftige remonstration zuthun nöthig haben solte, und dahero umb so mehreres zuglauben, es werde ein jeder hoch und Wollobliche Stand Zu Verhutung kunftig schedlicher Weiterung sich von selbst, Zumahln auch umb der darzu ergangenen Creyß Ausschrib Amts monitoriorum willen, angelegen sein lassen, das ihnen zukommende Contingent an der zu Zweyen mahlen per recessum verwilligten Haberlieferung, wo es noch nicht beschehen, hernachst noch richtig an die beliebte Orthe bringen zu lassen, mit der erfolgenden abrechnung mit dem Commissariat auf die accordirte 100 subsidien desto ungehinderter prociren zu können. Soviel diesseitiges Landschafftl. praestandum betr. ist die erste lieferung bereits erfolget und durch die Copeylichen Lieferscheine zu verificiren, Und wird, wie man der Hoffnung lebet, die andere Lieferung nunmehro auch geschehen sein, allermaßen der Haber vor einigen tagen schon auf der Flöß gelegen, gleiche Beschaffenheit.

6.

Hat es mit dem 5. proposit. pct, ratione der mit dem Sächsisch Gothanischen wegen der quartierskosten vorzunehmen habende abrechnung, Von wegen diesseitig hochfrtl. gesandschafft kann man die Versicherung geben, daß man die Novembr u. Decembr nechstabgewichenen Jahres schon in richtigkeit gebracht, ratione der beeden Monate Januarn et Febr. aber im Werk darzu begriffen sey, so daß man die quittungen ehestens wird produciren können. Hernächst wird man

7.

nach dem 6. propos. pct sich angelegen sein lassen, denen Commendanten der Regimenter beweiß wegen angeschaffter Recrouten-Compagnie Wägen und der Leibmontirung beyzubringen, welches nothwendig auch von andern geschehen muß, umb auf den Fall biß daher ein und anderer Stand noch deren manquant haben sollte, die zulängliche Veranstaltung von Creyß wegen verfügen zu können, daß der Abgang erseżet, mithin der ruin der übrigen trouppen, auf welche bei dieser Beschaffenheit die Dienste zu häufig kommen würden, evitirt werden könne.

8.

Was vor difficultäten bei den vorgekommenen consultationibus ratione der aufrichtung eines gewißen Ausschußes im Creyß sich iedesmahls ereignet, können die Acta bezeugen.

Nachdem man nun auf dem numero der 6000 Mann lezhin bestanden, auch eine repartition, wie solche aufzustellen gemeinsamlich verfaßt, die ein ieder von den Herrn Ständen haben wird, Also ist kein Zweifl, es werde ein ieder seinesorths solche Anstalt dazu gemachet, daß auf den Erforderungsfall dieses zur reserve ausgefundenen Mittel zu den abgezielten Zweck in seiner Würkung gehen könne, Diesseits hat man alle benöthigte Anstalt in dem Land gemachet und wird das zu repartirte Contingent in gute bereitschafft gestellet, suo tempore auf erfordern erscheinen zu können, Gott gebe aber, daß man dieses extremen Mittelst nicht benöthigt sein möge.

9.

Hat es mit der, nach den 8ten Punkt communicirter designation sein Bewenden, und wird ein Jeder umb so mehrer sorge tragen, deren richtige abstattung Zu Veranstalten ie höher in Entstehungsfall auf eine gar kurtze Zeit die retardata sonst anwachsen, auch die Kriegsoperationes desto leichter einen hinderlichen anstoß leiden können, und kan das diesseittge offertum ad omne possibile auch hieher wiederholet werden.

10.

Weiln ad 9. propositions Punktum der Officiersforderung dergestalt hoch angeschienen, daß man die recrouten tractaten mit ihnen nicht zum schluß bringen können, So wird es dahin stehen, was man a parte Schwaben diesfalls intentionirt sein, und ob sich gemelde officiers hienächst nicht besser accomodiren möchten, widrigenfalls die Staude nicht ohne ursach die recroutirung selbst noch über sich behalten.

11.

Bei dem 10. Punkt hat die Gesandschafft auf die vorhergehende instruction ratione derer leʒ nechstvorig auff gegenwerttige Creyß Versamblung prorogirten Convent noch zu vördern rückständigen proponendorum zu recurriren, In specie aber der directiven wegen sich mit denen übrigen gesandschafften zu vernehmen, auch allenfalls mit denen Majoribus zu conformiren, zumahl wenn S. hochfrstl. Drchl. daben, wie sichs in allwege gebührt, mit in consideration kommen, und dero dem publico eine geraume Zeit hero ersprießlich geleiste patriotische Dienste auch einmahl mit danckbarer reconnaissance angesehen werden wollen, worauf besonders mit anzufehrn wäre.

Endlich und schließlich wird
12.

das übrige alles, so auser solch nach invidenten beywohnenben convent, nach und nach, noch mit einlaufen möchte, der Gesandschafft dexterität überlassen, so von derselben entweder ad referendum anzunehmen, oder ba periculum in mora sich pro re nata cum majoribus zu conformiren, auch allenfalls auf die vorige instructiones zu reflectiren, den nach und nach von deme, was passirt und conclubirt werde, ihre unterthänigste Berichte an bisherige Orthe zu erstatten, und die duplicata mit denen iedesmahls ad dictaturam communizirten beylagen zur hochfrstl. Geheimen Rathstuben einzuschicken, nach gestalten sachen, fernere resolution und bescheids zu erwarten, alles sub spe suti et sub consuetu indemnisationis clausulo (?), urkundlich in dermahligen abwesenheit mehr hochstgebacht S. hochfrtl. Drchl. unter dem Vorgebruckten hochfrtl. Geheimen Cantzley secret vnd der Geheimen Raths Präsidenten auch geheimen Räthe eigenhändiger subscription.   Signat. etc.

VI.
Executionspatent vom fränkischen Creyßs.

Dieses fränk. Creyßes Fürsten und Stände Wie zu dem allgemeinen Creyß=Convent auch anhero Verordnete Räthe und Abgesandte.

Nachdeme bei gegenwerttigen allgemeinen Convent der Schluss schon vor guter Zeit dahin ergangen, daß die Execution wider die vorzügliche Fürsten und Stände, in dem das Publicum ein solches unumbgänglich erfordert, ergehen zu lassen, Also wird Vorweiser dieß Herr Haubtmann, sambt bey sich habende Lieutenant unter Offizieren und Gemeinen, zu dem Ende abgeschicket, daß derselbe, Vermög der ihme ertheilten instruction auf die rückständige Creyß praestanda an Geldt und Mehl exequire und die Gelder, durch die bey sich habende Cassier-Ambts-Secret: und Bediente erheben und darüber ordentlich quittiren lassen solle, wie solches das beigefügte Protocoll in vim Conclusi mit mehreren an Hand giebet. Allermassen nun derselbe aller orthen im Creyß frei, sicher und ungehindert zu passiren, ihme auch alß Einen, Nahmens gesambter Fürsten und Stände deputirten Executions-Commissario der insoweit gebührende respect zu geben ist.

Also werden die in mora stehende Herrn Constuto sich unschwehr fallen lassen, auf die vor Einkunfft der Executions-Commissarien vnd Adjuncten durch hie beschehene notification die gelder, nach gestalt deß itzmahls ausgeworfenen quanti, sogleich Zusammen zu richten, und sich mittelst Verlängerung der Execution selbsten vor ungelegenheit uncosten und Weiterung zu sein, nebstdem das nothleidende gemeine Wesen wegen der anheischenden hohen Feindesgefahr hieburch conservirt, die Soldatesca erhalten, und was zu Standführung des Kriegs gehörig mit daraus hoffenden guten effect bestritten wird, gar nicht zweyfelnd, die bey solchen, so gelbt alß mehl retardaten interessirte Ständte sich hieben so benehmen werden, wie es deß hochstbekümmerte Vatterlands Rettung und eines ieber eigene Conservation erforbert. Signat. Nürnberg ꝛc.

VII.

Ein fürstlicher Paß.

Von Gottes Gnaden Wir Christian Ernst ꝛc. ꝛc. geben hiemit allen und ieben hohen landesherrschaftlichen Obrigkeiten, weß Standes-Würden selbige sind, auch allen hohen und niederen Kriegsoffizieren und gemeinen zu Roß und Fuß, Standesgebühr nach, in Freundschafft, auch günstig und gnädig zu vernehmen, dass wir unserm Rath und Residenten allhier in Nürnberg, Herrn Tobias Wehrburg von Wehrburg, ein Veßlein mit Geldt, solches zu unsern nothwendigen Kriegsauslagen nacher Schaafhausen zu spediren, gnädigst anvertraut, mithin dasselbige fordersamst dahin verschafft wissen wollen, Also werden alle vor Hochgedachte, Standesgebühr nach, hiemit in Freundschafft günst und gnädig ersuchet, gedachtes Beßlein aller Orten auf denen Zoll und Mauthstädten Zoll und Mauthfrey ungehindert passiren zu lassen, dieses sind wir in dergleichen und andern begebenheiten hin wieder standes Erforderung nach zu erwiedern allstets erbothig, zu den unter unserm Commando stehenden aber muß dessen gnädigst zu geschehen versehen werden.

Das unter unsrer eigenhändigen unterschrifft und vorgedruckten fürstl. Reg. Signat.

NB. Andere Paßbriefe betreffen die mit 16 Zolten in die Garnison Maintz geschickten Marquetenter zum Heydersdorffischen fränk. Kreis Regiment zu Fuß Compagnie des Hauptmannes Samuel Seyder, Sendung von Wagen und Pferden zur Leibcompagnie des fr. Crahßes Cuirassier Regiments 2c. 2c.

VIII.

Entschuldigungsschreiben auff geschehene Invitation zur Entrevue, sambst einem angehangten Creditiv, Von Herrn Bischoff zu Eychstadt.

Durchlauchtig hochgeborner Fürst unsere willige Dienste Zuvor, gnädiger lieber Herr!

E. Gnaden werden überbringer biß unsere abgesanden, der hochwürdig und wolgeborne unser geheimer Rath und HoffRaths Präsident, auch Domb Custos zu Eychstadt, besonders lieber und getreuer, Johann Rudolff Freyherr von Au auf (Hterlingen?) und Stromeck, Chorherr zu

Ellwangen, dann der hochgelehrte unser Hoff und Cammer Rath, auch Lehen Probst vnd lieber getreuer, Joh. Simon, (scil. Burckhardt) beeder rechten Licent. mit mehren proponiren, was große Freude Wir gehabt hätten, bey vorhabender entrevue etlicher benachbarten Mitfürsten, Persönlich bienen zu können, Weiln aber unsere Constitution solche Vergnügung bei jetziger rauhen Frühlingswitterung denegirt, Ersuchen Wir E. Gnd. gedachter unserer Gesanden Vorträge, alß von unß selbsten nicht allein wohl auf und an zu nehmen, sondern gleich nuß selbsten darinnen glauben beyzumessen, und sich darüber also zu begnügen, alß zu Deroselben unser Bestes Vertrauen gestellet, und Wir unterdessen deroselben zu angenehmer Dienstbezeugung allzeitwillig und bereit verbleiben 2c. Eychstadt.

IX.

Antwort darauff Von Herrn
Marggrafen zu Bayreuth.

Hochwürdiger Fürst,
 Euer Lbden sind unsere willige Dienste zuvor,
Lieber Herr und Freund.

 Daß E. Lbd. der zu Fürth vorgewesten Entrevue wegen übler disposition auch eingestellter rauher Frühlings Witterung nicht haben beywohnen können, haben Wir darauf ungerne vernommen, und wohl wünschen mögen, Ew. Lbn allda Persönlich bedienen zu können mit dem Anhang, daß die güte des Höchsten dieselbe bei guter und langwähriger Gesundheit fristen, und alles selbst desiderirendes Wohlwesen angedeyhen lassen wolle. Haben nebstdem nicht ermangelt, Ew. Lbden dahier substituirende Creyßtägige gesanden, Herrn Johann Rudolffen Freiherrn Von Au, und Herrn Joh. Simon Burckhardt in dem, Was Ew. Lbden denselben in Commission auffgetragen, anzuhören, auch unß darauf in wieder antwortt gegen dieselbe also herauszulassen, wie es der Sachen Beschaffenheit erfordert, und Ew. Lbden Sie mit mehreren zu hinterbringen wissen werden, dero wir übrigens zu Erweisung freundl. Dienstgefelligkeiten willig verbleiben. Dato Nürnberg.

X.
Werbpatente

wurden behufs der aus kaiserlichem Auftrage anbefohlenen Errichtung eines Regiments Dragoner zu 10 Compagnien à 100 Köpfe, dann zur Recrutirung der in Ungarn stehenden Völker, wozu der Fähndrich Balthasar Schenck als Werbofsizier aufgestellt wurde „zu diensten Sr. Kaiserl. Majestät und zuvorderst der werthen Christenheit wider den Erbfeind Christlichen Glaubens und Nahmens den Türcken" erlassen.

XI.
Patent.

Alle und iede crafft ergangener Ordre, das neu aufgerichtete Dragoner Regiment sich auf das zu Rothenberg angestellte Rendezvous zustellen, und dahin auch das hochfürstl. Brbb. Culmbachsche Contingent sich einzufinden hat, zu Fortbringung aber der beeden Compagnien und eines Zu der hochfürstl. Leib Compagnio zu Pferdt annoch gehorigen zurück gebliebenen Wagens 18 gute tüchtige Zug Pferdte Vonnöthen sind, Also haben die Beambte, welche hiemit betretten werden, Die Veranstaltung zu verfügen, daß gedachte Zug oder Vorspannpferde zu Beschleunigung des marsches nicht allein angeschafft, sondern auch ein stück brodt und tranck bier Vor selbige aus guten Willen abgereichet werden möge, Und gleichwie man sich versichert es werden andre Benachbarte ebenmäßig dergleichen thun, Also wird man sich derseits in dergleichen Fällen ein solches zu erwiedern ieder Zeit angelegen sein lassen.

Decret Bayreuth d. 12. Mai 1691.

XII.

Ordre

beß Herrn Marggrafens Zu Bayreuth hochfürstl. Durchl. alß Feldmarschal an Einen Rittmeister.

Deß löbl. fränk. Creyßes Cuirassier Regiment bestellten Rittmeister, Baron von Künsperg ist hiemit anzufügen: Demnach ꝛc. Solchem nach wird der Herr Rittmeister nachdrücklich beordert, daß Er solche proviant-Fuhren alsofort an obgedachten Ober Commissar Baden bezahlen: Widrigenfalß Er selbst davor stehen solle.

Deme Herr Rittmeister Recht zuthun wissen wird.

XIII.

Patent über eine Salve Guarde.

Nachdem der Durchlauchtigste Churfürst ꝛc. Mein gnädigster Herr, das dem Hoch Edelgebornen Herrn Johann Heinrich Recken (oder besser Froben) unter dem Durchl. Marggrfl. Brandb. Bayreuth. Cuirassier Regiment bestellten Obristen, zuständigen Dorff Fattigau, im Ambt Oberkotzau gelegen, bei itzigen rückmarch dero trouppen in dero gnädigsten Schutz genommen, vnd damit dasselbe nach Möglichkeit Verschont werden möge, gegenwerttige Salvo guardie darauff ertheilen lassen. Also werden die sambtl. Chur Sachßl. unter Meinem Commando stehende hohe und niedrige Kriegsofficier, auch Soldaten insgemein, zu Roß und zu Fuß, hiemit beordert, und ihnen ernstlich angedeutet, daß Sie obgedachtes Dorff Fattiga mit allen dessen Ein-

8

wohnern, groß und Kleinen, Viehen, Früchten, Mobilien und andern appertinenzien, mit aller ungebührl. Einquartierung, abforderung, abnahm, Gelderpressung und andern Kriegs Exactionen wie die Nahmen haben, und unter was practext selbige verübt werden können oder mögen, Bey Vermeidung hartter und unnachbleiblicher Bestrafung gäntzlich Verschonen und diesem zuwider das geringste nicht tentiren sollen, Wonach sich Ein ieder Zuachten, vnd vor Schaden und ungelegenheit zu hüten wissen wird.

Signat. Generalstaabsquartier Pretzfeldt d. 29. Oct. 1694.

XIV.

Schreiben des Herrn General-
lieutnants von Baaden an deß
fränk. Creyses Ausschreib Ambt.

Hochwürdigster u. durchleuchtigster Fürst.

Ew. Lbdn Lbdn beede vom 20. dito abgelassne Antwortt-schreiben habe sambt allen Beylagen wol erhalten, und daraus sonders gerne ersehen, daß dieselbe sich gefallen lassen, auf den 29. wieder Einen andern Convent auszuschreiben.

Wie nun solches soviel dem publico alß dem löbl. Creyß particular. zu besondern Vortheil und Dienst ungezweyfelt gereichen wird, Also habe mit Dero Erlaubniß beykommende Puncte verfasst, welche unmaßgeblich ohne Zeit Verlust in deliberation zu ziehen und zu resolviren wären, dieselbe anbey instendigst ersuchend, zumahlen meines Bedunkens dem gemeinen Wesen an allen haubtsächlich gelegen man nach so vielen aufgewanden grosen costen umb die endliche Sicherheit und lang erwünbschten ruhestand desto mehr stabiliren und sich promittiren zu können, dermahlen nach vorigen löbl. Exemplis zu continuiren, und ein weniges, wovon man in andern Weg den fructum Weit groser zu gewartten hat, nicht anzusehen, Ich meines Orts werde von Herzen gerne sowohl mit Rath alß That an Hand gehen, und mich iedesmahl erfreuen, wenn diesen löbl. Creyse einige angenehme Dienste werde erweisen können, In Welcher Versicherung zu E. Lbdn beständigen affection mich empfehle und allstets verharre 2c.

Louvis M. z. Baaden.

XV.

Schreiben an Bischof zu Würzburg
Vom Fränk. Creyß Convent.

Hochwürdigster Fürst.

Es ist von deß Kayserl. Herrn General Lieut. Marggrafen zu Baaden Hochfürstl. Durchl. das in Copia beygefügte Schreiben sambt dessen Beylagen von den frankl. Creyß. Kriegs Rath, Herrn Nützel, dieser tagen dem Convent überbracht worden, woraus denn sonderbar zu ersehen, was dieselbe vor proponenda mithin an Hand geben, darinnen einen fördersamen Schluß zu fassen.

Nachdem wir nun der Sachen hoher Wichtigkeit nach für nöthig, und der schuldigen Convenienz gemeeß zu sein erachtet, Eure hochfürstl. Gnd., wie hiemit beschiehet, davon unterthgste apertur zu geben, Also ersuchen dieselben Rahmens unserer hohen Herrn Principalen und Obern, wir hiemit geziemenden: für unß aber unterthänigsten Fleises, Sie geruhen, dero gesandtschafft mit gemessener instruction nunmehr forderlichst auch anhand gehen: vnd dero hochvernünftige Gemüths Meinung über ermelde deliberanda eröffnen zu lassen. Die wir damit deß allerhöchster treuester Obsorg 2c.

Nürnberg den $\frac{9.\text{ Juli}}{29.\text{ Juni}}$ A. d. 1694.

V.

Ueber die sogenannte

Ordenskirche in St. Georgen bei Bayreuth.

Es kommt in der evangelischen Christenheit öfters vor, und ist auch leicht erklärlich, daß die eigentlichen Weihenamen einzelner Kirchen in Vergessenheit gerathen und nur nach ihren localen Bestimmungen als Haupt- oder Stadt- und Nebenkirchen, Hospital- und Gottesackerkirchen bezeichnet werden. Ganz ungewöhnlich und auffallend aber ist die Bezeichnung der Hauptkirche in St. Georgen als Ordens= kirche. Was will diese Bezeichnung sagen? Bei solcher Bezeichnung wird man zunächst auf den Gedanken geführt, daß die Kirche entweder einem Orden geweiht und ge= widmet worden, oder von einem Orden erbaut oder das Eigenthum eines Ordens sei. Keines ist hier der Fall, und am wenigsten ist hier von einem Orden die Rede, der irgend in der Geschichte der christlichen Kirche Bedeutung oder einen kirchlichen Character gehabt hat. Das gibt schon die Zeit der Erbauung an die Hand. Die Ordenskirche ist erbaut 1711, sie ist erbaut von dem Markgrafen Georg Wilhelm, erbaut für seine von ihm neugegründete Vorstadt und Gemeinde St. Georgen mit den beigezogenen Ortschaften. Das ist eine bekannte Thatsache. Ebenso bekannt ist ferner, daß der Markgraf die Kirche zum Andenken an seine ver= storbene Mutter Sophie Luise, die bei ihren Lebzeiten selbst den Plan zur Errichtung des Tempels gefaßt hatte, aber durch ihren frühen Tod an der Ausführung gehindert wor=

den war, erbaute und ihr daher den Namen Sophien=
kirche beilegte*). Bald aber verschwindet dieser Name und
die Kirche wird gewöhnlich nur als Ordenskirche be=
zeichnet. Wann diese Bezeichnung auftrat oder richtiger,
gewöhnlich wurde, ist ungewiß. Das Programm des Prof.
Kripner: Origines urbis S. Georgii ad lacum, vulgo
„der Brandenburger" vocatae etc. vom Jahr 1737 kennt
diesen Namen nicht. Er sagt einfach: Templi Sophiae
nomen tulisse, ipsae inscriptiones in fundamentis positae
satis testantur. Es ist kaum zu glauben, daß, wenn der
Name Ordenskirche einen offiziellen Charakter getragen,
oder damals schon allgemein und usuell gewesen wäre,
Kripner diesen Namen, oder die Umänderung des ur=
sprünglichen in diesen, mit Stillschweigen übergangen hätte.
Dagegen findet sich der Name Ordenskirche allerdings ge=
wissermassen urkundlich schon in der Aufschrift der Orgel
vom Jahr 1714 an der Vorderseite des Manuals, die man
im Jahre 1851 bei einer Reparatur vorfand**); und ebenso
in der im Jahre 1718 in den Thurmknopf gelegten Urkunde,
und zwar in einer Zusammenstellung und Verbindung,
welche zugleich den eigentlichen Sinn und Bedeutung des
Namens recht deutlich und significant ausdrückt. Die In=
schrift heißt nämlich:

„Gott zu Lob und Preiß; Sr. des jetztregieren=
den Herrn Markgrafen Georg Wilhelm, hoch=
fürstl. Durchlaucht zu unterthänigsten Ehren; dieser
hochfürstlichen Ordens= und Pfarrkirche zur
Zierde, der christlichen Gemeine zu besserer Aufmunte=
rung ist diese Orgel ꝛc. ꝛc."***)

---

*) Gewöhnlich wird gesagt, daß es auch zu Ehren seiner Gemahlin
und Tochter geschehen. Beide trugen allerdings auch den Namen
Sophie. Aber die Inschriften erwähnen ihrer nicht.

**) S. Busch, Gesch. der Vorstadt St. Georgen. 1851.

***) Sie wurde von dem Magistrat der Stadt Bayreuth aus städti=
schen Mitteln in die Kirche gestiftet. Busch, a. a. O.

Ordens- und Pfarrkirche heißt sie hier. Ebenso in der erwähnten Urkunde im Thurmknopf. Die Zusammenstellung gibt die Parallele, daß sie in eben dem Sinn Ordenskirche heißt, wie sie Pfarrkirche heißt, nämlich, daß sie von dem damals von demselben Markgrafen, Georg Wilhelm, kurz vorher gestifteten Orden de la sincérité*) gerade so zu seinen Versammlungen oder Kapiteln benützt wurde, wie sie von der Gemeinde zu den ihrigen benützt wurde, oder richtiger, von beiden Seiten gleicherweise dazu bestimmt war. In §. 14 der Ordensstatuten heißt es daher: „Zur Ordenskapelle wollen wir die in unserer Stadt St. Georgen erbaute destinirt haben."

Eine Parallele zu Pfarrkirche also ist der Name Ordenskirche, nicht eine Parallele zum Namen Sophienkirche. Der Name Sophienkirche ist also durch den Namen Ordenskirche nicht etwa offiziell aufgehoben, oder jener durch diesen ersetzt, so wenig als er irgendwie durch den Namen Pfarrkirche aufgehoben ist, und man könnte höchstens das ominös finden, daß der Name Ordenskirche den Parallelnamen Pfarrkirche bei Seite geschoben hat und gleichsam die Gemeinde vor dem Orden in den Hintergrund getreten ist. Der Name der Kirche aber ist heute noch derselbe, der ihr vom Anfang von ihrem Erbauer offiziell gegeben worden ist.

Aber dieser Name ist nicht einfach: Sophienkirche, sondern Sophienkirche zur heil. Dreieinigkeit. So nämlich wird sie ausdrücklich in dem Berufungsschreiben des Gründers der Kirche, Georg Wilhelm, vom Jahr 1711, im Jahr ihrer Vollendung an den ersten Geistlichen für die Kirche, Matthäus Purucker, genannt. „Templum Sophiae ad S. Trinitatem" vocatur, sagt Kripner l. c. p. 20. — Und daß dies auch die ursprüngliche Absicht und

---

*) Bekanntlich ist aus demselben der preußische rothe Adlerorden hervorgegangen.

Tendenz war, ergibt sich aus der bei der Grundsteinlegung Anno 1705 gebrauchten Inschrift unzweifelhaft. Da heißt es nämlich:

„Der dreieinige Gott, der Anfänger und Vollender aller menschlichen Dinge lasse es wohl gelingen, zu dessen allerheiligsten Ehren zuvörderst, dann zu stets währendem christlichen Andenken der weil. durchlauchtigen Fürstin und Frau, Frau Sophia Luise ꝛc. hat diese Kirche der durchlauchtigste Fürst und Herr, Georg Wilhelm, Markgraf zu ꝛc. aufbauen lassen und ihr zum Andenken der hochseeligen Frau den Namen Sophia beigelegt*)." —

Zwei Momente sind hier vereinigt: 1) die Dedication (zur Ehren der heil. Dreieinigkeit) und 2) die Namensbestimmung zum Andenken ꝛc.

Aehnlich ist die Inschrift des zweiten Grundsteins, den die Gemahlin des Fürsten in demselben Jahr auf der Seite der Sacristei legen ließ:

„Dem dreieinigen Gott und der weil. durchl. Fürstin ꝛc. Sophia Luise ꝛc."

Dasselbe ist bei der Aufsteckung des Thurmknopfes im Jahr 1718 wiederholt, wo eben auch die Erwähnung der Ordenskirche urkundlich vorkommt:

„Zur Ehren des dreieinigen Gottes und höchstseel. und gesegneten Andenken der weiland ꝛc. ist den 18. April 1705 der Grund zu dieser hochfürstlichen Ordens= und Pfarrkirche gelegt ꝛc."

Der Name Sophienkirche zur heil. Dreieinigkeit ist daher der vom Anfang an beabsichtigte, noch fortgeltende eigentliche Name der Ordens= und Pfarrkirche in St. Georgen.

Wenn daher Hirsch in seinem Beitrag zur ältern Geschichte der Pfarrei St. Georgen**) sagt: Später fügte

---

*) S. Kripner l. c. p. 15.
**) Archiv f. Oberfr. 7. Bd. 3. Hft.

der Markgraf zum menschlichen Namen auch einen göttlichen, so ist das, zum wenigsten gesagt, ungenau. Und wenn er behauptet: „der Name Sophienkirche zur heil. Dreieinigkeit will nicht wohl passen," so fehlt hiefür Grund und Beweis. — Es hat einigen Schein, wenn man sagt: die Kirche ist 1711 gebaut, 1712 der Orden gestiftet, und weil der Orden seine Kapitel in der Kirche hielt, ging der Name Sophienkirche in den der Ordenskirche über. Allein für's Erste ist der Orden de la sincérité nicht erst 1712, sondern schon 1705 mit Aufhebung des von dem Vorgänger **Christian Ernst** gestifteten Concordienordens gegründet und Anno 1712 nur erweitert und mit Statuten versehen worden. Sodann ist nicht der Name Sophienkirche, sondern der Name **Pfarrkirche** in dem der **Ordenskirche** über- oder richtiger untergegangen, und das richtige Verhältniß ist vielmehr dieß, daß die Pfarr= resp. Ordenskirche in St. Georgen den Namen **Sophienkirche zur heil. Dreieinigkeit** erhalten und getragen hat und ihr derselbe noch jetzt zusteht und gebührt.

VI.

Biographie
des verstorbenen Oberappellationsgerichts-Directors
Christian Johann Michael v. Seyfert
zu München.

Der königliche Oberappellationsgerichts-Director Christian Johann Michael von Seyfert, welcher am 18. August 1854 seine irdische Laufbahn im 81. Lebensjahre zu München vollendet hat, war am 27. April 1773 zu Bindloch bei Bayreuth geboren. Sein Vater war der dortige verdienstvolle Pfarrer Johann Erhard Seyfert, welcher sich durch seine eifrige Seelsorge, sowie durch den Bau der schönen Kirche daselbst ein bleibendes Denkmal der Erinnerung in der dortigen Gemeinde erworben hat. Den ersten Unterricht erhielt der Verstorbene in der dortigen Schule, wurde aber später von seinem gelehrten Vater durch Unterricht in den alten Sprachen zum Gymnasium vorbereitet. Im Jahr 1786 wurde er, nach wohl bestandener Prüfung in das Gymnasium zu Bayreuth aufgenommen. Hier lebte er bis zum Abgang auf die Universität in dem Hause seiner Schwester, der Gattin des Brandenburg-Bayreuthischen Landschafts-Commissärs Joh. Friedrich Hagen, wo er die liebevollste Aufnahme fand. Unter der Leitung der Professoren Lang, Georg, Schumann, Kapp und Kraft widmete er sich auf der hiesigen Anstalt dem Studium der alten Sprachen, der Philosophie und Mathematik, sowie der schönen Wissenschaften. Auch erlernte er die hebräische Sprache, weil er Anfangs Willens war, nach dem Wunsche seines Vaters Theologie zu studieren. Er entwickelte große Fähigkeiten und zeichnete sich bei seinen Studien durch großen Fleiß aus, was auch von seinen Lehrern rühmlichst anerkannt wurde. In Verbindung mit mehreren vorwärts strebenden Jünglingen der Oberklasse gründete er zwischen diesen und den gleichgesinnten Freunden des Gymnasiums zu Hof einen Jünglings-Bund, welcher den Zweck hatte: sich durch gegenseitige Mittheilung und Kritik schriftlicher Arbeiten in griechischer und lateinischer Sprache immer mehr zu vervollkommnen und für das akademische Studium reif zu machen. Hierdurch entstand eine lebhafte Korrespondenz zwischen diesen gleichgesinnten jungen Männern, welche, wie zwischen dem Verstorbenen und dem vormaligen Oberkonsistorialrath Dr. Kaiser zu München, ein Freundschaftsbündniß für die ganze Lebenszeit zur Folge hatte. Im September des Jahrs 1791 starb sein würdiger Vater. Dieß war für ihn ein großer Verlust, da die von ihm genossene Unterstützung zur Fortsetzung seiner Studien aufhörte. Zu seiner Beruhigung trat ihm jedoch von nun an seine vortreffliche Mutter, welche sich durch christlichen Sinn, ächte Bildung, häusliche Tugend, Geistesruhe und Sanftmuth auszeichnete, rathend und helfend zur Seite. Nachdem er seine Studien auf dem hiesigen Gymnasium fortgesetzt hatte, bezog er zu Ostern des Jahrs 1792 die Universität zu Jena, um sich dem Studium der Rechtswissenschaft zu widmen. Hier hörte er Collegien unter Reinhold und Schmidt über Philosophie, bei Schütz über Philologie, bei Heinrich über Geschichte und bei Hufeland und Reichard über die verschiedenen Theile der Rechtswissenschaft. Mit mehrern gleichgesinnten Freunden, zu denen der nachmalige Superintendent und Professor Münch zu Täbingen und der geniale Dr. Schaller gehörten, welcher später in russische Dienste trat, wendete er sich vorzüglich dem Studium der kantischen Philosophie zu, deren damaliger Einfluß sich auf alle Wissenschaften äußerte. Zu derselben Zeit regte auch Schiller in Jena durch seine geistreichen Vorlesungen über die Geschichte die Geister mächtig an, was auch den Verstorbenen veranlaßte, sich dem Studium derselben eifrig zu widmen. Die reizende Umgegend von Jena, sowie das nahe Weimar, welches er öfter besuchte, war ganz geeignet, den Sinn für schöne Natur und Kunst bei ihm immer wach zu erhalten. Wenn er gleich seinen Studien mit vielem Ernst und Eifer oblag, so zog er sich deswegen doch nicht von den dortigen Studentenverbindungen zurück; ja er nahm sogar an dem großen Auszug der Studenten aus Jena Antheil, welche durch Mißhelligkeiten mit dem damaligen Rektor Döderlein entstanden waren. So lieb ihm der Aufenthalt in Jena war, so sah er sich doch durch die Bitten seiner Mutter veranlaßt, nach Bayreuth zurück zu kehren, um sich auf die Universität nach Erlangen zu begeben und daselbst seine Studien fortzusetzen. Er ergriff daher zu Ostern des Jahres 1793 den Wanderstab, und ging durch Thüringen in die Heimath zurück. Nach damaliger Burschenweise trat er, nachdem er in Jena seinen Zopf abgelegt, in bloßem Hals, mit langem wallenden Haar, leichtem Rock, den großen Ziegenhainer in der Hand in die Wohnung seiner Mutter, die mit ihren Töchtern über diesen etwas auffallenden Anzug überrascht war. Nachdem er seine Verwandten besucht und mit seiner sorgsamen Mutter wegen Aufbringung der Mittel zur Fortsetzung seiner Studien sich berathen hatte, ging er im Jahre 1793 nach Erlangen. Hier setzte er seine Studien unter Malblanc, Glück, Klüber, Geiger u. A. fort und beendete solche im Herbste des Jahres 1795. Kurz nach seiner Ankunft in Bayreuth meldete er sich bei dem damals Preußischen Regierungs-Collegium zum Examen. Er bestand solches mit vielem Beifall und wurde hierauf als Regierungs-Auscultator angestellt. Unter der Leitung des berühmten Regierungs-Präsidenten von Völberndorff trat er seine Laufbahn als practischer Jurist an. Dieser übertrug ihm Prozeß-Instruktionen und die Bearbeitung von Relationen über spruchreife Rechtsfälle, zugleich beschäftigte er ihn bei seinen Präsidialgeschäften und übertrug ihm die Führung seines Präsidial-Taschenbuchs, in welches von Woche zu Woche über den Stand und die Lage aller bei dem Justiz-Collegium anhängigen Prozesse die nöthigen Notizen eingetragen werden mußten. In dem Hause seines Gönners lernte er den gelehrten und geistreichen nachmaligen Coburgischen Präsidenten und Geheimenrath Dr. Arzberger kennen, mit dem er Zeitlebens in freundschaftlichem Verkehr blieb. Nach bestandener zweiten Prüfung wurde er im Jahr 1796 zum Regierungs-Referendar ernannt. Nachdem er sich in den verschiedenartigsten Zweigen des Justizwesens, im Civil- und Criminal-Prozeß, sowie im Hypotheken- und Depositalwesen durch Fleiß, Eifer und Gesetzkenntniß ausgezeichnet hatte, wurde er im Jahr 1797 bei dem Criminal-Senat der Regierung als Criminalrath angestellt. Diese Stelle bekleidete er bis zum Jahr 1798, wo er, nachdem er das dritte Examen in Berlin mit Auszeichnung bestanden hatte, zum Regierungsassessor und im Jahr 1803 zum Regierungsrath ernannt wurde. In diesem Collegium fand er eine Versammlung von vorzüglichen Männern, welche sich durch strenge Rechtlichkeit, Gelehrsamkeit, Gesetzkenntniß, unermüdeten Diensteifer und wissenschaftliche Bildung in hohem Grade auszeichneten. Dieser vortreffliche Gerichtshof hatte damals folgende Mitglieder: An der Spitze des Collegiums stand der thatkräftige, kenntnißreiche und geschäftsgewandte Regierungs-Präsident v. Völberndorff, ihm zur Seite der Regierungs-Director und nachmalige geheime Obertribunalrath Philippi, ein Mann von vielen Kenntnissen und von feiner klassischer Bildung. Von den Regierungsräthen verdienen besondere Erwähnung: der geniale, durch geistreiche Kürze und Klarheit im Vortrag bemerkbare

Geheime Regierungsrath Arnold, der durch tiefe Kenntniß des gemeinen Rechts ausgezeichnete Regierungsrath Börger, der durch seinem eleganten Styl und sein Handbuch des Bergrechts bekannte Regierungsrath Hacke, der gelehrte und als Verfasser der deutschen Volkssagen berühmte Regierungsrath von Dobeneck; ferner die aus Preußen hierher versetzten Regierungsräthe Schiller, Schweder und Kähn. In der Mitte solcher ausgezeichneter Männer fand sein Geist Nahrung und kräftige Anhaltspunkte. Er half den Ruhm und die Ehre dieses Gerichtshofes durch Arbeiten zu erhöhen und zu befördern. Im Jahr 1801 erhielt der Regierungs-Präsident v. Völderndorff von dem Justizministerium in Berlin den Auftrag, das Regierungs-Collegium zu Ansbach, bei welchem sehr viel Reste in Spruchsachen angewachsen waren, zu visitiren, den eingetretenen Mängeln abzuhelfen und Vorschläge zur Verbesserung zu machen. Zu diesem wichtigen und ehrenvollen Geschäft zog er den Regierungs-Referendar Seyfert als Mitarbeiter bei. Beide Commissarien entledigten sich auch dieses schwierigen Auftrags in angemessen kurzer Zeit, indem sie in einigen Wochen mehr Relationen in Spruchsachen lieferten, als das Collegium in einem ganzen Vierteljahr. Nach beendigtem Geschäft wurde ihm und dem Präsidenten von dem damaligen Justizminister v. Kircheisen eine sehr ehrenvolle Anerkennung dieser verdienstlichen Arbeit zu Theil. Wahrscheinlich würde er im preußischen Justizdienst bald zu einer höheren Stelle befördert worden sein, wenn nicht im Jahr 1806 der unheilvolle Krieg mit Frankreich ausgebrochen wäre. Durch die in Folge desselben eingetretene französische Occupation wurde der Verkehr mit dem preußischen Justizministerium aufgehoben und die Justiz mußte im Fürstenthum Bayreuth im Namen Napoleons administrirt werden. Während dieser Zeit mußten alle Gegenstände, welche zum Ressort des Justizministeriums gehörten, an den Intendanten von Tournon eingesendet werden. Um diese wichtigen Geschäfte zu erledigen, ernannte der Indentant v.

Tournon eine Immediat-Justiz-Commission, wobei dem Verstorbenen die Auszeichnung zu Theil wurde, mit dem nachmaligen Präsidenten v. Schwarzkopf als Mitglied zu derselben berufen zu werden. Diese Verhältnisse blieben bis zum Jahr 1810 bestehen, in welchem das Fürstenthum an die Krone Bayern gelangte. Im Jahr 1811 wurde das so lange hier bestandene hohe Justiz-Collegium, das durch schnelle und unpartheiische Justiz berühmt gewesen, aufgelöset und die ehrenwerthen Mitglieder desselben überall im Lande zerstreut. Das Bayerische Justizministerium verfuhr damals gegen diese Staatsdiener auf eine harte und nicht zu rechtfertigende Weise, indem es die alten wohlverdienten Männer bei den einzelnen Appellationsgerichten auf die untersten Stellen setzte, und die Regierungs-Assessoren sogar zwang, sich nochmals einer Prüfung zu unterwerfen. Ganz anders verfuhr man, als Ansbach bayerisch wurde. Da wurden die Räthe nach ihrem Rang angestellt, die Assessoren ohne Prüfung eingereiht und die meisten Regierungs-Referendarien theils als Landrichter, Appellationsgerichts-Assessoren oder als Stadtgerichts-Assessoren ernannt, während man die Referendarien der Bayreuther Regierung als Praktikanten behandelte, die erst eine Concursprüfung erstehen mußten und dessen ungeachtet nicht angestellt wurden.

Der Regierungsrath Seyfert wurde 1810 als Appellationsgerichtsrath nach Ansbach versetzt, wo er bis zum Jahr 1825 bei dem dortigen Justiz-Collegium unermüdet thätig arbeitete. Im Frühling des Jahrs 1813 hatten sich von der einberufenen Nationalgarde zweiter Klasse fünf Bataillons noch vor ihrer Vereidigung zur Fahne aus der Ansbacher Kaserne, unter Erbrechung der Thore, gewaltthätig entfernt und die Einzelnen sich in ihre Heimath begeben. Sie wurden wieder einberufen und hierbei zeigte sich in den Landgerichten Uffenheim, Markt Scheinfeld und Markt Bibart Widersetzlichkeit, und aus der Amtsstube zu Uffenheim waren sogar der Landrichter und die anwesenden Cordonisten unter Mißhandlung des Rottmeisters und Bedrohung des Gerichtspersonals verjagt worden. Nach vorgekommenen Aeußerungen der Gerichtseingesessenen und bei der bestimmten Rückkehr-Verweigerung der Aufgerufenen, wurde in gleichzeitiger Erwägung der damaligen kritischen äußern Verhältnisse von dem dortigen Generalcommissariat die Absendung eines eigenen Commissairs, den man den Ereignissen gewachsen hielt, und der, solchen angemessen, zur rechten Zeit mit Güte oder Strenge, und nöthigen Falles mit Waffengewalt einzuwirken wüßte, dabei aber als ehemaliger preußischer Diener das Zutrauen der Unterthanen genieße, beschlossen und der Regierungsrath Seyfert von den Vorständen beider Collegien hierzu ausersehen. So gefahrvoll und bedenklich auf das Zuviel oder Zuwenig die ihm gemachte Aufgabe war, die das Justizfach an sich gar nicht berührte, so gab er sich doch auch hierin dem Königl. Dienste hin. Ihm wurden zur Verwendung 50 Mann Infanterie unter Commando des damaligen Oberlieutenants v. Rogister und 30 Chevauxlegers unter dem Befehl des Lieutenants Graf beigegeben. In wenigen Tagen war das Ziel erreicht. Ohne Gewaltvorkehr wurden die Unruhigen zur Ruhe gebracht und die Entflohenen eingeliefert. Darauf führte und vollendete derselbe zu Rothenburg die Untersuchung wegen des Verbrechens der Widersetzung gegen 13 Individuen, welche der Verübung desselben bei jenem Vorfall zu Uffenheim angeklagt worden waren.

Im Jahre 1817 hatte er in der Untersuchungssache wider den Landrichter Schulz harte Kämpfe zu bestehen, indem dieser dem Commissarius alle mögliche Hindernisse und Chicanen in den Weg legte. In seiner im Jahr 1819 zu Ansbach heraus gegebenen Denkschrift rechtfertigte er das Verfahren der Bayreuther Regierung in Untersuchungssachen wider den Justizamtmann Herrgott zu Markt Dachsbach und widerlegte die von dem Landrichter Schulz gegen ihn ausgestreuten Verläumbungen. Er trat mit dem geistreichen Präsidenten von Feuerbach in nähere Verbindung, welche aber später wieder aufhörte. Beide nahmen

nebst dem damaligen Regierungsrath und jetzigen Geheimen=
rath Bezold an dem zu jener Zeit über die beabsichtigte
Einführung von Presbyterien entstandenen Kirchenstreit leb=
haften Antheil. Ersterer arbeitete ein ganzes Corpus gravaminum für den Landtag bestimmt aus und Seyfert gab
eine Schrift unter dem Titel: Ueber die Einführung der
Presbyterien im Jahr 1822 heraus, welche den Streit=
gegenstand von kirchenrechtlicher Seite beleuchtete und bei
ihrem Erscheinen mit Beifall aufgenommen wurde. Im
Jahr 1825 wurde er als Oberappellationsgerichtsrath wegen
seiner ausgezeichneten Kenntnisse zu dem obersten Gerichtshof
des Reichs nach München berufen. In diesem hohen Col=
legium half er, den althergebrachten Ruhm einer unparthei=
ischen Gerechtigkeitspflege zu erhöhen, und mit unermüdetem
Eifer die Rückstände früherer Jahre, welche wegen Mangel
an hinreichendem Personal nach und nach angewachsen waren,
zu vermindern. Durch seine gründlichen Arbeiten, welche
sich durch tiefes Eindringen in alle Theile der Rechtsgelehr=
samkeit gepaart mit scharfer Beurtheilungskraft, sowie
durch Kürze und Eleganz des Styls auszeichneten und von
dem schwerfälligen modus referendi älterer Räthe sehr ver=
schieden waren, erwarb er sich die Achtung des Vorstandes
und der sämmtlichen Mitglieder dieses hohen Gerichtshofes
in hohem Grade. Von seinem hohen Rechtsgefühl und von
seinem Freimuth gab er im Jahr 1831 ein ehrenwerthes
Zeugniß. Als nämlich damals bei dem königl. Oberappel=
lationsgericht ein eigener politischer Senat mit willkührlicher
Wahl aus den Mitgliedern des Gerichtshofs zur Aburthei=
lung politischer Verbrechen gebildet wurde, trat er mit einer
Protestation dagegen auf, in welcher er freimüthig ausein=
andersetzte, daß ein solches Unternehmen der hohen Würde
dieses unabhängigen Gerichtshofes zuwider sei und in jeder
Beziehung nachtheilig wirken müsse. Schwierigen und lange
dauernden Prozessen, bei denen vorzüglich die milden Stif=
tungen im Streit mit dem Fiscus betheiligt waren, widmete
er die größte Aufmerksamkeit. So entschied er auch einen

höchst schwierigen Prozeß der Kirchengemeinde zu Kirchahorn gegen den Fiscus, welcher schon lange Jahre gedauert hatte und wobei er mit gründlicher Erörterung aus dem protestantischen Kirchenrecht die Rechtmäßigkeit der Ansprüche der erwähnten Kirchengemeinde auseinandersetzte. Nachdem er 9 Jahre lang bei dem obersten Gerichtshof des Reichs unermüdet thätig gewesen, wurde er im Jahr 1834 zum zweiten Direktor und 1840 zum ersten Direktor des Appellationsgerichts in Amberg befördert. Hier unterzog er sich nicht blos der ihm zugewiesenen Direktorialgeschäfte mit wachsamem Auge, sondern er übernahm auch, was ihm nicht zu thun oblag, fortwährend Spezial=Referate in wichtigen Rechtsstreitigkeiten. Eine vorzügliche Aufmerksamkeit aber widmete er der Bildung der dem Appellationsgericht zugetheilten jungen Accessisten. Auf diese wirkte er fortwährend durch Lehre, Rath und Beispiel bildend ein, indem er ihnen den hohen Beruf des Richteramts lebhaft vor Augen stellte, ihnen Anleitung gab, wie und auf welche Weise die verschiedenartigen Justizgeschäfte behandelt werden müssen, ihnen die Wichtigkeit einer den Forderungen der Theorie und Praxis angemessenen klaren und lichtvollen Referir=Methode auseinandersetzte und zu diesem Zweck ihre Arbeiten kritisirte. Im Jahr 1841 wurde er zum Direktor des königl. Oberappellationsgerichts in München berufen, wo er mit gewohnter Thätigkeit die Sitzungen eines Senats präsidirte, und außerdem, wie er früher gewohnt war, noch wichtige Spezial=Referate bis in sein spätestes Alter bearbeitete. Se. Majestät der König, dem seine hohen Verdienste im Justizfach nicht entgangen waren, zeichnete ihn mehrmals durch Verleihung verschiedener Orden aus, indem er 1838 den Michaelsorden und im Jahr 1847 den Ludwigsorden erhielt.

Am 22. August 1847 feierte er sein fünfzigjähriges Dienstjubiläum. Zur Anerkennung seiner Verdienste erhielt er aus der Hand Sr. Majestät des Königs Ludwig den Verdienstorden der bayerischen Krone, wodurch er zugleich in den Adelsstand erhoben wurde. Der oberste Gerichtshof des Reichs begrüßte ihn an diesem Tag durch seinen Präsidenten mit einer Glückwünschungsrede und überreichte ihm durch eine Deputation eine für diesen feierlichen Akt in München geprägte goldene Medaille, welche folgende Inschrift enthält:

Dem
K. B. Oberappellations-Gerichts-Direktor
Christian Johann Michael Seyfert,
Ritter des Verdienstordens vom heil. Michael
die
Mitglieder
des obersten Gerichtshofes
des
Königreiches.

Zur Feier fünfzigjährigen
Segenvollen Wirkens
im
Richteramte.

München am 22. August 1847.

Außerdem erhielt er noch von seinen auswärtigen Freunden theilnehmende Glückwünschungs-Schreiben und wurde von dem historischen Verein von Oberfranken zum Ehrenmitglied erwählt. Obgleich er in seinem hohen Alter seine Quiescenz verlangen konnte, so blieb er doch bis 1850 thätig im Amte. Nachdem er das 78. Lebensjahr erreicht und 53 Jahre lang seinem König und dem Vaterland mit aller Aufopferung gedient hatte, erbat er sich im Jahr 1852 die Versetzung in den Ruhestand, welche ihm auch in gebührender Anerkennung seiner langjährigen seltenen und ausgezeichneten Wirksamkeit, mit Beibehaltung seines vollen Gehaltes gewährt wurde. So beschloß er seine öffentliche Laufbahn als ein wahrer Priester der Themis im Geiste des berühmten Kanzlers D'Aguessau.

Was sein Privatleben betrifft, so kann der Verstorbene auch in dieser Hinsicht als Musterbild aufgestellt werden. Er hatte ein mildes, freundliches und liebevolles Wesen gegen Jedermann; Herzensgüte war der Grundzug seines Charakters. Wo er Jemand helfen oder durch seinen Rath dienen konnte, dazu war er Jederzeit willig und bereit. Seine Eltern verehrte er hoch und erfüllte alle Pflichten gegen sie als liebevoller Sohn; ebenso zeigte er gegen seine nächsten Verwandten die größte Anhänglichkeit und unterstützte sie mit Rath und That. Mit seiner Gattin erster Ehe, einer gebornen Klingsohr aus Hof, mit welcher er sich im Jahr 1799 vermählte, lebte er 36 Jahre in der größten Eintracht. Sie war eine geistreiche, durch ihn vielfach gebildete Frau, welche selbst an seinen literarischen Bestrebungen den lebhaftesten Antheil nahm. Seine zweite Gattin, eine geborne Rannes aus München, welche er im Jahr 1837 ehelichte, war ihm die treueste Gehülfin, und wie er in seinem Lebenslauf selbst sagt, die sorgsame Pflegerin seines Alters.

Er war ein großer Freund der schönen Natur und unternahm öfters größere Reisen. Innerhalb mehrerer Jahre bereisete er nach und nach die Rheingegenden, Tyrol, die Schweiz und Italien. Ueber eine dieser Reisen schrieb er in einem Brief vom 6. September 1834 folgendes:

„Unsere Reise führte uns über den Walchensee nach Mittenwald und Inspruck. Den Berg bei Zirl stiegen wir zu Fuß hinab. Von Inspruck gingen wir Anfangs die Eisack, dann die tobende Etsch an der Seite über Brixen nach Botzen und Meran, wo sich uns ein wahres Paradies eröffnete. Die schönsten Weinberge und Traubengelände, unter welchen, nach Lutsch zu, zum Theil der Weg hinführt. Die Berge, überall mit Burgen und Schlössern gekrönt, Wälder von Kastanienbäumen guter Art, Feigen ꝛc. die Fülle! Aber auch die Hitze war exorbitant! 25, 27, 29 und 32 Grade Reaumur hatten wir nach Angabe der dortigen Bewohner in diesem Sommer. Durch den Bintschgau und über seine hohen Berge, durch seine furchtbaren Bergschluchten und an seinen grauenvollen Abgründen nahmen wir unsern Weg zurück, und traten in dem schönen und romantisch gelegenen Füßen in Bayern ein, nicht ohne Versuchung schon von Landeck in Tyrol aus den Weg nach Lindau zu nehmen."

Später bemerkte er in einem an seine Schwester gerichteten Brief vom 21. September 1839 über seine in diesem Jahr nach Italien gemachte Reise nachstehendes:

Wir gingen über das Bad Kreuth, durch das Achenthal über Inspruck, Brixen, Botzen, Trient, Rovoredo nach Verona, wendeten uns von da aus nach Vicenza, Padua und Venedig und nahmen den Rückweg über Treviso, Bassano, Vergine, Trient, Botzen, Meran, durch den Bintschgau in Tyrol und über Füßen und Weilheim nach München zurück. Wir haben herrliche und unbeschreibliche Gegenstände gesehen: die prächtigsten Palläste, eine Unzahl der schönsten Landhäuser und Gärten mit ihren Statuen, mit ihren himmelhohen, oft mehrere Jahrhundert alten Cypressenbäumen, blühenden Myrtengehängen ꝛc. Vor allem aber entzückte uns der Markusplatz in Venedig nebst der unbeschreiblich schönen mit fast 5000 Säulen gezierten Markuskirche, welche alle anderen prächtigen Kirchen, die wir auswärts sahen, bei Weitem übertraf. Der Markusplatz endigt am Seehafen, wo immer 50 bis 60 Schiffe vor Anker liegen. Wir suchten auch das hohe Meer auf, welches wir von der Insel Lido aus, wohin wir uns einschiffen ließen, besahen. Venedig selbst liegt in einem vom Meer gebildeten See. Schon zu Mestre, welches von Venedig 4 Stunden entfernt liegt, mußten wir uns auf einer Gondel dahin einschiffen lassen ꝛc."

In späteren Jahren besuchte er von München aus das bayerische Gebirg sehr häufig, indem er fast in jedem Sommer seinen Urlaub in dieser Gegend zubrachte. „Die angenehmsten Aufenthaltsorte, äußert er in seinen hinterlassenen Lebensmomenten, waren und blieben für mich Prien am Chiemsee, woselbst der Gerichtssitz eines der ausgezeichnetsten Beamten von Oberbayern, des vortreflichen Herrschaftsrichters Gigel sich befand, und Miesbach am Schliersee." Außerdem weilte er auch öfters am Stahrenberger See und in der letzten Zeit in Tegernsee. „Daselbst holte ich, sagte er weiter, Erheiterung des Geistes und Erfrischung meiner Körperkräfte." In dieser stillen, ländlichen Zurückgezogenheit war er jedoch nicht unthätig, sondern er beschäftigte sich mit der Lektüre und dem eifrigen Studium der geistreichsten Schriften des In= und Auslandes.

An allen das öffentliche Wohl berührenden Angelegenheiten nahm er auch außer seinem Amtskreise jederzeit den lebhaftesten Antheil.

1) Ueber Staatsverfassung sprach er sich dahin aus: daß er die konstitutionelle Monarchie für die beste Regierungsform halte, aber nicht im Sinne der französischen Revolution, sondern im Geiste des deutschen fortgebildeten Verfassungswesens nach der Auffassung des berühmten Justus Möser, welcher in seinen patriotischen Phantasien (S. 141) bemerkte: „die erschrecklichste Sklaverei wird daraus erwachsen, wenn zwischen dem Landesherrn und den vielen kleineren Eigenthümern gar keine selbstständige mittlere Gewalt in einem Staate vorhanden wäre." In diesem Sinne äußerte schon Cicero in seinem von Angelo Mai herausgegebenen Werk de republica I.: „Statu esso optimo constitutam rem publicam, quae ex tribus generibus illis, regali, et optimati et populari confusa modice." Er war der Meinung: daß revolutionäre Theorien für Deutschland kein Heil, Schwindler kein Glück und Sykophanten keine Freiheit bringen würden. Die nationale Freiheit Deutschlands werde sich entwickeln und befestigen, dafür bürge seine Geschichte, die außerordentlichen Fortschritte seiner Civilisation und der wahre und feste Sinn seiner Männer. Die germanische Nationalfreiheit sei aber nie eine Summe von Frechheiten der Einzelnen, sondern ein System von gesetz=

lichen Freiheiten, mithin zugleich ein System heilig gehaltner Rechte gewesen, und werde es auch künftig bleiben.

2) Wenngleich der Verstorbene ein Freund von vernünftigen und zeitgemäßen Reformen gewesen, so mußte er doch die revolutionären Bewegungen des Jahres 1848 verwerfen und beklagen, da dieselben den Rechtsboden ganz verlassen und zu leidenschaftlicher Willkühr und rechtsverletzenden Handlungen geführt hatten. Am allerwenigsten konnte er der von Belgien nach Deutschland herübergekommenen, damals allgemein beliebten Phrase, welche von einer Verfassung auf den breitesten demokratischen Grundlagen sprach, seine Zustimmung geben. Ebenso wenig war er mit den sogenannten Errungenschaften einverstanden, weil solche in der Noth abgedrungen waren und jedes ernstlichen Fundaments entbehrten. Die damals von dem März-Ministerium schnell erlassenen Gesetze hielt er für ein unreifes und nicht gehörig überlegtes Werk, welchem die Dauer fehlen würde. Am meisten bedauerte er, daß sich in dieser aufgeregten Zeit selbst Staatsdiener und junge Männer, welche sich dem Staatsdienst widmen wollten, vom demokratischen Schwindel ergriffen, verleiten ließen, ihrer Pflicht untreu zu werden und durch Theilnahme an Volksversammlungen, sowie durch ungeeignete Reden und Gespräche sich Popularität zu verschaffen trachteten. Ebenso beklagte er diejenigen Männer des öffentlichen Dienstes, welche ihrer Pflicht und ihrem Könige treu, und von diesem demokratischen Treiben abgewendet, deßhalb von der leidenschaftlichen Menge verfolgt und geopfert wurden. Hiebei sprach er auch sein Mißfallen über diejenigen Staatsdiener aus, welche, an der Spitze der Verwaltung stehend, mit Entschlossenheit hätten handeln sollen, statt dessen aber, sei es aus Furcht oder Unentschlossenheit, sich ganz passiv verhalten, dadurch aber das Uebel vermehrt und die nachtheiligsten Folgen herbeigeführt haben.

3) Ueber Justizgesetzgebung und das gerichtliche Verfahren hatte er folgende Ansichten: Daß unsere

veraltete Civilgesetzgebung einer nothwendigen Reform bedürfe, darüber hatte er keinen Zweifel. Auch war er mit Thibaut gegen Savigni (über den Beruf unserer Zeit zur Gesetzgebung) damit einverstanden, daß ein **allgemeines Civilgesetzbuch** für Deutschland sehr wünschenswerth sei. Allein bei den Schwierigkeiten, welche sich bei der Ausführung dieser großartigen Idee bei Berücksichtigung der einzelnen Partikulargesetzgebungen erheben, war er des Dafürhaltens, daß bei diesen Verhältnissen nichts übrig bleibe, als daß für Bayern ein eigenes Civilgesetzbuch hergestellt werden müsse. Er glaubte, daß diese Arbeit einem theoretisch gebildeten und in der Praxis erfahrenen Justizmann übertragen werden müsse, und daß das Werk nach dessen Vollendung einer, aus theoretischen und praktischen Juristen gebildeten Commission zur Beurtheilung zu übergeben sei, endlich daß der Entwurf vor der Vorlegung an die Ständeversammlung erst der Publicität zur öffentlichen Critik übergeben werden müsse. Um die Berathung in den Ständekammern und das Zustandekommen des Gesetzbuchs zu erleichtern, ging sein Vorschlag dahin: daß in der Ständeversammlung nur über die **allgemeinen Grundsätze** berathen und beschlossen, die Diskussion über die einzelnen Rechtsgrundsätze aber den Gutachten der sachverständigen Deputirten überlassen werden soll, deren Stimmenmehrheit sich die Versammlung anzuschließen habe. Der französischen Gesetzgebung war er abhold, weil er sie nicht für unsere deutschen Rechtsverhältnisse passend fand. Dagegen hielt er es für räthlich, das **österreichische Civilgesetzbuch** als Muster und Vorbild zu nehmen, indem dasselbe zwischen der Allgemeinheit des **französischen Civil-Codex** und der zu großen Spezialität **des preußischen Landrechts** die richtige Mitte halte und sich vorzüglich durch seine **leitenden Grundsätze,** die für den Richter von so großer Wichtigkeit sind, auszeichne. Da das preußische Landrecht, welches heute noch in den fränkischen Fürstenthümern Ansbach und Bayreuth rechtsgültige Kraft hat, seit seiner Entstehung in vielen

Materien in Preußen wichtige Abänderungen im legislatorischen Weg erhalten hat, so äußerte er öfters sein Bedauern darüber, daß in Bayern nicht durch einzelne Gesetze den bedeutenden Mängeln, namentlich in der Lehre von der Verjährung abgeholfen worden ist, wo man gegenwärtig noch selbst bei geringen Objekten 30 Jahre lang mit Quittungen gegen allenfallsige Ansprüche gerüstet sein muß, während die Verjährungszeit in Preußen bei Gegenständen des gewöhnlichen Verkehrs sehr gemindert worden ist.

Auch hinsichtlich des Bayerischen Strafgesetzbuches hielt er eine Umarbeitung desselben deßhalb für nothwendig, weil dasselbe in einzelnen Fällen zu strenge Strafbestimmungen enthalte, weil die Lehre vom Beweis bei dem Fortschritt der Wissenschaft in dieser Materie nicht mehr genüge, und weil endlich dasselbe für das öffentliche Gerichtsverfahren nicht mehr als passend angesehen werden könne. Hätte die Genialität Feuerbachs mit dem praktischen Blicke Gönners sich vereinigen können, dann hätte das große Werk einer verbesserten Gesetzgebung wohl gelingen können; leider standen diese Männer einander immer feindlich entgegen und machten dadurch ihr gegenseitiges Wirken resultatlos.

In Betreff der Gerichtsorganisation war er für eine Trennung der Justiz von der Administration, welche früher schon in den fränkischen Provinzen durchgeführt gewesen und sich als zweckmäßig und heilsam gezeigt hatte, jedoch wollte er nicht, daß man sklavisch die französischen Einrichtungen nachahmen sollte. Ueber die Frage: wie das gerichtliche Verfahren einzurichten sei, hatte er von der herrschenden Meinung abweichende Ansichten. Wenn er gleich die Einführung des öffentlichen und mündlichen Gerichtsverfahrens als eine Forderung der Zeit anerkannte, so glaubte er doch, daß bei der Einführung die größte Vorsicht nöthig sei, weil die Gründlichkeit der Rechtserforschung zum Nachtheil der Gerechtigkeit leicht darunter leiden könnte; dieß befürchtete er vorzüglich, wenn man das französische Gerichtsverfahren zum Muster nehmen würde. Die Einführung der Geschwornengerichte hielt er nur dann für räthlich, wenn dem Gerichte auch rechtsgelehrte Richter zur Garantie der Rechtsfindung beigegeben würden; namentlich fand er solche bei politischen Verbrechen für bedenklich.

4) Die Geschichte hielt er mit Cicero für eine sapiens magistra in rebus publicis. Deßhalb widmete er sich auch in Musestunden dem Studium derselben in allen ihren Theilen. Nicht blos die deutschen Geschichtschreiber, sondern auch die vorzüglichsten Historiker des Auslandes waren der Gegenstand seiner Lektüre, so namentlich die Werke von Gibbon, Robertson und Thuanus ꝛc. Aber auch die Provinzialgeschichte entging seinem Forschungsgeiste nicht, er hielt in dieser Beziehung die Bemühungen der historischen Vereine für äußerst wichtig und dankenswerth, und sprach sich häufig anerkennend darüber aus. In einem Schreiben äußerte er sich über eine Abhandlung im Archiv für Geschichte und Alterthumskunde von Oberfranken folgendermaßen:

„Recht sehr hat es mich gefreut, daß im letzten Stück des historischen Archivs für Oberfranken der alten Linde zu Donndorf ein würdiges Denkmal gesetzt worden, da Deutschland im Grunde jetzt nur noch in den vorhandenen wenigen Trümmern seiner kräftigen Vorzeit lebt und selbst die Berge darin sich zu verflachen scheinen. Wie oft denke ich an die Prophezeiung unseres größten Dichters, die er im Tell (A. II. Sc. 1 Schluß) dem Vater Attinghausen in den Mund legt. Ich weiß nicht, ob man, um nur einiges der Neuzeit, in Rückblick auf meinen früheren Beruf, zu berühren, nach Verlauf von Jahrhunderten mehr als Triumph des Rechtsgefühls noch bewundern wird, daß Friedrich der Große, des hartnäckigen Widerspruchs eines Bauers willen, die gerade Hochwegslinie von Potsdam nach Berlin verlassen hat, oder daß Expropriationsgesetze in den Gang gebracht wurden. Desgleichen ob man darüber mehr erstaunen wird, daß im Rheinkreise vor 2 Jahren Landes- und Hochverrath, Raub und Plünderung stattgefunden, oder darüber, daß die dortigen Spruchgerichte hiezu keine Theilnehmer fanden. Doch was spreche ich von der entfernten Zukunft, da ich selbst der nahen nicht mehr angehöre: „Tempus abire mihi est; ne rideat ac pulset lasciva aetas."

Hiernach fand die Geschichte der neuesten Zeit bei ihm keinen Beifall.

5) Dem protestantischen Kirchenwesen hatte er von jeher seine Aufmerksamkeit geschenkt, wie dies schon aus dem früheren Presbyterialstreit hervorgeht, an welchem er durch Wort und Schrift selbst lebhaften Antheil genommen. Er hielt eine angemessene Vertretung der Laien bei den Kapitels= und General=Synoden für nothwendig, indem er dem Grundsatz des protestantischen Kirchenrechts: clerus non repraesentat ecclesiam, huldigte. Ebenso hielt er es für wünschenswerth, daß dem Oberkonsistorium ein größerer Grad von Selbstständigkeit eingeräumt werde, als dies nach dem kirchlichen Edikt der Fall ist. Ueber die Gesangbuchs=Reform sprach er sich in einem Schreiben vom 28. April 1854 nachstehendermassen aus: „Die evangelische Kirche in Bayern bedurfte nach meiner Ansicht wirklich eines neuen Gesangbuchs. Viele der schönsten ältesten Kirchenlieder, in welchen bis zur Zeit des Canitz herab, sich der deutsche Dichtergeist einzig bewegte, lebte und webte, sind auf eine höchst tadelnswürdige Weise rationalistisch verflacht und viele ganz ausgelassen worden, die eine wahre religiöse Herzens=stärkung enthielten. Vergebens suchte ich in dem neuen Gesangbuch selbst das schöne Lied: „Es ist noch eine Ruh' vorhanden," das sich mein seliger Vater zum Begräbnißlied gewählt hatte. Und wenn man recht pfiffig über Stellen lachte, wie: „das Oechslein und das Eselein, die loben Gott den Herrn" — so wußte man nicht mehr, daß recht eigentlich biblisch die Wiedergeburt Christi auch aller sogenannten unvernünftigen Natur versprochen ist, und daß die Thier=welt so unbedeutend nicht ist, wenn sie schon aus ihrer

Vermummung und Verlarvung nicht herauskommen kann, und aus den Augen der den Menschen näher liegenden Thiere oft, wie Schubert sich ausdrückt, eine verborgene geheime Welt herausblickt und den Menschen ohne Artikulirung fragend und antwortend mit tieferem Bewußtsein betrachtet."

6) In den letzten Jahren seines Ruhestandes beschäftigte sich der Verstorbene sehr häufig mit dem Studium der Theologie. Er wollte über die wichtigsten Lehren des Christenthums selbst forschen und bis auf die ältesten Quellen der ersten Jahrhunderte zurückgehen. „Was mich betrifft, sagte er in einem Schreiben vom 21. Januar 1854 so hat mich das Studium des neuen Testaments, der Kirchenväter und der Kirchengeschichte der 3 ersten Jahrhunderte, wie den verstorbenen Professor Steffens dahin gebracht, daß ich wieder Lutheraner wurde, im engeren Sinne des Wortes. Es wurde mir bei diesen Forschungen unbegreiflich, wie die ehemaligen Orthodoxen so feig dem oft irrational gewordenen Rationalismus das Feld räumen konnten. Die Resultate der mir zweifelhaft gewesenen Punkte habe ich in dem III. Heft meines otii senilis niedergelegt. Mit diesem letzteren hatte es folgende Bewandniß:

Nachdem er in Ruhestand getreten war, benützte er in den letzten Jahren die ihm gewordene Muse zu eifrigen Studien. Er drückt sich in einem seiner Briefe vom Jahr 1852 hierüber auf folgende Weise aus: „Ich nehme, gemäß meiner gemachten Zeiteintheilung, noch täglich einen lateinischen, französischen und englischen Schriftsteller zur Hand und betreibe außerdem das Studium der christlichen Theologie und der Kirchengeschichte bis zum 4. Jahrhundert." Dadurch brachte er noch in der letzten Periode seines Lebens drei voluminöse Manuscripte zu Stande, welche er sein otium senile nannte und welche in 3 Theilen folgende Ueberschriften enthalten:

1) Gedanken und Auszüge, die Unsterblichkeit der Seele betr., angefangen im Sommer 1847.

2) Lesefrüchte und Gedanken, betreffend die Menschen- und Weltgeschichte und die aus ihnen sich darbietenden Erfahrungen, angefangen im Frühjahr 1848.

3) Theologica, angefangen im Jahr 1850.

Auf diese Weise hat er seine letzten Lebenstage noch durch die Beschäftigung mit den wichtigsten Angelegenheiten des Menschen verherrlicht, und so sein Tagwerk auf eine edle Art vollendet. Er wird den jüngeren aufstrebenden Männern als Musterbild dienen, und bei seinen zurückgebliebenen Freunden und Bekannten im lebhaften Andenken bleiben. Ruhe und Friede seiner Asche! —

———

VII.

Ueber den Aufenthalt des französischen Kaisers Napoleon in hiesiger Stadt im Monat August 1813.

Am 3. August 1813 kam der Kaiser Napoleon auf seiner Reise nach Dresden, Morgens nach 4 Uhr, in hiesiger Stadt an, und nahm mit seinem Gefolge das Absteigquartier im neuen Schloß. Nachdem er einige Zeit von der Reise ausgeruht, das ihm von dem Mameluken Rustan in einer großen Porzellainschaale gereichte Frühstück genossen hatte, ertheilte er den Befehl, daß die in der Stadt und Umgegend befindlichen französischen Truppen im Schloßgarten aufgestellt werden sollten, um solche vor ihm defiliren zu lassen. Zu diesem Zweck wurde der Schloßgarten militärisch besetzt, wobei die französischen Sapeurs die Aufsicht führten, daß Niemand sich in denselben eindrängen sollte. Dessen ungeachtet gelang es mehreren Personen, unter andern einem jungen Beamten sich bei frühem Morgen durch die Militärwachen hindurchzuschleichen, um die Revue in der Nähe mit ansehen zu können. Derselbe wurde zwar, als man ihn ansichtig geworden, von einem Sapeur verfolgt und dem Marschall Berthier davon Meldung gemacht, der hierüber mit dem Kaiser sprach. Dieser aber äußerte: daß man Jedermann den Zutritt gestatten solle, worauf eine große Menge Menschen in die Alleen ungestört eindrang. Er ließ hierauf die französischen Truppen vorbeidefiliren, wobei er öfters einzelne vorbeimarschirende Offiziere anredete. Nach beendigtem Vorbeimarsch ereignete sich eine auffallende Scene. Aus der Menge trat plötzlich ein junges Frauenzimmer hervor und fiel in einiger Entfernung vor Napoleon auf die Knie und bat in französischer Sprache um Gnade. Der Marschall Berthier ging auf sie zu und übernahm von ihr eine Bittschrift, die er dem Kaiser überreichte. Es war die Schwester des damals dahier befindlichen französischen Sprachlehrers La Salle, welche sich in einer Angelegenheit ihres Bruders für denselben bei dem Kaiser verwendete. Kurz darauf kam auch ein Armee-Intendant, mit welchem sich Napoleon unterhielt. Da derselbe seinen Hut nicht ganz herabgezogen hatte, sondern ihn nur leicht über dem Kopf hielt, so trat der General Mouton hinzu und riß ihm den Hut bis zur Seite herab, ohne daß dadurch eine Störung im Gespräch mit dem Kaiser entstanden war. Ein französischer Offizier, den der Kaiser beim Vorbeimarschiren angesprochen hatte, kam darüber so in Verlegenheit, daß er den Tschako vom Kopf nahm und so ohne Kopfbedeckung vor dem Kaiser stehen blieb. — Eine alte Frau, welche unter der Menge sich befand, rief: „das ist ein schöner Mann!" Napoleon, der es gehört haben mußte, glaubte wahrscheinlich, daß dieser Ausruf von einer der jungen Damen gekommen, welche in seiner Nähe standen, und grüßte sie deshalb bei seinem Abgang, indem er den Hut abnahm, sehr freundlich mit einem „guten Morgen." Der General-Commissär Graf von Thürheim und der Oberst und Stadtkommandant von Schloßberg standen in einiger Entfernung. Als Napoleon den letzteren erblickte, ließ er denselben herbeirufen, unterhielt sich mit ihm und übergab ihm drei Ehrenlegions-Kreuze zur Vertheilung unter die würdigsten Offiziere, wovon eines dem Major v. Heinisch zu Theil wurde, der jedoch keinen besondern Werth darein setzte. Nachdem der Vorbeimarsch der französischen Truppen beendigt war, begab sich der Kaiser mit seinem Gefolge wieder in das neue Schloß, wo er nur kurze Zeit verweilte und um 11 Uhr Vormittags unter dem befohlenen Geläute aller Kirchenglocken und Kanonendonner wieder abreisete. Die Bevölkerung, in Erwartung der Dinge, die da kommen sollen, war bei der Abreise ganz still und brachte kein vive l'Empereur. Der Imperator mußte ohne alle Huldigung seinem Schicksal entgegen gehen, welches ihn auf dem Schlachtfeld von Leipzig erreichte. —

v. Hagen.

Jahresbericht

für

das Jahr 18⁶⁰/₆₁.

Erster Abschnitt.

Wirksamkeit des Vereins.

Das dreiunddreißigste Jahresfest des historischen Vereins von Oberfranken zu Bayreuth fand am 2. Mai 1860 Nachmittags 3 Uhr im kgl. neuen Schlosse dahier Statt, zu welchem die Vereinsmitglieder durch dreimalige Bekanntmachung im kgl. Kreisamtsblatte von Oberfranken eingeladen worden waren. Die Versammlung wurde in Abwesenheit des Vorstandes vom Vereinssekretär Dr. Holle durch Vorlage der eingelaufenen Schreiben und Sendungen verschiedener auswärtiger Vereine und Gelehrten eröffnet. Hierauf wurde der Jahresbericht für das Jahr 18⁵⁹/₆₀ vorgelesen und vom Vereinskassier Herrn Burger dahier die Rechnung für dasselbe Jahr gelegt, welche mit einer Einnahme von 423 fl. 40¾ kr. und einer Ausgabe von 235 fl. 13 kr. abschloß, so daß demnach ein Aktivbestand von 188 fl. 27¾ kr. verblieb. Alsdann wurde eine von Herrn Baron v. Reitzenstein zu München eingesendete Abhandlung über oberfränkische adelige Familien und deren Stammgenossen durch Herrn Dekan Dr. Dittmar vorgelesen.

In den monatlichen Ausschußsitzungen wurden folgende Gegenstände verhandelt:

1) Vorlage archivalischer Mittheilungen von Herrn Baron v. Reitzenstein zu München am 6. Juni 1860.
2) Vortrag des Herrn Professors Dr. Neubig dahier über die Vorzeit Culmbachs, an demselben Tage.
3) Vorlesung der Einleitung zu den archivalischen Mittheilungen von Herrn Baron v. Reitzenstein zu München durch Herrn Dekan Dr. Dittmar, am 1. August 1860.
4) Fortsetzung des Vortrags des Herrn Professors Dr. Neubig über die Vorzeit Culmbachs, an demselben Tage.
5) Der Vorstand des Vereins, Herr v. Hagen, begrüßte die Versammlung und drückte seine Freude darüber aus, daß er nach so langer Abwesenheit von hier heute wieder in ihrer Mitte erscheinen und die Vorstandschaft wieder übernehmen könne; am 5. Spt. 1860.
6) Derselbe hielt einen Vortrag über das bisher unbekannte Album der Gräfin Hohenheim, nachmaligen Gemahlin des Herzogs Karl von Würtemberg, welches die Ausarbeitungen der Karlsschüler vom Jahr 1779 enthält, an demselben Tage.
7) Zugleich trug derselbe eine bisher noch nicht bekannte und noch ungedruckte Rede Schillers vor, welche derselbe am 10. Januar 1779, dem Geburtstage der Gräfin Hohenheim, in Gegenwart des Herzogs von Würtemberg über das ihm vorgeschriebene Thema gehalten hat, an demselben Tage.
8) Ferner theilte der Vorstand aus Veranlassung der vor kurzem in der Nähe des Fichtelgebirges verspürten Erderschütterungen Nachrichten über Erdbeben, welche in älteren Zeiten in dieser Gegend beobachtet wurden, aus alten Chroniken mit, an demselben Tage.
9) Hierauf trug derselbe mit Beziehung auf den im letzten Hefte des Archivs enthaltenen Aufsatz über die Antonius-Schweine vor, daß im Hennebergischen zu Schweina das Antoniusfest zur Zeit der Wintersonnenwende als ein Ueberbleibsel des deutschen heidnischen Alterthums gefeiert wurde. Auch werde der heilige Antonius der Einsiedler, auch Abbas de Thebaide genannt, dessen Andenken die katholische Kirche am 27. Januar feiert, noch jetzt in vielen Kirchen, selbst in der ehemals Hennebergischen Herrschaft, als Patron gegen Krankheiten der Menschen und Thiere

verehrt. In manchen Gegenden, z. B. zu Schwamberg in Steyermark, wurden an dessen Festtage lebende Thiere und Stücke geschlachteter Thiere, vorzüglich Schinken, auf dem Altare vom Landvolk geopfert. Deßhalb nennt ihn das Landvolk auch gewöhnlich Antonius von der Sau. Andere geben an: der Name Antonio della porca beziehe sich auf eine Legende, an demselben Tage.

10) Vortrag des Herrn v. Hagen über den Einzug der Franzosen in Bayreuth am 7. Oktober 1806, am 3. Oktober 1860.
11) Fortsetzung des Vortrags des Herrn Professors Dr. Neubig über die Vorzeit Culmbachs, an demselben Tage.
12) Vorlage einer von der Frau v. Zerzog zu Nairitz eingesandten Urkunde, welche deßhalb merkwürdig ist, weil sie beweist, daß auch die nahe Oberpfalz, insbesondere Kirchenthumbach, der Reformation zugethan war, am 1. November 1860.
13) Vortrag des Herrn v. Hagen über den Bodensee, an demselben Tage.
14) Vortrag desselben über die alten Burgen und Schlösser zu Eckersdorf, Donndorf und Fantaisie, am 6. Dec. 1860.
15) Vortrag des Herrn Vikars Dieterich über das Kloster Seligenporten, an demselben Tage.
16) Vortrag des Herrn Pfarrers Hirsch von Schönbrunn über das Leben des Magistratsraths Leers zu St. Georgen bei Bayreuth, am 6. Januar 1861.
17) Vortrag des Herrn Bezirksgerichtsarztes Dr. Fischer dahier über das Medicinalwesen im Fürstenthum Bayreuth, am 6. März 1861.
18) Fortsetzung desselben Vortrags, am 3. April 1861.

Das im verflossenen Jahre erschienene erste Heft des VIII. Bandes des Archivs für Geschichte und Alterthumskunde von Oberfranken enthält:

1) Erklärung der Steinzeichnung, von Dr. Holle zu Bayreuth.
2) Ueber die erste allgemeine Kirchenvisitation im Fürstenthum Culmbach, besonders in Wunsiedel, zur Zeit der Reformation, von Herrn Pfarrer Hirsch zu Schönbrunn.
3) Kurze Geschichte der sechs Aemter, von Herrn Pfarrer Stabelmann zu Marktleuthen.

4) Beiträge zur Geschichte des Ortes Caulsdorf, von Herrn Rentamtmann Kiesewetter zu Leutenberg.
5) Die Vorzeit des Regnitzlandes. Eine Berichtigung von Herrn Karl Freiherrn v. Reitzenstein zu München.
6) Geschichtliche Mittheilungen über das Schloß Wildenfels und das Geschlecht der Wildenstein zum Wildenfels, von Herrn Senior Cramer zu Hiltpoltstein.
7) Die Abtretung des Fürstenthums Bayreuth an die Krone Bayern, von Dr. Holle.
8) Diplomatum ad terrac quondam Baruthinae superioris historiam spectantium summae e Regestis cura de Lang inceptis etc. exerptae.
9) Jahresbericht pro 18$\frac{58}{59}$.

Diesem Hefte ist eine Steinzeichnung beigegeben, welche die am Chore der Stadtkirche zu Bayreuth befindliche Steinfigur des heiligen Antonius vorstellt.

Aus dem zweiten Abschnitte dieses Berichts ist zu ersehen, daß die Sammlungen des Vereins auch im verflossenen Jahre wieder neuen Zuwachs erhalten haben. Unter den Büchergeschenken ist wieder der VI. Band der von Sr. Excellenz dem Herrn Ober=Ceremonienmeister Baron v. Stillfried, Grafen von Alcantara, und dem k. preuß. geheimen Archivrath Dr. Märcker zu Berlin herausgegebenen Monumenta Zollerana zu erwähnen, welche die Urkunden der fränkischen Linie vom Jahre 1398 — 1411 enthält.

Der Verwaltungsausschuß des Gesammtvereins der deutschen Geschichts= und Alterthumsvereine in Stuttgart hat in Nr. 1 des Correspondenzblatts von diesem Jahre an die historischen Vereine die nachstehenden Worte gerichtet, welche wir hier mittheilen, weil nicht jedes Vereinsmitglied sich im Besitz des Correspondenzblatts befindet: „Nachdem auf der vorjährigen Generalversammlung der deutschen Geschichts= und Alterthumsvereine in München die daselbst erschienenen Bevollmächtigten der Einzelvereine die Geschäftsleitung des Gesammtvereins auf ein weiteres Jahr dem Württembergischen Alterthumsverein in Stuttgart übertragen haben, eröffnet der somit auf's Neue bestätigte Verwaltungsausschuß seine Thätigkeit zunächst mit der Herausgabe unseres Correspondenzblattes, welchem durch Gewinnung neuer Mitarbeiter und zweckentsprechender Beiträge, sowie durch die veränderte Erscheinungsweise ein möglichst gediegener Inhalt und höherer wissenschaftlicher

Gehalt gegeben werden soll. Die auf der Münchener Versammlung allgemein kundgegebene Ansicht, daß das Correspondenzblatt unbedingt und in jeder Hinsicht der Ausdruck des wissenschaftlichen Lebens in Deutschland auf den Gebieten der Geschichts- und Alterthumsforschung, der Sammelpunkt aller Forschungsergebnisse und ein stetes Zeugniß für deutschen Fleiß und deutsches Streben sein solle, kann aber nur dann erfolgreich verwirklicht werden, wenn die Vereine wie ihre einzelnen Mitglieder sich möglichst bemühen, den Verwaltungsausschuß durch Beiträge und Notizen, sowie durch rege Verwendung für den Absatz des Blattes zu unterstützen und der Verwaltungs-Ausschuß erlaubt sich daher, unter Hinweisung auf die Wichtigkeit dieses Zweckes den Vereinen, wie jedem Freunde unserer Bestrebungen diese Sache angelegentlichst an's Herz zu legen. Zugleich hat der Verwaltungs-Ausschuß hiemit bekannt zu machen, daß der seitherige Schriftführer und Schatzmeister des Gesammtvereins, unser emsiger vieljähriger Mitarbeiter, Herr Kanzleirath Rathfelder aus Gesundheitsrücksichten und auf sein eigenes Ansuchen, unter aufrichtigem Danke für seine bisher geleisteten musterhaften Dienste, dieser Funktionen entbunden worden ist, welche nunmehr an den Redakteur des Correspondenzblatts, Herrn Karl Müller, übergingen, an den nun fortan alle Mittheilungen und Zusendungen in Sachen des Gesammtvereins und der Redaktion des Correspondenzblattes gerichtet werden wollen. Stuttgart, 5. Jan. 1861.

Zu ganz besonderem Danke sind wir dem hochverehrten Curator unseres Vereins, dem k. Kämmerer und Regierungs-Präsidenten Herrn Baron v. Podewils dahier, verpflichtet, indem er im verflossenen Jahre auf unsere Bitte eine Einladung zum Beitritt zum historischen Verein an die Geistlichen und die Beamten, sowie an alle intelligenten Bewohner des vormaligen Fürstenthums Bayreuth erließ, wodurch der Verein 152 neue Mitglieder erhielt, welche im nachfolgenden Verzeichnisse namentlich aufgeführt sind. Wir fühlen uns gedrungen, dem Herrn Regierungspräsidenten für diesen Beweis seines gütigen Wohlwollens gegen den historischen Verein unsern tiefgefühlten Dank hierdurch öffentlich auszusprechen.

Verzeichniß

der dem historischen Vereine zu Bayreuth in Folge des ergangenen Präsidial-Ausschreibens vom 21. Mai 1860 neu beigetretenen Mitglieder.

Stadtbezirk Bayreuth.

1) Herr Adami, Eberhard, Privatier.
2) " Bracker, k. Consistorialrath.
3) " Bucher, Dr., k. Regierungsrath.
4) " Dieterich, Pfarrvikar.
5) " Dieterich, qu. k. Rentbeamte.
6) " Dilchert, Bürgermeister und Kaufmann.
7) " Engel, Polizei- und Bezirksthierarzt.
8) " Fries, C., k. Studienlehrer.
9) " Gerhard, ref. Pfarrer.
10) " Gries, k. Regierungs- und Kreisbaurath.
11) " Hartmann, k. Bezirksgerichts-Assessor.
12) " Herzinger, k. Polizeicommissär.
13) " Hofmann, Fr., k. Professor.
14) " Höflich, Kaufmann.
15) " Krauß, Jakob, desgl.
16) " Laaba, k. Kreiskassier.
17) " Lauterbach, J. G., Kaufmann.
18) " v. Löwenich, Apotheker.
19) " Merkel, Liquerfabrikant.
20) " Müller, k. Regierungsrath.
21) " Münch, August, Kaufmann.
22) " v. Pechmann, Freiherr, k. Regierungs-Direktor.
23) " Rose, Fabrikbesitzer.
24) " Rosenmerkel, Kaufmann.
25) " Schick, Dr., Professor.
26) " Schumann, k. Consistorialrath.
27) " Schüller, Kaufmann.
28) " Speckner, k. Rentbeamte.
29) " Tripß, Wilhelm, Kaufmann.
30) " Tröger, Karl Heinrich, Professor.
31) " Waldherr, k. Postofficial.
32) " Wiesinger, Lic., k. Stadtpfarrer.
33) " Wunderer, k. Regierungs- und Fiskalrath.
34) " Zeitler, k. Kreisbaubeamte.

Stadtbezirk Hof.

35) Herr Bayer, Dr., k. Professor.
36) „ Bissinger, k. Studienlehrer.
37) „ Großmann, II. Stadtpfarrer.
38) „ Heuschmann, Christian, Lehrer.
39) „ Münch, rechtsk. Bürgermeister.
40) „ Poland, Rosamund, Lehrer.
41) „ Schmidt, Zeichnungslehrer.
42) „ Zeymer, Lehrer und Organist.

Landgerichtsbezirk Berneck.

43) Herr Eyßer, k. Pfarrer in Goldkronach.
44) „ Hahn, k. Bergmeister in Brandholz.
45) „ Helfrecht, Karl, Fabrikant in Gefrees.
46) „ Meyer, Dr., prakt. Arzt in Gefrees.
47) „ Röder, Bürgermeister in Gefrees.
48) „ Ruckdeschel, Chorrektor in Goldkronach.

Landgerichtsbezirk Culmbach.

49) Herr Amos, k. III. Pfarrer in Culmbach.
50) „ Bachmann, k. Advokat daselbst.
51) „ Börger, k. II. Pfarrer daselbst.
52) „ Eichhorn, k. Pfarrer in Lehenthal.
53) „ Faber, k. Landgerichts-Assessor in Culmbach.
54) „ Hauck, k. Revierförster daselbst.
55) „ Heinz, k. Pfarrer in Veitlahm.
56) „ Hiltner, kath. Stadtpfarrer in Culmbach.
57) „ John, k. Post- und Eisenbahn-Expeditor daselbst.
58) „ Krafft, k. Baubeamte daselbst.
59) „ v Künsberg, Max, Freiherr, Rittergutsbesitzer in Wernstein.
60) „ Landgraf, k. Landrichter in Culmbach.
61) „ Neubig, Dr., k. IV. Pfarrer daselbst.
62) „ Pflaum, k. II. Pfarrer in Neudroßenfeld.
63) „ Rose, k. Eisenbahn- und Betriebs-Ingenieur in Neuenmarkt.
64) „ Schilpp, k. qu. Steuerkontrolleur in Culmbach.
65) „ Schnorr, k. Taxbeamter daselbst.
66) „ Senfft, Landgerichts-Funktionär daselbst.
67) „ Sittig, k. Dekan daselbst.
68) „ Trampler, k. Landgericht-Assessor daselbst.
69) „ Ulmer, k. Pfarrer in Mangersreuth.

Landgerichtsbezirk Hof.

70) Herr Bär, Lehrer in Tauperlitz.

71) Herr Frieblein, k. Pfarrer in Berg.
72) „ Kirsch, Schulverweser in Gumpertsreuth.

Landgerichtsbezirk Münchberg.
73) Herr Detzer, Dr., k. Pfarrer in Ahornberg.
74) „ Jahreiß, Joh. Jakob, Mag.-Rath und Landtagsabgeordneter in Münchberg.
75) „ Linhardt, Joh. Christian, Bürgermeister in Sparneck.
76) „ Maber, Carl, k. Landgerichts-Assessor in Münchberg.
77) „ Richter, Adam, Magistratsrath daselbst.
78) „ Ruckdeschel, Michael, Magistratsrath daselbst.
79) „ Schneider, Friedrich, Magistratsrath daselbst.
80) „ Schuberth, Magistratsrath daselbst.
81) „ Sonderman, k. Landgerichts-Assessor daselbst.
82) „ Thurn, Joh., k. II. Pfarrer daselbst.
83) „ Tröger, Heinr., rechtsk. Bürgermeister daselbst.
84) „ Zahn, Christian, Fabrikant daselbst.

Landgerichtsbezirk Naila.
85) Herr Barth, k. Landgerichts-Assessor in Naila.
86) „ Bergmann, k. Landgerichts-Assessor daselbst.
87) „ Borger, Ludwig, Fabrikant daselbst.
88) „ Borger, Friedrich, Fabrikant daselbst.
89) „ Dietz, k. Pfarrer in Issigau.
90) „ Goßmann, k. Bergmeister in Steben.
91) „ Hagen, Louis, Kaufmann in Naila.
92) „ Helmschrott, k. Tarbeamter daselbst.
93) „ Klinger, Dr., prakt. Arzt in Lichtenberg.
94) „ Seuß, k. Pfarrer in Gerolsgrün.
95) „ Vetter, k. Rentbeamte in Lichtenberg.
96) „ Wagner, k. Pfarrer in Bernstein a. W.

Landgerichtsbezirk Pegnitz.
97) „ Ebenauer, k. Landrichter in Pegnitz.
98) „ Gerhäußer, pens. k. Hauptmann in Fischstein.
99) „ Hopf, Dr., k. Gerichtsarzt in Pegnitz.
100) „ Kolb, k. Forstmeister daselbst.
101) „ Maisel, Müllermeister in Zipsermühle.
102) „ Ordnung, k. I. Landg.-Assessor in Pegnitz.
103) „ Pfaffenberger, Lehrer in Zips.
104) „ Schauer, k. Revierförster in Bernheck.
105) „ Schmitt, k. Rentbeamter in Pegnitz.
106) „ Ullmann, Dr., k. Dekan in Creußen.

Landgerichtsbezirk Rehau.

107) Herr Bär, fürstl. v. Schönburg'scher Revierförster in Schwarzenbach a. S.
108) „ Heyde, k. Landrichter in Rehau.
109) „ v. Kotzau, Freiherr Rittergutsbesitzer in Ober= kotzau.
110) „ Martius, k. Pfarrer daselbst.
111) „ Reinlein, Pfarrverweser in Regnitzlosau.
112) „ Schirmer, k. Revierförster in Martinlamitz.
113) „ Schön, k. Landgerichts=Assessor in Rehau.
114) „ Schön, k. Revierförster daselbst.
115) „ Seidel, Dr., prakt. Arzt in Schwarzenbach a. S.
116) „ Thiermann, k. Pfarrer daselbst.
117) „ Tümpel, fürstl. v. Schönburg'scher Rentenver= walter daselbst.

Landgerichtsbezirk Selb.

118) Herr Hartmann, k. Pfarrer in Selb.
119) „ Matthesius, Apotheker daselbst.
120) „ Meyer, k. Aufschläger daselbst.
121) „ Tillmann, k. Pfarrer in Schönwald.
122) „ Welzel, k. Pfarrer in Spielberg.
123) „ Zeidler, Jakob, Magistratsrath in Selb.

Landgerichtsbezirk Thiersheim.

124) Herr Apel, Lehrer in Brand.
125) „ Barsch, Marktschreiber in Thiersheim.
126) „ Buchka, Fabrikant in Arzberg.
127) „ Brodmerkel, Fabrikant in Brand.
128) „ Bodenschatz, Lehrer in Bergnersreuth.
129) „ Blöcken, Spinnerei=Direktor in Elisenfels.
130) „ v. Glaß, Fabrikbesitzer in Brand.
131) „ Hopf, k. Landrichter in Thiersheim.
132) „ Küspert, Bürgermeister daselbst.
133) „ Reul, Lehrer in Grafenreuth.
134) „ Roth, Marktschreiber in Arzberg.
135) „ Schuster, Dr., k. Gerichtsarzt in Thiersheim.
136) „ Senf, Gutsbesitzer in Brand.
137) „ Strebel, Fabrikbesitzer in Arzberg.
138) „ Zimmermann, Dr., prakt. Arzt in Arzberg.

Landgerichtsbezirk Thurnau.

139) Herr Meyer, k. Pfarrer in Berndorf.
140) „ Netzle, August, Subrektor in Thurnau.
141) „ Omeis, k. Pfarrer in Buchau.
142) „ Strößenreuther, Dr., prakt. Arzt in Casendorf.

Landgerichtsbezirk Weidenberg.
143) Herr Babum, Dr., k. Landgerichtsarzt in Weidenberg.
144) „ Elling, k. Revierförster in Warmensteinach.
145) „ Hochstetter, k. Bergamts-Verweser in Fichtelberg.
146) „ Schuberth, Pfarr-Provisor in Kirchenlaibach.
147) „ Herzog, von, Gutsbesitzer in Nairitz.
148) „ Zeyß, k. Revierförster in Fichtelberg.

Landgerichtsbezirk Wunsiedel.
149) „ Bunte, k. Advokat in Wunsiedel.
150) „ Gabler, k. Pfarrer in Redwitz.
151) „ Schalkhäußer, Subrektor in Wunsiedel.
152) „ Tuppert, Dr., August, prakt. Arzt zu Wunsiedel.

Außer diesen sind im verflossenen Jahre dem Vereine als ordentliche Mitglieder beigetreten:
1) Herr v. Caries, k. Generalmajor und Stadtkommandant dahier.
2) „ Fick, k. Pfarrer zu Grafengehaig.
3) „ v. Großschedel, Frhr., k. Hauptmann dahier.
4) „ Kolb, Louis, Kaufmann dahier.
5) „ Lämmermann, k. Pfarrer zu Gesees.
6) „ v. Reitzenstein, Frhr., k. Oberlieutenant dahier.

Gestorben sind:

a) von den Ehrenmitgliedern:
1) Herr Baron v. Minutoli, Dr., k. preuß. Ministerresident in Persien.
2) „ v. Rudhart, Dr., k. Professor und Vorstand des allgemeinen Reichsarchivs zu München.

b) von den ordentlichen Mitgliedern:
1) Herr Bachmann, Dekan zu Münchberg.
2) „ Baumann, Cantor zu Gesees.
3) „ Baumgärtner, Magistrats-Sekretär in Bayreuth.
4) „ Dörnhöfer, Müllermeister dahier.
5) „ Ehrlicher, k. Landrichter dahier.
6) „ Holzhey, Senior zu Trebgast.
7) „ Schmitt, k. Rentamtmann in Hof.
8) „ Wagenführer, Kaminkehrer in Rehau.

Versetzt wurden:
1) Herr Bobenschatz, Lehrer in Bergnersreuth.
2) „ Fischer, k. Pfarrer in Wonsees.
3) „ Fritz, Dr., k. Regierungsassessor dahier.
4) „ Hopfmüller, k. Pfarrer zu Egloffstein, ist weggezogen.

5) Herr Jäckel, k. Pfarrer zu Neuhaus.
6) „ Karrmann, Zollverwalter zu Schirnding.
7) „ v. Künsberg, Frhr., Rittergutsbesitzer dahier, ist weggezogen.
8) „ Leopolder, k. Regierungs-Direktor dahier.
9) „ Reinlein, Pfarrverweser in Regnitzlosau.
10) „ Wiesinger, Lic., Pfarrer in Bayreuth.

Ausgetreten sind:
1) Herr v. Feilitzsch, Frhr., zu Nentschau.
2) „ Glaß, Stadtschreiber zu Redwitz.
3) „ Köppel, Fabrikbesitzer zu Marktleuthen.
4) „ Maurer, k. Rentamtmann dahier.
5) „ Ränz, Zeichnungslehrer dahier.
6) „ Traub, Rabbiner zu Burgkundstadt.

Der Verein zählt am Schlusse dieses Jahres 12 Ehren- und 386 ordentliche Mitglieder.

Schließlich theilen wir die Rechnungsresultate des Vereinsjahres 18$\frac{59}{60}$ mit:

Einnahmen.
	fl.	kr.
Titel I. An vorjährigen Kassabestand	188	27$\frac{3}{4}$
„ II. An jährlichen Vereinsbeiträgen	387	—
Summa aller Einnahmen	575	27$\frac{3}{4}$

Ausgaben.
	fl.	kr.
Titel I. Auf die Verwaltung und zwar Remuneration des Dieners und Beheizung des Sitzungszimmers	24	—
Titel II. Auf Literatur, Landkarten, Zeichnungen und das germanische Museum	36	2
Titel III. Auf Regie:		
a) Schreibmaterialen, Schreibgebühren und Anschaffungen . . . . 56 34$\frac{1}{2}$		
b) Postporto und Botenlöhne 12 31		
c) Buchdrucker- und Buchbinderlöhne 131 52		
	200	57$\frac{1}{2}$
Summa aller Ausgaben	260	59$\frac{1}{4}$

Abschluß.
Die Einnahme beträgt . . 575 fl. 27$\frac{3}{4}$ kr.
Die Ausgabe beträgt . . 260 fl. 59$\frac{1}{4}$ kr.
Bleibt Kassabestand 314 fl. 28$\frac{1}{2}$ kr.

Zweiter Abschnitt.

Verzeichniß der im Jahre 18⁶⁰/₆₁ für die Vereinssammlung neu erworbenen Gegenstände.

I. Bücher.

A. Geschenke.

1) Der kgl. bayr. Akademie der Wissenschaften in München:
   a) Sitzungsberichte der k. bayr. Akademie der Wissenschaften zu München. 1860. Heft I. II. III. München 1860.
   b) Abhandlungen der historischen Klasse der k. bayr. Akademie der Wissenschaften. Achten Bandes dritte Abtheilung. In der Reihe der Denkschriften der XXXII. Band. München 1860.
   c) Erinnerungen an Johann Georg von Lori. Eine Rede, vorgetragen in der öffentlichen Sitzung zur Feier des akademischen Säkularfestes am 29. März 1859 von Dr. Georg Thomas von Rudhardt, Sekretär der historischen Klasse. München 1859.
   d) Einleitende Worte zur Feier des Allerhöchsten Geburtsfestes Sr. Majestät des Königs Maximilian II., gesprochen in der öffentlichen Sitzung der k. Akademie der Wissenschaften am 28. November 1859 von Professor Markus Joseph Müller, Sekretär der philos. philol. Classe. München 1859.
2) des Vereins für Geschichte und Alterthumskunde zu Frankfurt a. M.
   a) Mittheilungen an die Mitglieder des Vereins für Geschichte und Alterthumskunde in Frankfurt a. M. Nr. 3. Herausgegeben im Oktober 1859.
   b) Der Frankfurter Chronist Achilles August von Lersner. Von Dr. Eduard Heyden, d. 3. Mitglied des Vorstands des Vereins für Geschichte und Alterthumskunde in Frankfurt. Mit dem Bildnisse von Lersners. Frankfurt a. M. 1860.
3) des Vereins für Siebenbürgische Landeskunde zu Hermannstadt:
   a) Jahresbericht des Vereins für Siebenbürgische Landeskunde für das Vereinsjahr 18⁵⁸/₅₉ — 18⁵⁹/₆₀, d. i. vom 1. Juli 1858 bis letzten Juni 1859 und vom 1. Juli 1859 bis letzten Juni 1860. Hermannstadt 1859. 1860.
   b) Archiv des Vereins für Siebenbürgische Landeskunde. Neue Folge. III. Bd. 3. Heft. IV. Bd. 1. Heft. Kronstadt 1859.

c) Programm des evangelischen Gymnasiums zu Bistritz für das Schuljahr 18⅝. Hermannstadt 1859.
d) Programm des evangelischen Gymnasiums zu Mediasch für das Schuljahr 18⅝. Hermannstadt 1859.
4) des historischen Vereins für Steiermark zu Gratz:
   a) Bericht über die X. allgemeine Versammlung des historischen Vereins für Steiermark am 16. April 1859.
   b) 10. Jahresbericht über den Zustand und das Wirken des hist. Vereins für Steiermark vom 1. März 1858 bis 1. April 1859. Vom Vereinssekretär Prof. Dr. Göth.
   c) 11. Jahresbericht über den Zustand und das Wirken des hist. Vereins für Steiermark vom 1. April 1859 bis letzten Febr. 1860. Vom Vereinssekretär Dr. Georg Göth.
   d) Mittheilungen des hist. Vereins für Steiermark. Neuntes Heft. Gratz 1859.
5) der k. k. geographischen Gesellschaft in Wien:
   Mittheilungen der k. k. geographischen Gesellschaft. III. Jahrgang. 1858. Redigirt von Franz Fötterle. Wien 1860.
6) des voigtländischen alterthumsforschenden Vereins zu Hohenleuben:
   a) Variscia, Mittheilungen aus dem Archive des voigtländischen Alterthumsforschenden Vereins. Herausgegeben von Alberti. Fünfte Lieferung. Greiz.
   b) Fortsetzung des Catalogs der Bibliothek des voigtländischen alterthumsforschenden Vereins.
7) des hist. Vereins für das Großherzogthum Hessen zu Darmstadt:
   a) Archiv für hessische Geschichte und Alterthumskunde IX. Bd. 2. Heft. Darmstadt 1860.
   b) Hessische Urkunden. I. Bd. Darmstadt 1860.
   c) Generalregister zu den Regesten der Urkunden des Großherzogthums Hessen. Darmstadt 1860.
8) der schlesischen Gesellschaft für vaterländische Kultur in Breslau:
   Sieben und dreißigster Jahresbericht der schlesischen Gesellschaft für vaterländische Kultur. Enthält: Arbeiten und Veränderungen der Gesellschaft im Jahr 1859.
9) des k. statistisch-topographischen Bureau's zu Stuttgart:
   Württembergische Jahrbücher für vaterländische Geschichte, Geographie, Statistik und Topographie. Herausgegeben von dem k. statistisch-topographischen Bureau. Jahrgang 1858. Erstes und zweites Heft. Stuttgart 1860.
10) des hist. Vereins für das wirtembergische Franken zu Mergentheim:
    Wirtembergisch Franken. Zeitschrift des hist. Vereins für das Wirtembergische Franken. Fünften Bandes erstes Heft. Jahrgang 1859. Mit einer lithographirten Beilage. Künzelsau und Mergentheim.
11) des Vereins für nassauische Alterthumskunde und Geschichtsforschung in Wiesbaden:
    Annalen des Vereins für nassauische Alterthumskunde und Geschichtsforschung. Sechsten Bandes drittes Heft. Wiesbaden 1860.
12) des Vereins für Geschichte und Alterthumskunde zu Frankfurt am Main:
    Archiv für Frankfurts Geschichte und Kunst. Neue Folge. Herausgegeben von dem Vereine für Geschichte und Alter-

thumskunde zu Frankfurt a. M. Erster Band. Mit Abbildungen. Frankfurt a. M. 1860.

13) des Vereins für Geschichte der Mark Brandenburg zu Berlin:
 a) Novus codex diplomaticus Brandenburgensis. Dritter Haupttheil oder Urkundensammlung für die Geschichte der allgemeinen Landes- und kurfürstlichen Haus-Angelegenheiten. Von Dr. Adolph Friedrich Riedel. Zweiter Band. Dritter Band. Berlin 1860. 1861.
 b) Novus codex diplomaticus Brandenburgensis. Erster Haupttheil oder Urkundensammlung zur Geschichte der geistlichen Stiftungen, der adlichen Familien, sowie der Städte und Burgen der Mark Brandenburg. Von Dr. Adolph Friedrich Riedel. XIX. XX. Band. Berlin 1860. 1861.

14) des Vereins für siebenbürgische Landeskunde zu Hermannstadt:
 a) Archiv des Vereines für siebenbürgische Landeskunde. Neue Folge. Vierter Band, II. Heft. Herausgegeben vom Vereins-Ausschuß. Kronstadt 1860.
 b) Deutsche Fundgruben zur Geschichte Siebenbürgens. (Neue Folge.) Herausgegeben von Eugen von Trauschenfels, Dr. j. u. Kronstadt 1860.
 c) Programm des evangelischen Gymnasiums in Schäßburg und der damit verbundenen Lehranstalten. Zum Schluß des Schuljahres 18$\frac{58}{59}$, veröffentlicht von der Gymnasial-Direktion. Inhalt a) die letzten Ausläufer des romanischen Baustyles in Siebenbürgen, nachgewiesen an einigen Kirchen des Burzenlandes. Von Johann Orenbi. b) Schulnachrichten. Vom Direktor. Kronstadt 1859.
 d) Programm des evangelischen Untergymnasiums in Mühlbach und der damit verbundenen Lehranstalten zum Schlusse des Schuljahres 18$\frac{58}{59}$ veröffentlicht vom Direktor F. W. Schuster. Hermannstadt 1859.
 e) Viertes Programm des evangelischen Gymnasiums zu Bistritz in Siebenbürgen. Herausgegeben am Schlusse des Schuljahres 1855. IV. Jahrgang. Kronstadt 1855.
 f) Programm des evangelischen Gymnasiums in Schäßburg und der damit verbundenen Lehranstalten zum Schluß des Schuljahres 18$\frac{53}{54}$. Herausgegeben von der Gymnasial-Direktion. Inhalt: a) Beiträge zur Witterungskunde Siebenbürgens. Von Professor Dr. Hain. b) Schulnachrichten. Vom Direktor. Kronstadt 1854.
 g) Beiträge zur Reformations-Geschichte des Nösnergaues. Von Heinrich Wittstock, Gymnasiallehrer. Wien 1858.

15) der oberlausitzischen Gesellschaft der Wissenschaften zu Görlitz:
 Neues lausitzisches Magazin. Im Auftrage der oberlausitzischen Gesellschaft der Wissenschaften herausgegeben von Gottlob Traugott Lebrecht Hirche, Ehrenmitglied und Sekretär der Gesellschaft. Sieben und dreißigster Band. Zweites Doppelheft. Görlitz 1860.

16) der Geschichts- und Alterthumsforschenden Gesellschaft des Osterlandes zu Altenburg:
 Mittheilungen der Geschichts- und Alterthumsforschenden Gesellschaft des Osterlandes. Fünfter Band. 2. und 3. Heft. Altenburg 1860.

17) des Vereins für Geschichte und Alterthum Schlesiens zu Breslau:
   a) Zeitschrift des Vereins für Geschichte und Alterthum Schlesiens. Namens des Vereins herausgegeben von Dr. Richard Röpell. III. Band. I. Heft. Breslau 1860.
   b) Codex diplomaticus Silesiae. Herausgegeben vom Vereine für Geschichte und Alterthum Schlesiens. III. Band. Rechnungsbücher der Stadt Breslau. Breslau 1860.
18) des Vereins für mecklenburgische Geschichte und Alterthumskunde zu Schwerin:
   Jahrbücher und Jahresbericht des Vereins für mecklenburgische Geschichte und Alterthumskunde, herausgegeben von G. C. F. Lisch und W. G. Bewer, Sekretären des Vereins. XXV. Jahrgang. Schwerin 1860.
19) des hist. Vereins für Niedersachsen zu Hannover:
   a) Dreiundzwanzigste Nachricht über den historischen Verein für Niedersachsen. Hannover 1860.
   b) Zeitschrift des hist. Vereins für Niedersachsen. Herausgegeben unter Leitung des Vereins-Ausschusses. Jahrgang 1858. Erstes und zweites Doppelheft. Hannover 1859 und 1860. Jahrgang 1859. (Mit einer Stammtafel.) Hannover 1860.
   c) Urkundenbuch des hist. Vereins für Niedersachsen. Heft V. Urkundenbuch der Stadt Hannover bis zum Jahre 1369. Hannover 1860.
   d) Die Entwicklung der Stadt Hannover bis zum Jahr 1369. Vortrag zur Einführung des Urkundenbuches der Stadt Hannover bei der 25jährigen Stiftungsfeier des hist. Vereins für Niedersachsen am 19. Mai 1860 gehalten vom Archivsekretär Dr. C. L. Grotefend. Hannover 1860.
20) des Vereins für Geschichte und Alterthumskunde Westphalens zu Münster:
   Zeitschrift für vaterländische Geschichte und Alterthumskunde. Neue Folge. Zehnter Band. Münster 1859.
21) der S. H. L. Gesellschaft für vaterländische Geschichte zu Kiel:
   Jahrbücher für die Landeskunde der Herzogthümer Schleswig Holstein und Lauenburg; herausgegeben von der S. H. L. Gesellschaft für vaterländische Geschichte, redigirt von Th. Lehmann und Dr. Handelmann. Bd. II. Heft 2. Bd. II. Heft 3. Band. III. Heft 1 und 2. Kiel 1859 und 1860.
22) des Vereins für hessische Geschichte und Landeskunde zu Cassel:
   a) Zeitschrift des Vereins für hessische Geschichte und Landeskunde. Band VIII. Heft 2, 3 und 4. Kassel 1860.
   b) Periodische Blätter der Geschichts- und Alterthumsvereine zu Kassel, Darmstadt und Wiesbaden. Ausgegeben im April 1860 und im August 1860. Nr. 13, Nr. 14.
23) des Hanauer Bezirksvereins für hessische Geschichte zu Hanau:
   Mittheilungen des Hanauer Bezirksvereins für hessische Geschichte und Landeskunde. Nr. 1 und 2. Hanau 1860.
24) des Vereins für Geschichte und Alterthumskunde in Frankfurt am Main:
   a) Mittheilungen an die Mitglieder des Vereins für Geschichte und Alterthumskunde in Frankfurt a. M. Erster Band, enthaltend Nr. 1 — 4, erschienen April 1858, December 1858, October 1858, und November 1860. Frankfurt a. M. 1860.

b) Die Melanchthons- und Luthersherbergen zu Frankfurt a. M., Claus Brommen Haus, Lisa's von Rüdingen Haus, Wolf Parente's Haus. Eine Untersuchung zur topographischen Geschichte der alten Reichsstadt, mit urkundlichen Beilagen und einem Erkurs über die chronologische Reihenfolge der Wormser Reichstagsverhandlungen in Luthers Sache, von Georg Eduard Steitz, Dr. der Theologie. Frankfurt a. M 1861.

25) des Vereins von Alterthumsfreunden im Rheinlande zu Bonn:
a) Jahrbücher des Vereins von Alterthumsfreunden im Rheinlande. XXVIII. Vierzehnter Jahrgang 2. Mit 18 lithographirten Tafeln. XXIX. und XXX. Fünfzehnter Jahrgang 1. 2. Mit 3 lithographirten Tafeln. Bonn 1860.
b) Kunstarchäologische Betrachtungen über das Portal zu Remagen. Festprogramm zu Winkelmanns Geburtstage am 9. Dec. 1859. Herausgegeben vom Vorstande des Vereins von Alterthumsfreunden in den Rheinlanden. Bonn 1860.
c) Die Lauersforter Phalerae erläutert von Otto Jahn. Festprogramm zu Winkelmanns Geburtstage am 9. Dec. 1860. Herausgegeben vom Vorstande des Vereins von Alterthumsfreunden in den Rheinlanden. Bonn 1860.

26) des hist. Vereins von Oberpfalz zu Regensburg:
Verhandlungen des historischen Vereines von Oberpfalz und Regensburg. Neunzehnter Band der gesammten Verhandlungen und elfter Band der neuen Folge. Mit drei Stadtplänen. Regensburg 1860.

27) des k. Studienrektorats zu Nürnberg:
a) Zur Geschichte der Nürnberger Gelehrtenschulen in dem Zeitraume von 1485 bis 1526. Einladungsschrift zu den Schlussfeierlichkeiten des Jahres 18$\frac{59}{60}$ an der k. Studienanstalt zu Nürnberg, herausgegeben von Dr. Heinr. Wilh. Heerwagen, k. Studienrektor. Nürnberg 1860.
b) Viro illustrissimo D. Joanni Christophoro Held gymnasii Baruthini rectoratum ante hos viginti quinque annos susceptum gymnasium Norimbergense d. IV. m. Maii a. MDCCCLX gratulatur interprete D. Henrico Heerwagen. Norimbergae.

28) des Vereins für Kunst und Alterthum in Ulm:
a) Verhandlungen des Vereins für Kunst und Alterthum in Ulm und Oberschwaben. 13. Veröffentlichung. Mit 5 Steindrucktafeln und Holzschnitten. Ulm 1860.
b) Catalog der Bibliothek des Vereins für Kunst und Alterthum in Ulm und Oberschwaben. Ulm 1859.

29) des germanischen Museums zu Nürnberg:
Anzeiger für Kunde der deutschen Vorzeit. Neue Folge. VII. Jahrgang 1859 — 1860. VIII. Jahrgang 1861.

30)) des Stadtmagistrats Hof:
Beschreibung der Feier des fünfzigjährigen Jubiläums der Vereinigung der Stadt Hof mit der Krone Bayern vom 29. Juni bis zum 3. Juli 1860. Mit der an Seine Majestät den König von den städtischen Collegien am 30. Juni 1860 erlassenen Huldigungsadresse. Hof 1860.

31) des hist. Vereins von Schwaben und Neuburg zu Augsburg:
a) Vierundzwanzigster und fünfundzwanzigster Jahresbericht des

hist. Kreis-Vereins im Regierungsbezirke von Schwaben und Neuburg für die Jahre 1858 und 1859. Mit einer Abhandlung über die ältesten Glasgemälde des Domes in Augsburg und Abbildung derselben in Farbendruck. Augsburg 1860.
b) Die ältesten Glasgemälde im Dome zu Augsburg mit der Geschichte des Dombau's in der romanischen Kunstperiode. Von Theodor Herberger, Archivar. Mit einer Tafel in Stein- und fünf in Farbendruck. Mittheilungen durch den historischen Verein von Schwaben und Neuburg. Augsburg 1860.

32) des hist. Vereins zu Bamberg:
Dreiundzwanzigster Bericht über das Wirken und den Stand des hist. Vereins zu Bamberg im Jahre 18⅝⅞. Bamberg 1860.

33) des hist. Vereins von und für Oberbayern zu München:
a) Einundzwanzigster Jahresbericht des historischen Vereins von und für Oberbayern. Für das Jahr 1858. München 1859.
b) Oberbayerisches Archiv für vaterländische Geschichte, herausgegeben von dem hist. Vereine von und für Oberbayern. XIX. Bd. 2. Heft. XX. Bd. 2. Heft. XXI. Bd. 2. Heft. München 1858 — 1859.

34) des gräflich Giech'schen Hausarchives zu Thurnau:
Die Gräflich Giech'schen Familiensammlungen in Thurnau. (Besonderer Abdruck aus dem Abendblatte zur Neuen Münchener Zeitung vom 31. Mai 1861.) München 1861.

35) der Commission zur Herausgabe bayerischer und deutscher Quellenschriften zu München:
Quellen zur bayerischen und deutschen Geschichte. II. Band. 1. Abth. III. Bd. 1. Abth. IV. Bd. V. Bd. VII. Bd. VIII. Bd. München 1857 — 1860.

36) des germanischen Nationalmuseums in Nürnberg:
Jahresbericht des germanischen Nationalmuseums. Siebenter Bericht. Nürnberg 1861.

37) des hist. Vereins von Unterfranken und Aschaffenburg zu Würzburg:
Archiv des historischen Vereins von Unterfranken und Aschaffenburg. Fünfzehnter Band. Zweites und drittes Heft. Würzburg 1861.

38) des hist. Vereins für Niederbayern zu Landshut:
Verhandlungen des hist. Vereins für Niederbayern. VII. Band. I. und II. Heft. Landshut 1861.

39) des Herrn Stadtkämmerers Wich dahier:
Festrede bei der feierlichen Enthüllung des Standbildes Sr. Majestät des Königs Maximilian II. von Bayern, gehalten am 30. Juni 1860 von dem dermaligen Bürgermeister Fr. Carl Dilchert in Bayreuth. 1860.

40) des Herrn Karl Freiherrn von Reitzenstein zu München:
a) Quellen zur deutschen Kriegsgeschichte 1793. Urkundlicher Beitrag zu Ludwig Häussers deutscher Geschichte vom Tode Friedrichs des Großen bis zur Gründung des deutschen Bundes. Herausgegeben von Karl Freiherrn von Reitzenstein. Weimar 1858.
b) Briefwechsel des Kurfürsten Johann Friedrich des Großmüthigen mit seinem Sohne Johann Wilhelm, Herzog zu Sachsen,

im December 1546 über Verlust und Wiedereinnahme von Thüringen. Herausgegeben von Karl Freiherrn von Reitzenstein. Weimar 1858.

39) des Herrn Barons von Stillfried und Herrn Dr. Märcker zu Berlin:
Monumenta Zollerana. Urkundenbuch zur Geschichte des Hauses Hohenzollern. Herausgegeben von Rudolph Freiherrn von Stillfried und Dr. Traugott Märcker. Sechster Band. Urkunden der fränkischen Linie. 1398 — 1411. Berlin 1860.

40) des Herrn Magistratssekretärs Baumgärtner dahier:
Beschreibung der Festlichkeiten bei der Feier des 50jährigen Jubiläums der erfolgten Uebernahme der Stadt und des ehemaligen Fürstenthums Bayreuth von der Krone Bayern am 30. Juni 1860 und die folgenden Tage. Zusammengestellt von Friedrich Stillkrauth, k. Regierungs-Rechnungs-Commissär, und Georg Baumgärtner, Magistrats-Sekretär zu Bayreuth. Bayreuth 1860.

41) des Herrn Pfarrers Dr. Hübsch in Naila:
Jahresbericht des Rettungshauses zum Martinsberg für $18\tfrac{59}{60}$. Erstattet und vorgetragen am 14. November 1860 vom k. Pfarrer und Inspektor Dr. Hübsch. Naila 1860.

42) des Herrn Pfarrverwesers Glaser zu Gesees:
Erste Zimmerpredigt, welche der Superintendent Silchmüller zu Kulmbach am 8. Mai 1763 im neuen Residenzschloß zu Bayreuth gehalten hat.

B. Käufe:

1) Geschichte der evangelischen Kirche im ehemaligen Fürstenthum Bayreuth. Eine Festgabe zum 50jährigen Jubiläum des Uebergangs dieses Fürstenthums an die Krone Bayern. Von Lorenz Kraußold, Dr. phil., Consistorialrath und Hauptprediger in Bayreuth. Erlangen 1860.

2) Abschiedspredigt am Sonntage Cantate den 6. Mai 1860 in der Stadtkirche zu Bayreuth gehalten von J. Chr. Edelmann, bisherigem Consistorialrathe und Hauptprediger in Bayreuth, nunmehrigem Oberkonsistorialrathe in München. Bayreuth 1860.

3) Beschreibung des königlichen Parks und Lustschlosses Eremitage. Festgabe zur Jubiläums-Feier der Stadt Bayreuth wegen Vereinbarung mit der Krone Bayern am 30. Juni 1860 von Friedrich Stillkrauth, dem Verfasser der Schrift: Bayreuth und seine Umgebungen. 1860.

4) Kriegs- und Sittengeschichte der Reichsstadt Nürnberg vom Ende des sechzehnten Jahrhunderts bis zur Schlacht bei Breitenfeld, 7. (17.) September 1631. I. II. Theil. Von 1590 bis 1628. Nach archivalischen und andern urkundlichen Quellen bearbeitet von Franz Ludwig Freiherrn von Soden, fürstl. Schwarzburg'schen Major a. D. Mit sieben kolorirten Bildern. Erlangen 1860 und 1861.

5) Die Umgebungen von Muggendorf von Dr. Goldfuß. Erlangen 1810.

6) Ueber die Höfer Schulbibliothek. Von Helfrecht. Hof 1795.

7) Versuch einer Geschichte der k. bayr. Kreishauptstadt Baireuth aus Urkunden, eignem Forschen und langjähriger Erfahrung von J. G. Heinritz. Baireuth 1823.
8) Baierische Jahrbücher von 1179 — 1294. Aus den Urkunden des Reichsarchivs gefertigt von Ritter von Lang. Nürnberg 1824.
9) Correspondenzblatt des Gesammtvereins der deutschen Geschichts- und Alterthumsvereine. Herausgegeben vom Verwaltungsausschuß des Gesammtvereins in Stuttgart. VIII. Jahrgang 1860. IX. Jahrgang 1861.
10) Geschichte Altenbergs und der alten Veste bei Fürth, sowie der zwischen Gustav Adolf und Wallenstein im dreißigjährigen Kriege bei der alten Veste vorgefallenen Schlacht. Nach den urkundlichen Quellen bearbeitet von Dr. G. T. Chr. Frommüller. Fürth 1860.
11) Die heidnische Religion der Baiwaren. Erster faktischer Beweis für die Abstammung dieses Volkes. Von Dr. Anton Quitzmann. Leipzig und Heidelberg 1860.
12) Das Leben des Freiherrn von Stein. Nach Pertz erzählt von Wilhelm Bauer. Gotha 1860.
13) Kaiser Ludwig der Bayer und sein Stift zu Ettal. Von Dr. H. Holland. München 1860.
14) Kurze Geschichte der Stadt Eschenbach in Mittelfranken. Nebst einer Abhandlung über das Leben und Dichten Wolframs von Eschenbach. Verfaßt von Friedrich Dumm, Candidat der Philologie. Ansbach 1860.
15) Nürnbergs Bedeutung für die politische und kulturgeschichtliche Entwickelungs Deutschlands im 14. und 15. Jahrhundert. Vortrag auf Veranlassung des Berliner Hülfsvereins des germanischen Museums in Nürnberg am 15. Februar 1860 gehalten von Otto Gabler, Regierungsrath. Berlin 1860.
16) Correkturen und Zusätze zu Quellenschriften für Hohenzollrische Geschichte von Dr. C. A. H. Burkhardt, Archivar am S. Ernest. Hauptarchiv zu Weimar. I. Das Kaiserliche Buch des Markgrafen Albrecht Achilles, herausgegeben von Dr. Constantin Höfler. Jena 1861.
17) Kleine Beiträge zur deutschen Sprach-, Geschichts- und Ortsforschung, herausgegeben von Dr. Karl Roth. XIII. und XIV. Heft. 12 Schenkungen an die Abtei Sankt-Emmeran nebst Anderm enthaltend. München 1860.
18) Bayreuther Zeitung, Jahrgang 1860.
19) Kreis-Amts-Blatt für Oberfranken. Jahrgang 1860.
20) Die Burgen, Klöster, Kirchen und Kapellen Württembergs und der Preußisch-Hohenzollern'schen Landestheile mit ihren Geschichten, Sagen und Mährchen. Unter Mitwirkung vaterländischer Schriftsteller dargestellt von Ottmar F. H. Schönhuth. Zwei Bände. Stuttgart 1860.
21) Kleine Hauschronik. Von V. H. Vetter. Vier Lieferungen. Langensalza 1859.
22) Führer durch die Nürnberger Schweiz. (Hersbrucker Gegend, oberer Pegnitzgau.) Hersbruck.
23) Das germanische Nationalmuseum und seine Sammlungen. Nürnberg 1861.

24) Die Könige der Germanen. Nach den Quellen dargestellt von Dr. Felix Dahn, Privatdocent an der Hochschule zu München. Die Zeit vor der Wanderung. — Die Vandalen. München 1861.

II. Manuscripte und Urkunden.

Geschenke:

1) des Herrn Karl Freiherrn von Reitzenstein zu München:
   a) I. Eine Handschrift, das Geschlecht und Schloß Streitberg aus den Jahren 1508 — 1510, enthält 15 Urkunden von 1342 — 1508. Beigefügt sind 11 Blätter Abschriften, die Schlüsselbergischen Erben und die von Streitberg betr.
   b) II. Akten: 1) Friedrich von der Grün auf Hoffeck, Kursächs. Oberstzeugmeister, Erbauer von Wittenberg ꝛc. 1538. Fol. 1 — 240. 2) das Gefecht bei Rochlitz 1546, Fol. 1 — 72. 3) Gräfenberg, Burg und Stadt, böhm. Kronlehen und Reichslehen 1518.
   c) III. Copien von Urkunden, die von Reitzenstein und ihre Stammgenossen betreffend: 1) Protestation des Geschlechts von Reiczenstein in Zulassung der unehelich erzeugten Kinder Nikol. Sachs zu Geilsdorff in Namen, Schild und Ritterlehn der von Reitzenstein de anno 1534. Photographie im halben Maaßstab mit Copie des früher vollständigen Orginals. 2) Protestation des Geschlechs von Wildenstein und Hansen von der Grün des Aeltern in derselben Sache de eodem anno. Urkundenkopien. 3) Papst Gregor trägt dem Abt von Waldsassen auf, Alles was der Kirche zu Posseck, Bamberger Diöcese, gehört habe und derselben entfremdet sei, zu revociren. 1371 den 30. April. Eine Copie. Eine III. Notiz, ein Allodium der von Redwitz an der Robach betr.
2) des Herrn von Hagen dahier:
   Beschreibung der Inschriften, Wappen und Monumente in der Klosterkirche zu Himmelkron. Eigenhändige Handschrift des Archivars Spieß d. d. Himmelkron den 30. September und 1. Oktober 1772.
3) der Frau Julie von Zerzog, geb. von Thon-Dittmer zu Nairitz:
   Ein Bogen Manuscript aus der zweiten Hälfte des 16. Jahrhunderts, welches also anfängt: Ich Johannes Sarcand von Kirchenthumbach aus der obern Pfalz bekenne, daß der edel und ehrenfest Andreas Bochem, der ältere Burger zu Nürnberg Gott zu Ehren, auch zu Beförderung, Pflanzung und Auferbauung wahrer reiner christlicher und evangelischer Lehre mit rechten reinen Gebrauch der hochwürdigen Sakramente unter keiner andern Gestalt, für sich, seine Erben und Nachkommen mich zu einem Stipendiaten uf und angenommen,

daß ich soll und will in Gottesfurcht mit höchstem Fleiß die heilige göttliche Schrift und wahre reine evangelische Lehre, so in der Augsburgischen Confession der kaiserlichen Majestät Karolo V. in dem fünfzehnhundert und dreißigsten Jahr zu Augsburg überantwortet, Sumarie verfaßt, in derselben Sinn und Verstand, welcher in formula concordiae begriffen ist, studieren, auch uf keine andere Facultät noch fremde Lehr mich begeben, sondern alle Sekten und Irrthum, als wiedertäufische, schwankfelbische, zwinglische, calvinische, päbstische, jesuitische oder andere Rotten und Secten besten Fleißes fliehen und meiden x. x.

4) des Herrn Rentamtmann Peetz zu Traunstein:

Quittung der Landschaft über 96,000 fränkisch, welche von Aaron Beer in Frankfurt im Jahre 1695 erborgt wurden.

Manuscripte, selbst verfaßt:

1) Von Herrn Pfarrer Hirsch zu Schönbrunn:
   Christoph Friedrich Leers, gewesener Kaufmann, Porzellan- und Steingutfabrikbesitzer, sowie Magistratsrath zu St. Georgen bei Bayreuth. Eine kurze Biographie.
2) des Herrn Karl Freiherrn von Reitzenstein zu München:
   a) Landeshauptleute zu Hof.
   b) Deutsche Ordensritter.
   c) Verzeichniß schwäbischer, fränkischer, oberpfälzischer und deutsch-böhmischer Städtesiegel.
   d) Deutsch-Ordens-Ritter in Preußen aus dem Bezirke der Terra advocatorum imperii etc. (Fortsetzung.) Von Karl Frhrn. von Reitzenstein.
   e) Die nördliche Ausdehnung der Mark Nappurg aus einer Urkunde des XI. Saecul: (1061 den 13. Februar.) Nachgewiesen von Karl Frhrn. von Reitzenstein.
   f) Genealogische Notizen zur fränkischen Geschichte. Meran, Trubendingen, Orlamünde, Gräfin Adela von Giech. Von Karl Frhrn. von Reitzenstein.
   g) Die Egerländer. Eine geschichtliche ethnographische Besprechung. Von dem Archivar der Stadt Eger und k. k. Finanz-Bezirks-Commissär Nikolaus von Urbanstadt daselbst.
3) der Frau Hauptmanns-Wittwe Vogel zu Amberg:
   Kurze Nachrichten aus Oberfranken. Fortsetzung XIX. bis XXIV. Gesammelt von Wilhelmine Vogel, geb. Meyer, zu Bayreuth, in den Jahren 1856 — 1859. Vierter Band.

III. Lithographien und Photographien:

Geschenke:

1) des germanischen Museums zu Nürnberg:
   Neujahrsgruß des germanischen Nationalmuseums an seine Gönner und Freunde. 1856. Gedächtnißblatt aus Nürnberg nach Albrecht Dürers Wandgemälde im großen Rathhaussaale von 1521.
2) des Herrn Barons Karl von Reitzenstein in München:
   a) Urkunde vom 3. Mai 1255, nach welcher Luipold von Ahorn der Kirche zu Bamberg einen halben Hof in seinem Dorfe Brunnberg (f. Landgerichts Weischenfeld) überträgt. Geschehen in Beierriud 1255. In inuentione sancte crucis. Mit dem Insiegel Friedrichs von Trubendingen.
   b) Der Pfeil des Erasmus von Reitzenstein, eine photographische Copie nebst gedruckter Beschreibung und historischer Erläuterung.

Käufe:

1) Denkmal des Königs Max II. von Bayern auf dem alten Schloßplatze zu Bayreuth. Eine Lithographie von Stelzner. Zur Erinnerung an den 30. Juni 1860.
2) Die Festung Plassenburg vom Jahre 1554. Eingetauscht vom germanischen Museum in Nürnberg gegen ein Manuscript über „Sibillenweissage."
3) Abbildungen der Burgen Sparneck, Gattendorf, Weißdorf, Waldstein, Uprode, wie sie vom schwäbischen Bund im Jahre 1523 verbrannt worden sind. Eingetauscht vom germanischen Museum gegen ein altes Stammbüchlein.

IV. Antiquitäten.

Fortsetzung.

519. Der Gypsabguß des in Lichtenfels befindlichen Denkmals eines von Schaumberg mit den Wappen von Schaumberg und von Bibra.
520. Ein Desgleichen eines von Schaumberg mit seiner Gemahlin, einer gebornen Förtsch, mit den Wappen von Schaumberg und Förtsch.
   Nr. 519 und 520 wurden vom germanischen Museum in Nürnberg eingetauscht gegen Schwarzenbergische Urkunden.
521. Eine Quantität verbrannten Getreides, welches auf dem alten Schloßplatz unter dem Grunde des Monuments Seiner Majestät des Königs Maximilian II. gefunden wurde.

522. Ein Kreuzerlaiblein aus den Theurungsjahren 1816 — 1817.
   Nr. 521 und 522 wurden vom Herrn Professor Ott dahier verehrt.
   Vom kgl. Landrichter Herrn von Ammon zu Berneck wurden folgende Antiquitäten eingesendet:
523. Das Eisen einer langgespitzten Partisane, welche noch zwei Nägel, womit solche an dem Holzschaft befestigt war, sowie noch einen kleinen Holztheil des Letztern zeigt.
   Gefunden bei Bischofsgrün im Walde oberhalb Fröbershammer am Fuß des Schneebergs, woselbst nach der Volksüberlieferung Schweden mit Croaten im 30jährigen Krieg sich herumschlugen.
524. Eine etwas kürzere breitgeformte Partisaneneisenspitze.
   In derselben Nähe gefunden.
525. Das ganz gut erhaltene sehr complicirte mit einem Druck gegen den Gaumen des Pferdes versehene eiserne Gebiß eines Pferdzaums.
   Gefunden nächst Pöllitz beim Umgraben des Erdreichs.
   Nach der Tradition fanden dort während des 30jährigen Kriegs mehrere kleine Gefechte zwischen Schweden und Kaiserlichen statt.
526. Ein etwas besekter eiserner Sporn, dessen rechter Schenkel zum Theil abgerostet, mit einem Stachel statt Rad.
   Unterhalb der obern Burgruine zu Berneck beim Umgraben gefunden.
527. Ein ziemlich verrostetes schlüsselartiges Instrument, dessen Kappe früher durch eine Feder zu lüften war.
   Gefunden im Wald bei Bischofsgrün.
528. Acht zum Theil noch ganz gut erhaltene kleine, s. g. Schwedenpferdhufeisen, bei Aushebung eines Weihers in der Nähe von Wasserknoden gefunden, woselbst während des 30jährigen Kriegs Schweden längere Zeit im Lager gelegen und ihnen dabei viele Pferde gefallen sein sollen.
529. Ein kleiner alterthümlicher eiserner deutscher Schlüssel, mit viereckigem Griff zu einem kleinen Schränkchen oder dergleichen Gesperre gehörig gewesen.
   Wie sub. Nr. 526 aufgefunden beim Umgraben unterhalb der Bernecker obern Burgruine.
530. Eine kleine eiserne Spange, vermuthlich ein Theil einer kleiner Spornschnalle.
   Ebenfalls dort gefunden.
531. Desgleichen die Eisentheile eines Messers, bezüglich dessen noch die drei Stifte vorhanden, welche die Heftbeschalung gehalten.
   Gleichfalls unter der Bernecker obern Burgruine beim Umgraben des Erdreichs aufgefunden.

V. Münzen.

Fortsetzung.

1282. Eine Silbermünze in der Größe eines Sechsers.
 Av. Ein Blumenstock mit der Umschrift: Augusta Vindelicorum 1694.
 Rev. Der kaiserliche Doppeladler und die Umschrift: Leopoldus D. G. Rom. imp. S. Aug.
 Diese Münze wurde angekauft.
1283. Eine Kupfermünz ein der Größe eines bayerischen halben Guldens.
 Av. Abbildung der von den Türken bestürmten Stadt Wien.
 Rev. Wien belagerte der Turk 1683 den 14/4 Jul., ward entsetzt den 12/2 Sept. mit Verlust all seiner Stuck.
 Geschenk des Herrn Oberlieutenants Freiherrn von Reitzenstein dahier.
1284. Eine Bayreuther Silbermünze vom Jahre 1654, aufgefunden bei Laineck.
 Wurde von Herrn Buchhändler Gießel dahier verehrt.

Bayreuth, den 1. Mai 1861.

Der Ausschuß des Vereins.

v. Hagen, Vorstand.

Dr. Holle, Sekretär und Bibliothekar.   Wich, Conservator.

Burger, Cassier.

Gedruckt bei Th. Burger.

Archiv

für

Geschichte und Alterthumskunde

von

Oberfranken.

Achten Bandes drittes Heft.

WOLF FOERTSCH, RITTER.
IN DER KIRCHE ZU THURNAU.

Archiv
für
Geschichte und Alterthumskunde
von
Oberfranken.

(Als Fortsetzung des Archivs für Bayreuthische Geschichte und Alterthumskunde.)

Herausgegeben
von
C. C. v. Hagen,

erstem rechtskundigen Bürgermeister, Ritter des Verdienstordens vom heiligen Michael, Vorstand des historischen Vereins von Oberfranken zu Bayreuth und mehrerer historischen Vereine Ehren- und correspondirendem Mitgliede.

Achter Band.
Drittes Heft.

Mit einer Steinzeichnung.

Bayreuth 1862.
Auf Kosten des Vereins.

Inhalt.

	Seite.
1) Deutsch-Ordens-Ritter in Preußen aus dem Bezirk der Terra advocatorum imperii, von Herrn Karl Freiherrn v. Reitzenstein zu München	1
2) Genealogische Noten zur fränkischen Geschichte, von demselben	7
3) Die nördliche Ausdehnung der Mark Nabburg, von demselben	13
4) Die Egerländer, von Herrn v. Urbanstadt, k. k. Finanz-Commissär zu Eger	18
5) Die Zerstörung der Stadt Creußen im Jahre 1633, von Herrn Pfarrer Meiner in Schnabelwaid . . .	26
6) Der abgeschlagene Sturm der Böhmen auf die Stadt Wunsiedel im Jahre 1462, von Herrn Pfarrer Stadelmann zu Marktleuthen	33
7) Ueber Wilhelm von Giech, von Dr. Holle zu Bayreuth	41
8) Geschichtliche Nachrichten über die vormalige Schloßkirche zu Bayreuth, von Bürgermeister v. Hagen . . .	49
9) Ueber Jean Paul's Studien und Zeiteintheilung, von demselben	72
10) Ueber den Einmarsch der Franzosen in die Stadt Bayreuth am 7. Oktober 1806, von demselben . . .	79
11) Diplomatum ad terrae quondam Baruthinae superioris historiam spectantium summae e Regestis cura de Lang inceptis etc. excerptae	83
12) Jahresbericht pro 18⁶¹/₆₂	97
13) Mitgliederverzeichniß pro 18⁶²/₆₃	112

Erklärung der Steinzeichnung.

Die diesem Hefte beigegebene Steinzeichnung ist die Abbildung des in der Pfarrkirche zu Thurnau hinter dem Altare stehenden Grabdenkmals des im Jahre 1551 verstorbenen Wolf Förtsch von Thurnau. Derselbe gehörte einem der ältesten und zugleich reichsten Adelsgeschlechter Oberfrankens an. Da er ohne männliche Nachkommenschaft verschied und auch seine beiden Brüder Hans zu Partenfeld und Jörg zu Pesten als die Letzten ihres Geschlechts gestorben waren, so fiel die ganze reiche Erbschaft seinen drei Töchtern zu, von denen die erste an Hans Friedrich von Künsberg, Oberhauptmann zu Plassenburg, die zweite an Hans Georg von Giech, Amtmann zu Niesten, und die dritte an Sigmund Fuchs zu Rügheim, welche bereits im Wittwenstande lebte, vermählt war. Mit dieser fanden sich die beiden Schwäger ab und besaßen dann das Schloß und den Markt Thurnau nebst Zubehör gemeinschaftlich. Die Inschrift auf dem Denkmal lautet:

  Da man zehlt fünfzehnhundert . .
  Und ain und fünfzig gleich . .
  Des Sonntag Eraudi genannt,
  Da nahm der Tod durch Gottes Hand
  Nach'm erlittenen Leibs Gepresten
  Hinweg den edlen und ehrenvesten
  Wolf Förtschen des alten Stamme
  Und ablich löblichen Name
  Aus diesen elenden Jammerthal
  In Gottes Reich zur Gläubigen Zahl
  Da er seines Alters ain und 40. Jahr
  Und Ehestands in Neunzehnten war
  Indeß ihn Gott der Gnadenthron
  Fünf Töchter aber keinen Sohn
  Durch seinen Segen hat gegeben,
  Die drei so lang Gott will noch leben,
  Welche durch Gottes Gnadenwerk
  Ursula Hanns Friedrich v. Künsperck,
  Barbara Hanns Georgen v. Gich
  Im Ehestand beiwohnen tugendlich.

Anastasia ein Wittwe zart
Sigmund Fuchs selig, Hausfrau ward.
Sibill, Dorothea verschieden
Und mit Gott ewig sein zufrieden
Da sie noch waren im Jungfraustand
Kamen sie in's ewige Vatterland.
Weil nun in der Succession
Künsperck und Giech nachfolgen thon
Ihren lieben Schweher obberührt,
Mit Thurnau und was dazu gehört
Haben sie zu lobwürdiger Glori
Und ihm zu ewiger Memori
Dieß Epitaphium aufgericht,
Wie denn solches nit unbillig geschicht.
Der lieb Gott geb uns nach dieser Zeit
Die himmlische Freud und Seeligkeit
Durch unsern Mittler und Gnadenthron,
Welcher ist Christus Gottes Sohn.

I.

Deutsch-Ordens-Ritter in Preussen

aus

dem Bezirk der Terra advocatorum imperii.

Johann v. d. Capell. 1413 Pfleger zu Lesewitz.

Johann von Dobeneck. 1432 d. 6. April Pfleger zu Neidenburg.

    1434 den 28. Sept. — 35 d. 25. Apr. Komthur zu Nessau.

    1438—1442 den 13. Nov. Komthur zu Schönsee und Voigt zu Leipa.

    1446—1448. Voigt zu Dirschau.

    1448—1449. Voigt der Neumark.

    1454. Voigt zu Schievelbein.

Ludwig von Dobeneck. 1428 den 15. Januar Pfleger zu Schaken.

Nicolaus von Feilzsch [1] (Vilcz). 1394 den 22. März bis 21. Juli e. a. Pfleger zu Tapian.

    1397 den 12. August — 1399 den 11. März Pfleger zu Schaken.

    1399 den 11. März — 1410 den 15. Juli Komthur zu Schönsee.

---

[1] eines Stammes, Helms und Schildes.

Fällt in der Schlacht bei Tannenberg.

Georg von Feilzsch [1]). 1467 den 4. April Pfleger zu Pr. Eylau.

1477 den 18. März Pfleger zu Pr. Mark.

Heinrich von der Heide [1]). 1396 den 25. Octbr. — 1397 den 16. April Pfleger zu Tapian.

1397 den 12. Aug. — 1403 den 8. April zu Insterburg.

Dietrich Rober [1]). 1365 den 23. Juni Pfleger zu Pr. Eylau.

1386 bis 1389 den 6. März Vogt zu Stuhme.

1390 bis 1391 den 7. Juli Pfleger zu Bueton.

Nicolaus Rober [1]). 1407 bis 1410 den 15. April Komthur zu Golub.

Heinrich von Rode (Rober) [1]). 1418—1420 den 21. Juni Voigt zu Dirschau.

Christoph von Zeedwiz [1]). 1415 den 13. Jan. Pfleger zu Lyck.

Nicolaus von Eilsdorff. 1444—1446 den 28. Oct. Komthur zu Meise.

Friedrich von Guttenberg. 1480—81 Unterster Kompan.

Bogoslaw von Hertenberg. 1371 den 22. Nov. — 73 den 19. Jan. Vogt zu Soldau.

Wilhelm von Hertenberg. 1409 den 14. März — 10 den 9. März Vogt ebendaselbst.

Ulrich von Kindsberg. 1446 den 21. Oct. — 49 den 25. Aug. Pfleger zu Neidenburg.

1467 den 2. Febr. — 73 Oberster Marschall.

Eberhard von Kindsberg. 1453 den 1. Mai — 55 den 6. Februar Oberster Treßler.

Cuno von Liebenstein. 1370—75 Unterster Kompan.

1375—79 Kompan des Hochmeisters.

1379—83 den 17. Mai Komthur zu Osterode.

1383 den 17. Mai — 87 den 7. Febr. Groß-Komthur.

1387 Komthur zu Straßburg.

1387—92 Voigt zu Brathean.

Nicolaus von Luechau (Luebchawe). 1483 den 23. März Pfleger zu Tapiau.

Alexander von Machwitz. 1413 — 20 Voigt der Neumark.

Johannes Nothhaft ²). 1337 den 27. Mai — 43 Komthur zu Birgelau.
1347 — 49 Komthur zu Thorn.

Conrad Nothhaft ²). 1482 den 10. Octbr. — 84 Pfleger zu Barten.
1486 den 21. Septbr. — 90 den 24. März Komthur zu Papau.

Heinrich Nothhaft ²). 1450 - 62 Unterster Kompan.

Johannes Rabe ²). 1379 den 2. Febr. Pfleger zu Rastenburg.

Engelhart Rabe ²) von Wiltstein. 1383 — 77 Komthur zu Rheden.
1387 — 92 den 16. Nov. Oberster Marschall.
1392 den 30. Nov. — 97 den 7. Jan. Komthur zu Thorn.

Johannes Rabe ²). 1450 — 54 Komthur zu Schlochau.

Marquart von Raschau ³). 1373 den 25. Mai Komthur zu Morungen.
1380 — 89 Komthur zu Memel.
Wird von den Samaiten den Göttern zum Opfer geschlachtet.

Lupold von Raitenbach ⁴). 1412 bis 1414 den 9. Jan. Voigt zu Roggenhusen.
1414 — 16 den 20. Nov. Komthur zu Ragnit.
1416 — 18 den 8. Sept. Komthur zu Brandenburg.
1418 den 9. Novbr. — 20 Komthur zu Rhein.
1420 — 22 den 8. Febr. Komthur zu Schlochau.

Heinrich von Raitenbach ⁴). 1430 den 27. März bis 1430 den 16. Mai Pfleger zu Tapiau.

---

²) eines Stammes und ursprünglich eines Helms und Schilds.
³) gleichen Stammes mit den Schinei und Juren.
⁴) gleichen Stammes mit den von Reitberg, von Haslau und von Schönberg.

1433—37 Voigt zu Dirschau.

1438 den 14. Sept. Pfleger zu Ortelsburg.

Eberhard von Wallenfels. 1394—97 Unterster Kompan.

1399—1404 den 25. Febr. Voigt zu Leipe.

1407—10 Komthur zu Ragnit.

1410 im Nov. — 13 den 14. Mai Komthur zu Thorn.

1414 im Jan. — 15 im Mai **Oberster Marschall**.

1414 den 30. Nov. — 19 den 10. Nov. Pfleger zu Lochstedt.

Hans von Wallenfels. 1492 den 14. Jan. Pfleger zu Rastenburg.

Conrad von Wallenrode [5]). 1368 den 10. Jan. — 72 den 5. Juni Pfleger zu Pr. Eylau.

1377—82 den 28. Nov. Komthur zu Schlochau.

1382 im Oct. — 87 den 24. März **Oberster Marschall**.

1387 den 25. März — 91 den 12. März **Groß-Komthur**.

1391 den 12. März — 93 den 25. Juli **Hochmeister**.

Friedrich von Wallenrod [5]). 1392—93 den 18. Juni Voigt zu Dirschau.

1394 den 2. April — 96 im April Komthur zu Rhein.

1396—1404 den 29. Sept. Komthur zu Straßburg.

1404—7 den 3. Juli Komthur zu Mewe.

1407—10 den 15. Juli **Oberster Marschall**.

Sigismund von Wallenrod [5]). 1450 den 10. Aug. bis 3. Octbr. c. a. Pfleger zu Tilsit.

Heinrich von Widersberg vor 1291 Komthur zu Roggenhusen.

Georg von Wirsberg. 1411 im März bis 27. Juni.

Verschwört sich als Komthur zu Rheden wider den Hochmeister Heinrich von Plauen.

---

[5]) Die von Wallenrod stammen von den Fortschen.

Vincenz von Wirsberg. 1425—26 den 10. Aug. Komthur zu Memel.

1430 den 12. Juli — 33 den 23. März Komthur zu Golub.

1430—36 den 19. Nov. Vogt zu Leipe und 1436 den 10. Nov. Komthur zu Schönsee.

1433 den 22. Nov. bis 1436 den 5. Oct. Komthur zu Thorn.

1436—1438 den 3. März **Oberster Marschall**.

Wolfgang von der Grun. Pfleger zu Schaken. 1519 u. 20, ein sehr thätiger Ordensbeamter im Ordenskriege.

Erhart III. von Reitzenstein (aus dem Hause Alt=Posseck), Pfleger zu Preußisch=Eylau.

Wilhelm von der Gruen, Hauptmann auf Streyberg, erhält vom Hochmeister das „Ordens=Gesellschaft", d. h. das Diplom der Zugehörigkeit ohne Pflichten und Rechte. 1519 im Januar.

De dato Culmbach Pasche 1523 meldet Thomas von Reitzenstein (dieses Vornamens der Fünfte) an Georg Klingenbeck, des preuß. Ordenshochmeisters Rath, auf dessen Anfrage, wen er auf seine Credenz daselbst für den Deutschen Orden zum Kriege gegen Polen geworben habe, daß darunter Graf H. von Swarzburg, die v. Rabenstein, v. Wallenfels, v. Hirschberg, v. Räbitz, v. Wirsberg, auch die von Reiczenstein, Sack, v. Wiltenstein und Grune, ist ein **Schildt und Wappen**, je zwei pferdt auch ein gesandten auff ihr Zehrung und cost.

Einzelne Kreuzfahrer nach Preußen.

Siegfried Forster. 1377 (Urk. im Cod. dipl. Bor. V. 278.)
Einer v. d. Pforbten. 1385 (Urk. Cod. dipl. Bor. ibid. V. 472.)
Gotthard b. Schinei. 1385.

Bei Tannenberg 1410 fielen im Ordensheer
Hans und Friedrich von der Heide.
Barthel Rober.
Ulrich Wilde.

Hauptleute und Söldner im Ordensheer 1524 im Bundeskriege:

1) Heinz, Georg, Christoph von Berge, Hans von der Gruen. — Caspar, Melchior, Otto Sack, Thomas, Matthes, Karl, Erhard und Jost von Reitzenstein, Hans von Tossenfeld, Erhard und Eucharius von Wildenstein von gleichem Stamm, Helm und Schild.
2) Erhard, Georg, Johann und Friedrich von Dobeneck.
3) Bartel von Feilitsch, Conrad, Cunz, Sittich, Erhard v. Zettwiz, Hans, Wilhelm, Eberhard und Volkel die Rober von gleichem Stamm, Helm und Schild.
4) Bernhard von Kotzau.
5) Konrad von Lüchau.
6) Dietrich Jobst und Hans von Machwitz.
7) Caspar von Streitberg.
8) Ulrich Nothaft und Nikel Rabe von gleichem Stamm und Helm.
9) Schirntinger.
10) Heinz Jüngel, Engelhard, Otto und Hans die Tossen.

(Aus dem kgl. preuß. Archiv zu Königsberg.)

K. Freiherr v. Reitzenstein.

II.

Genealogische Noten
zur
fränkischen Geschichte.

---

1. Agnes von Meran, die Tochter Herzogs Otto I. von Meran war zweimal vermählt und zwar
    1) seit 1230 an Herzog Friedrich von Oesterreich, welcher 1246 im Kampfe fiel oder aber von den Seinen umgebracht wurde,
    2) seit 1248 an Herzog Ulrich III. von Kärnthen † den 27. Oct. 1269.

Sie starb 1257.

Die verbreitete Angabe, als sei sie vom ersten Gemahl geschieden und der König Bela von Ungarn, dessen Mutter die Schwester Herzogs Otto von Meran war, habe zur Züchtigung der Deutschen die Tartaren herbeigerufen, beruht auf den von Hanthaler selbst fabrizirten fasti campilienses II. 1317 und verdient keinen Glauben. Bei Boczek cod. dipl. Morav. I. 100 und 101 befindet sich die Dispensation des Papstes für Agnes relicta ducis Friderici de Austria v. 1248, worin der Papst der Agnes das Hinderniß ihrer nahen Verwandtschaft mit Ulrich von Kärnthen behufs der Verheirathung mit demselben beseitigt. In der Aufschrift der Urkunde wird sie „neptis patriarche Aquilejensis" geheißen.

2. Margaretha von Meran, eine andere Tochter Herzogs Otto I. von Meran ist bisher nur als Ehegespons des Edeln Friedrich von Truhendingen bekannt gewesen; dieselbe hatte jedoch, wie ihre Schwestern Agnes und Beatrix, zwei Gatten. Ihr erster Gemahl war nämlich Markgraf Przemisl von Mähren. Im Archiv des Olmützer Kapitels befindet sich eine vom Herzog Otto von Meran untersiegelte Urkunde, worin Markgraf Przemisl im Jahre 1233 an das Kloster Langheim sein Gut Doloplas vermacht und worin der Letztgenannte den Herzog Otto als Schwiegervater bezeichnet; im Jahre 1235 stellt derselbe Markgraf eine andere Urkunde aus, worin er seine Gattin „Margaretha" benennt; eine Urkunde des Königs von Böhmen endlich de ao. 1240 belehrt uns, daß sein Bruder der Markgraf (wie es scheint bereits Jahr und Tag) zu dieser Zeit todt ist. Alle diese Urkunden finden sich bei Boczek Cod. dipl. Moraviae II. p. 254. 307. 367.

3. Der Sohn der vorigen Margaretha Graf Friedrich von Truhendingen, dessen Vater sich noch 1255 den 3. Mai nobilis de Truhendingen *) nennen läßt und welcher selbst 1253 im Alter von 12 Jahren mit dem Prädikat juvenis oder Junkher auftritt, hatte eine Schwester Namens Agnes. Dieselbe heirathete etwa um 1265 oder 66 ihren leiblichen Vetter den Grafen Otto den Gewaltigen, Sohn der Beatrix von Orlamünde, geb. Prinzeß von Meran, welcher wahrscheinlich am 27. Mai 1285 starb und in seinem Stifte Himmeltron ruht. Ihr jüngster Sohn nämlich Graf Otto junior oder laicus de Orlamuende, welcher den 14. December 1296 erklärt, nun 25 Jahre alt zu sein, daher wohl den 14. Decbr. 1271 geboren ist, nennt den vorgenannten Grafen Friedrich von Truhendingen den 16. Mai 1318 seinen „Oheim" (avunculus) und behauptet, daß er mit diesem gleiche

---

*) Siehe die Beilage.

Rechte an der Vogtei und den Lehen über die Meranischen Stiftsgüter des Klosters Langheim habe. Ingleichen bezeichnet die Urkunde vom 20. August 1318 den Bamberger Domherrn Grafen Friedrich von Truhendingen, den andern Bruder von Otto's Mutter Agnes, ebenfalls als seinen Oheim, während er in derselben Urkunde seinen Vatersbruder Grafen Hermann von Orlamünde patruus nennt.

Die genannten zwei Grafen Friedrich von Truhendingen waren mit Otto junior von Orlamünde allerdings noch in weiterem Grade als Großmutterschwestersöhne verwandt, wofür indeß wohl, wenn nicht die nebenbezeichnete nähere Verwandtschaft bestände, die Bezeichnung consanguineus gebraucht worden sein würde. Aus der hier dargelegten Verwandtschaft erklärt sich auch, warum die fränkischen Orlamünde zu Lauenstein und Lichtenberg nach dem Tode Oswalds, des letzten Grafen von Truhendingen ihre Helmzeichen die Pfauenwedel mit den Truhendingen'schen Reiherköpfen vertauschen, wie sie der Stein zu Langheim d. no. 1529, Conrad v. Grünenbergs turniermäßiges Wappenbuch v. 1483 und ein seltenes Siegel aufweisen.

4. Reginbodo Graf von Giech hatte eine Mutter Namens Isingart, welche wir aus ihrem Seeltag VIII Kal. Martii oder 22. Februar aus dem Necrolog des St. Michaelsklosters zu Bamberg kennen. Dieselbe Isingart muß es sein, welche wir im Necrolog von Kloster Pegau bei Mencke als „Isingardis cometissa Soror Wiperti Marchionis (de Groiczch)" finden, und welche nach demselben Kalendar noch einen am III. Kal. Julii oder am 29. Juni getödteten Sohn Goswin und eine Mutter Sygena hatte. Nach von Raumers Stammtafeln soll diese Sygena geb. Gräfin von Leige Erbin von Morungen († 24. Febr. 1110) mit Graf Wigbert in Balsanien († 28. Aug. 1050) und nachher mit dem Grafen Friedrich von Lengenfeldt verheirathet gewesen sein. Aus

diesen Ehen stammte neben dem Gründer von Pegau, dem seit 1117 Markgraf von der Lausiz gewordenen und am 22. Mai 1124 gestorbenen Wigbert II. von Groitsch und neben der genannten Isingart, nach v. Raumer auch ein Graf Friedrich von Lengenfeldt, welchen man im Nordgau unter dem Namen von Hopfenohe und von Pettendorf kennt, und welcher der Großvater der Heilica von Lengefeldt Gemahlin Pfalzgraf Otto's von Wittelsbach war. Dieser Friedrich Graf von Lengefeldt starb nach dem Kloster Pegauer Necrolog am 29. März unbekannten Jahres; Markgraf Wigbert aber heirathete die Cunigunda von Beichlingen aus dem Hause Weimar-Orlamünde († 11. Juni 1140) Doppel-Wittwe von dem Russen Jaroslaw Jzaslawitsch († 3. Okt. 1079) und demnächst von dem 1103 erschlagenen Cuno von Nordheim gen. von Bicheline. Aus der Ehe mit Cuno von Nordheim hatte Cunigunde unter andern eine Tochter Mechtilde, welche sich auch zweimal vermählte und zwar mit Wilhelm Grafen von Luetzenburg und nachher mit Guenther nobilis de Thuringia. Aus der ersten Ehe der Mechtilde kennen wir als Kinder Abela Aebtissin von Reinsburg in Holland, soror Friderici de Bichelingen matertera Christiani Archiepiscopi Moguntini, und einen 1136 gestorbenen Grafen Conrad; aus zweiter Ehe: die Grafen Sizzo von Käfernburg, Christian von Rotenburg, Friedrich von Bichelingen oder v. Käfernburg, eine vermählte Gräfin v. Buch und vermuthlich eine Tochter Abela vermählt an den schon genannten Grafen Reginbobo v. Giechburc, welche letztere nach Urkunden über die Scheidung ihrer Tochter Cuniza von Poppo Grafen v. Blassenberg und nach dem Necrolog von Kl. Michelsberg am 26. Okt. vor 1143 gestorben sein muß. Cunigunde von Beichlingen hatte aber aus der Ehe ihres Vaters Markgrafen Otto von Orlamünde zu Meißen mit Abela v. Brabant eine ältere Schwester Oda II., Gemahlin Markgraf Eckbert II. von Sachsen

(† 1070). Dieser Eckbert II. war nun ein Sohn des Eckbert I. von Sachsen und der Irmengard oder Immula von Susa, welche seit 28. Septbr. 1057 Wittwe des Markgrafen Otto von Schweinfurt war. Wahrscheinlich hatte Eckbert II. deren Wittthum in Franken und damit Giecheburc und Lichtenvels geerbt, und hat diese Schlösser der Oda II., seiner Gattin hinterlassen,*) von welcher es an die am 11. Juni 1140 verstorbene Schwester derselben Cunigunda von Beichlingen gedieh. Diese aber überließ Giechburc und Beichlingen an die zwei Kinder ihrer Tochter Mechtildis, den Grafen Friedrich von Beichlingen und Adela vermählt an den Grafen Reginbodo, welch' letzterer Reginbodo der Cunigunde von Beichlingen ohnehin als Schwestersohn ihres dritten Gatten Markgrafen Wigbert nahe stand. Nach einem bei Menke vorhandenen Stammbaum soll Isingard die Mutter Graf Reginbodo's mit einem Grafen Heinrich v. Leige vermählt gewesen sein, wovon v. Raumer indeß, wie es scheint keine Notiz nimmt. Nachdem die natürliche Vormundschaft Graf Friedrichs v. Beichlingen über Cuniza, verehelicht an Graf Poppo v. Blassenberg, die Tochter der Adela und des Reginbodo von Giechburc mütterlicher Seits, wie sich dieselbe in der Urkunde von 1149 darstellt in Obigem eine genügende Erklärung gefunden hätte, würde es sich noch darum handeln die natürliche Verwandtschaft Graf Wolframs von Werthheim mit derselben Cuniza von Giechburc väterlicher Seits nachzuweisen, d. h. klar zu machen, wie Graf Reginbodo und Goswin, Söhne der Isingart und angebliche Söhne Graf Heinrichs v. Leige zu dem Grafen Wolfram von Wertheim in agnatischer und cognatischer Beziehung standen.

Der Vorname Reginbodo und Goswin findet sich auch bei den Dynasten von Trimperg.

---

*) Der in der Urkunde vom 25. Mai 1137 bei Ussermann Germ. Sacra cod. prob. 81 mit seiner Gattin Berta erscheinende Gillert v. Sachsen scheint ein anderer — vielleicht ein Seitenverwandter des hier genannten zu sein.

1255 den 3. Mai.

Notum sit omnibus presentem cartulam inspecturis quod ego Luipoldus de Ahorn in obitu Heinrici michi iure proprietatis attinentis contuli Babenbergensi ecclesie dimidium mansum proprietatis mee libere et absolute in perpetuum possidendum pro emenda eiusdem familia qui alioquin Episcopatui eundem dampnosum creditur exstitisse. sed per se ad satisfactionem non sufficiens finali ductus poenitentia secundum communis iuris clementiam absolutionis gratiam optinuit in extremis. Est autem mansi medietas ipsa in villa mea brunberc. quam incolit Cunradus de Windischendorf et soluit annuatim. LXV. denarios et quinque quartas. unum verling siliginis. et duas quartas tritici mensure in Bodenstein et quedam alia solito more solueada. Et ut hec debito Robore firmitatis minime defraudentur, cum sigillum proprium non habeam presentem cartulam Sigillo domini mei. Friderici Nobilis de Truhindingen obtinui sigillari. Huius rei testes sunt. frater heinricus. et frater Burchartus Monachi Lancheimenses, Ludevicus sacerdos in Beieriud. Marquardus de Gronenberc. Eberhardus de Gronenberc. Eberhardus de Brunneberc. Fridericus frater defuncti de Curia. Cunradus de Richzendorf. Gebehardus de Windischendorf. Heinricus de Curia. Heinricus Zotzener. Boppo de zstandorf. Eberhardus et heinricus panniferi de Beieriud et Cunradus Blomener. Heinricus Stinzilinc. Fridericus de Creboz. et alii quam plures. Actum in Beierriud anno domini M.CC.L.V In inuentione sancte crucis.

R. Freiherr v. Reitzenstein.

III.

Die nördliche Ausdehnung der Mark Nappurg.

Aus einer Urkunde des XI. Säcul.

1061 den 13. Februar.

In nomine sancte et indiuidue trinitatis Heinricus diuina favente clementia rex. Notum esse volumus omnibus Christi nostrique fidelibus tam futuris quam presentibus, qualiter nos ob interventum dilectissime genitricis nostre Agnetis Imperatricis Auguste cuidam nostro servienti Onant dicto partem cuiusdam silue intra hos terminos constitutam videlicet ubi Swurbacha fluit .in Crumbanaba et sursum ubi oritur crumbanaba et ubi oritur Swrbaha et inde ubi oritur Treuina ac deorsum Trevina usque in illam Viam, que procedit de Egire et per eandem viam usque in Surbaha et deorsum Surbaha usque in Crumbanaba in comitatu Heinrici comitis in pago Nortgonue et in Marchia Napurg sitam cum omnibus pertinentiis id est areis edeficiis terris cultis et incultis, agris, pratis, pascuis, campis, venationibus aquis aquarumque dicursibus, molis molendinis piscationibus exitibus et reditibus, viis et inviis extirpationibus et cum utraque ripa predictorum fluminum et cum omni debito quod incole illius marchie ad Napurg de toto predio eiusdem Otnandi in prefata Marchia hactenus soliti erant persolvere, in proprium dedimus atque tradidimus ea videlicet ratione ut predictus Otnant liberam dehinc potestatem habeat tenendi commutandi extirpandi et quicquid sibi inde placuerit faciendi. Et ut haec nostra regalis traditio stabilis et inconvulsa omni permaneat evo, hanc cartam inde conscribi manuque propria confirmantes et corroborantes, Sigilli impressione iussimus insigniri. Data Idus Februarii anno incarnationis domini MLXI. Indictione XIIII. anno autem ordinationis domini Heinrici IV. Regis VII. Regni vero V°. Actum Ratispone feliciter amen.

Sigillum imperatoris appendet.

Urkunde im königl. bayer. Reichsarchiv in München. Monum. Boica.

Otnant, dieser vom Kaiser Heinrich IV. reich mit Gütern beschenkte Diener erhielt durch diese Urkunde einen Landstrich, welchen ich in seinen heutigen Grenzen festzustellen versuche.

Der Grenzzug hebt nämlich da an, wo die Suurbaha in die Crumbanaba mündet. Da noch heute der Ort Krummnaab an der Fichtel=Waldnaab gelegen ist, so verstehe ich unter Crumbanaba die Fichtelwaldnaab. Von allen in dieselbe mündenden Wassern, die ich bis zu ihrer Quelle verfolge, ist es der Höllbach, welcher dadurch, daß eine seiner Quellen noch heute „Schwurbach" heißt, mich veranlaßt, denselben für die in der Urkunde genannte „Suurbaha" zu halten. Derselbe mündet bei Riglasreut in die Fichtelwaldnaab.

Mithin beginnt die Grenzbeschreibung bei Riglasreut, folgt dem Lauf der Krummnaab oder Fichtelwaldnaab am rechten Ufer bis zu ihrer Quelle bei Fichtelberg, wendet sich dann zur Quelle der Suurbaha oder „Schwurbach", d. h. gegen Osten und zwar durch das Terrain bedingt, wahrscheinlich zuerst gen Südost am Fuß der „hohen Platte" und des „hohen Matzens" hin bis etwa Oehlbühl zwischen Nagel und Bärnloh und dann östlich in gerader Linie zur Quelle der „Schwurbach" zwischen Kössein und dem Orte

Schwurbach am Eibenstock,*) von da geht die Grenze weiter zu den Quellen der Trebitra, worunter wir wohl die Quelle der Trebnitz bei Ober-Redwitz zu verstehen haben, am Fuße des Grünets- und des Leutemberges vorbei; von den Quellen der Trebnitz geht die Grenze die Trebnitz abwärts bis an die alte Straße von Eger bei Dörflas, folgt dann dem Zug dieser Straße über Waltershof und Dechantsees, wo der Höllbach oder die „Smurbaha" an diese Straße herantritt, geht dann auf dem linken Ufer derselben fort und endet bei der Mündung in die Krummnaab oder Fichtelwaldnaab.

Die in diesem Bezirk eingeschlossenen Ortschaften Ober-, Mittel- und Unter-Lind, Brand, Fahrmannsreuth, Bärnloh, Gruenlas, Gruenberg, Selingau, Haid, Zeckenberg, Schloß Ebnath (Ebenöd), Schwarzenreut, Hölzlashof, der Hirschbergerwald, Neujorg, Riglasreut, die Hölle, Langentheilen, die Dreihäuser, Kössein, die Haibe, Schwurbach, Rodenzenreut, Waltershof, Leutendorf, Menselsdorf und Rosenhammer haben später mit einigen Ausnahmen das alte Gericht Ebnath oder Ebenöd gebildet.

Wer die ursprünglichen Besitzer und Otnants Nachkommen waren, läßt sich kaum vermuthen.

Der Vorname Otnant findet sich im 12. und 13. Säculum bei denen von Redwitz aus Oberredwitz, welche eines Helms und Schilds mit denen v. d. Heide (de Merica), Röder, v. Feilitzsch und von Zedwitz sind, ferner kommen auch Otnant de Eschenau (1114), Otnant de Burgelin und Otnant de Chunstat urkundlich vor. — Wer der Graf Heinrich auf dem Nordgau in dieser Zeit ist, bleibt gleichfalls noch eine offene Frage.

Werthvoll scheint es immerhin zu wissen, daß Ebnat und der beschriebene Bezirk noch in der Mark Nabburg

---

*) Bischof Leupold von Bamberg verkauft d. d. 15. Juni 1358 ein Eibenstock an Kaiser Karl IV. in Böhmen. (Urk. im Arch. zu Prag.)

lagen, als deren Herren, beziehungsweise Markgrafen, die Markgrafen v. Bohburg im 12. Säc. auftreten, und in deren Gefolge wir sogar neben den Egerischen Nothaften auch die von Regnizi, die von Schorgast, die von Walbstein (später von Sparneck) und die von Liebenstein finden. Hieran reiht sich nämlich die Behauptung, daß dort nicht die Gauverfassung, sondern die Mark- oder Wehrverfassung bestand.

In dieser werden wir das unmittelbare Verhältniß der freien Landbesitzer jener Gegend zu Kaiser und Reich begründet finden, welches durch den Uebergang der Markgrafschaft selbst vom Hause Bohburg an die Hohenstaufen nur gestärkt werden konnte. Wie viel Macht in dieser Mark von dem Kaiserhause durch die Herzogin Beatrix auf das Haus Meran übertragen wurde und nach Merans Erlöschen resp. Aechtung dem Reiche heimfiel, bedarf einer weitern Untersuchung. Jedenfalls trat das Haus der Voigte von Weida, dessen indirekte Erbschaft an den Meranischen Allodien und gleichartiges Anrecht an Wiederverleihung einiger Reichslehen aus meiner hiemit angekündigten Regestensammlung für das Haus Orlamünde zu folgern sein wird, nur mit sehr beschränkten und zerstreuten Gerechtsamen in jener Gegend auf. Kaiser und Reich erhielten und wahrten anfangs ihren Einfluß und ihr Recht in Thüringen, in der sorbischen Mark und im Egerland kräftig; Kaiser Adolf und Heinrich VII. unternahmen gegen das gewaltige Umsichgreifen des Hauses Wettin einige Feldzüge, für welche namentlich der erstere von den meißnischen Hofchronisten als Räuber und Mordbrenner bezeichnet wurde. Leider traten aber ihre Nachfolger auf dem Kaiserthron nicht in ihre Fußstapfen. Der Verwandtschaft mit Kaiser Ludwig dem Baier verdankte das Haus Wettin den glücklichen Umstand, daß ihm die Unterwerfung der Grafen von Orlamünde und der andern Dynasten in Thüringen, resp. deren Trennung vom deutschen Reiche gelang. Die Reichsländer Altenburg, Zwickau und Reichenbach wurden nicht minder an das Haus

Wettin verhandelt. — Dem Burggrafen von Nürnberg aber bewies sich Kaiser Ludwig für den Sieg bei Mühldorf gleichfalls auf Kosten des Reichs dankbar. Noch mehr that in dieser Richtung Kaiser Karl IV., welcher sich selbst an den böhmischen Grenzen eine Hausmacht zu bilden suchte und jeden Vorwand benutzte, um sich nach dem Grundsatz „eine Hand wäscht die andere" mit den Markgrafen von Meißen und den Burggrafen von Nürnberg in die Reichslehen zu theilen und die wichtigsten Schlösser der Reichsritter in häuslichen Besitz zu bringen. Die Geleitstreitigkeiten dieser Letzteren mit Eger, Regensburg und Nürnberg boten dazumal den geeignetsten Vorwand um durch angebliche Bestrafung von Räubereien dieses Ziel zu erreichen. So finden wir denn in der That, daß nach und nach alle wichtigen Schlösser im 14. Jahrhundert an der Saale und Eger an die böhmische Krone oder die obengenannten Fürsten übergehen, die freien Geschlechter aber dieselben verließen und an mehr entlegenen Punkten ihre Freiheit bewahrten. Die von ihnen endlich gebildete Korporation der Reichsritterschaft, in welche auch zahlreiche gräfliche Ministerialen eintraten, und welche als Gegensatz der dynastischen Tendenzen heraustrat, läßt sich nur als Nachbildung der alten Markverfassung in den Grenzländern betrachten, dessen Ausführung aber hier zu weit führen dürfte.

K. Freiherr v. Reitzenstein.

IV.

Die Egerländer.
Eine geschichtliche ethnographische Besprechung.

Wer die deutschen Gauen Böhmens durchwandert, macht gar bald die Wahrnehmung, wie schnell und nach kurzen Wegstrecken die Dialekte der Bewohner im Ton der Aussprache, in der Wortbildung und in der Eigenthümlichkeit der Wörter wechseln. Sollten sich darunter — etwa im Riesengebirge oder im Böhmerwalde — auch Reste der vorslawischen Zeit erhalten haben? Wann sind dann die andern Deutschen nach Böhmen gekommen? Wir fassen gleich den Kern der Sache und fragen, sind die Deutschen, welche Böhmen bewohnen, germanisirte Slawen oder Einwanderer (Colonisten) aus andern deutschen Ländern? Fragen wir vorerst ihre Sprache, ihre Gewohnheiten, ihre Sagen, ihren Aberglauben rc., ob sie Slawisches enthalten oder gar einen derlei Ursprung erkennen lassen, so müssen wir vorher Gelegenheit gefunden haben, einzelne Gegenden zu beobachten, wo schon seit Jahrhunderten Deutsche neben Slawen wohnen, ohne daß sich die Sprachscheibe um das Geringste verrückte. Dieser Umstand dient als Beweis, daß sich auf friedlichem Wege oder wenigstens im gewöhnlichen Verlauf der Dinge Nationalitäten nicht so leicht zerreiben. Es wird aber dann Jeder, welcher Böhmen kennt, auch den Glauben an ein friedliches und langsames Germanisiren aufgeben und den eines massenhaften Einrückens deutscher Colonisten in die einzelnen Gegenden des Landes gewinnen. Ich bezweifle überhaupt, daß dort, wo sich Dialekte vorfinden, Germanisirungen stattgefunden haben. Wenn man daher der Gegend von Saaz nachrühmt, in Böhmen das reinste Deutsch zu sprechen, so bringt mich dies auf die Vermuthung, daß gerade hier ein langsamer Uebergang (ein eigentliches Germanisiren) stattgefunden habe.

Das Erzgebirge, welches nur auf wenigen Punkten als den wahrscheinlich ältesten Vermittlern mit dem benachbarten Auslande böhmische Ortsnamen (Preßnitz, Großlitz) nachweis't, scheint seine ersten deutschen Ansiedlungen aus dem nächsten Auslande erhalten zu haben. Doch dürfte der Bergbau auch von weit her Ansiedler gebracht haben.

Bei Kaaden, wo die frohe Lust an öffentlichen Fastnachtsergötzungen noch vor Jahren die ganze Bevölkerung beherrschte und Gesänge, wie „Adam hatte sieben Söhne ꝛc." aus dem Munde der Jugend erklingen, wird man unwillkührlich an die Rheingegenden erinnert. Von dort mag Przemisl Ottokar für diese Gegend, in der im 14. Jahrh. keine Spur von slawischer Sprache mehr zu finden ist, seine Ansiedler geholt haben.

Die Gegend um Leitmeritz scheint erst in Folge der durch den 30jährigen Krieg veranlaßten Entvölkerung zu seiner deutschen Bevölkerung gekommen zu sein. Die Gegend von Falkenau und Elbogen dürfte erst nach dem Jahre 973 deutsch geworden sein. Es kam damals diese Gegend einige Zeit auch ganz von Böhmen weg.

Eine der jüngsten Ansiedlungen von Deutschen erfolgte in der Gegend von Buchau und Ludiz. Hier war zum Anfange des 17. Jahrh. noch alles slawisch. Die Grundbücher und Matrikeln begannen erst zwischen 1652 und 1686 in deutscher Sprache geführt zu werden. Der 30jährige Krieg, der hier seine Hauptstrasse nach Böhmen gefunden hatte, dürfte die slawische Bevölkerung so aufgezehrt haben, daß die Grundherrn veranlaßt wurden, deutsche Ansiedler in Masse heran zu ziehen.

Schon das bisher Angedeutete soll erkennen lassen, wie viel Stoff dem Sprachforscher in Böhmen noch bereit liegt, mit dem er auch dem Geschichtsforscher zur Leuchte werden kann. Um festen Boden zu gewinnen, muß letzterer indeß mit sich im Reinen sein, ob er die deutschen Bewohner Böhmens für germanisirte Slawen oder für in Masse eingewanderte Deutsche annehme, die ihre heimathlichen Besitzthümer mitbrachten und bis auf die Gegenwart bewahrten. Bei letzterer Annahme wird er uns sagen, woher die deutschen Bewohner der einzelnen Gegenden Böhmens kamen, um sodann gemeinschaftlich die Zeit, wo dies geschehen sein dürfte, zu ermitteln.

Wir kommen nun auf die Egerländer insbesondere zu sprechen. Daß ich auch bei ihnen kein Germanisiren aus slawischer Abstammung annehme, wird man schon aus Obigem erkennen.

Daß einst Slawen im Egerlande saßen, unterliegt keinem Zweifel. Dafür sprechen schon viele slawische Ortsnamen. Da diese Orte aber durchgehends an der Eger und Wondreb liegen, so entnimmt man aus ihnen zugleich die Richtung, welche der älteste Weg aus Böhmen nach Deutschland nahm. Diese slawische Ansiedlung geschah jedenfalls gleich bei dem ersten Andrange der Slawen im 6. oder 7. Jahrh., wo sie bis gegen Nürnberg gelangten und die bekannte Regio Slavorum bildeten. Von einem eigentlichen böhmischen Reiche war damals noch keine Rede. Das bloße Ueberfluthen von Völkerwogen hat noch keine Form. Die Slawen unserer Gegend dürften unter Kaiser Ludwig christianisirt worden sein. Unter den 14 böhmischen Großen, die sich 845 zu Regensburg taufen ließen, waren sicher auch einige aus der hiesigen Gegend. Es kam deshalb das Egerland zur Regensburger Diöces. Als aber im Jahre 973 das Prager Bisthum errichtet wurde, blieb Eger bei Regensburg, wohl ganz einfach nur deßhalb, weil es damals nicht zu Böhmen gehörte. Die Annahme, daß

das Regensburger Bisthum, als es Böhmen an die Prager
Diöces abtrat, das Egerland als Entschädigung behalten
habe, ist etwas unbegreiflich. Nehme man lieber an, daß
das Egerland nie zu Böhmen gehörte, sondern damals, als
sich Böhmen zu einem slawischen Gesammtstaat zusammen=
schloß, bereits zu Deutschland gezogen war. Man
denke nur, daß schon Carl der Große, als er seine Heere
über Kamben hinaus nach Böhmen vordringen ließ, die Eger
zum Ausgang und Halt seiner Bewegung benützte. Er er=
kannte daher, daß hier, sowohl für den Angriff, wie für die
Vertheidigung, ein wichtiger strategischer Punkt sei. Für
diese strategische Wichtigkeit des Egerlandes spricht auch die
ganze spätere Geschichte. Daß die Slawen Böhmens nicht
nach dem Schicksale ihrer Brüder in Sachsen, Preußen 2c.
verfielen, verdankten sie allein der zeitigen Annahme des
Christenthums, wodurch dem Kampfe nach dem Geiste der
Zeit der Hauptsporn zur gänzlichen Bewältigung und Aus=
rottung genommen ward. Doch haben selbst nach Carls
Tod die Kämpfe mit den Slawen Böhmens nie aufgehört.
Wir wohnt daher die feste Ueberzeugung inne: War ein=
mal die strategische Wichtigkeit des Egerlandes im deutschen
Reiche erkannt und zugleich die Einsicht gewonnen, daß man
die bis gen Nürnberg zerstreut liegenden slawischen Trüm=
mer von dem immer mehr zu einem Reiche erstarkenden
Böhmen trennen und so den Einfluß des letzteren auf jene
ganz brechen müsse, so lag der Gedanke ganz nahe, auf
diesen Punkt eine ausgiebige Colonie kräftiger Deutschen zu
werfen. Es war daher gewiß ebenfalls einer der thatkräfti=
gen und einsichtsvollen Carolinger, der solches unternahm.
Das Werk selbst ward allerdings dadurch erleichtert, weil
an diesem Grenzpunkte in Folge der ewigen Kämpfe die
slawische Bevölkerung bedeutend geschwächt und gelichtet wor=
den war.

Wer hat nun diesen Gedanken ausgeführt? Mit wel=
chem deutschen Volksstamme wurde er ausgeführt? Auch die

Frage: Welcher Volksstamm stand zu jener Zeit zur freien Verfügung? gehört hieher.

Sehen wir uns früher die Egerländer selbst an.

Man betrachte — bei Männern, wie bei Weibern — ihre hohen und kräftigen Gestalten, die am Fuße des Kulmerberges, wo sie gerade ihrem Berufe am nächsten standen, am auffallendsten hervortreten. Sind das germanisirte Slawen? Man betrachte ihre langen Gesichter und ihre ganze Kopfbildung. Kann man hier einen slawischen Typus heraus finden? Nur die Klasse der Dienstboten, mit der die Bauern ohnehin nie eine eheliche Verbindung eingehen, zeigt kleine stämmige Gestalten und abweichende Gesichtsformen.

Man betrachte die Gehöfte des Egerländers: groß, ausgedehnt, bequem, zu denen große und zusammenhängende Fluren gehören. Haben sich die nach slawischen Vorbildern geformt?

Von ihrem Rindviehe rühmt man, das ausgezeichnetste in Böhmen zu sein. Es ist aber auch noch jetzt der Stolz und der Reichthum des Egerländers. Mancher Hof hat 20 Ochsen und 25 Kühe. Die Liebe für dieses Thier hat er gewiß aus einem anderen Lande mitgebracht. Den eigenthümlichen Schlag selbst hat er aber auch nicht hier gefunden.

Man beobachte des Egerländers Sitten und Gebräuche, horche seinen Sagen und forsche seinem Aberglauben nach, nicht der geringste slawische Obenzug. — Woher wohl seine eigenthümliche Kleidung stammen mag?

Der Freiheitssinn dieses Völkchens ließ im Egerland keine Leibeigenschaft aufkommen. Auch das Bürgerthum, wie es zu Kraft erwuchs, hielt später jede aristokratische Obermacht kräftig von sich.

Wir kommen demnächst zur Sprache dieses Ländchens. Kein Ausdruck des gewöhnlichen Lebens in Speise, Kleidung, Haus- und Feldwirthschaft ꝛc. zeigt ein slawisches Wort. Die Kuchtl heißt er Hefenknödl. Für die Powibl hat er kein Wort. Daß er die Scheuer Stobl (böhm. Stobola) nennt, dürfte vielleicht andeuten, daß er in seiner ursprünglichen Heimath keine Scheuer kannte, wenn nicht „Stobola" überhaupt erst aus dem deutschen „Stadel" oder „Stattl", „Stall" gebildet ist. Die Erbsen, die Lieblingsspeise des Czechen, verschmäht hier im Egerlande selbst der Dienstbote.

Egerländern, welche in der Ferne, z. B. in Prag in ein ächtes egerländisches Gekose gekommen waren, wurde die Frage gestellt, ob sie englisch reden. Auch versichern Egerländer, welche englisch lernten, durch ihre Muttersprache gar sehr in der Aussprache des Englischen erleichtert worden zu sein. Sie wollen auch im Englischen viele Worte, die sie als Egerländer kannten, wieder gefunden haben. Obwohl beide Sprachen dieselbe Wurzel haben, so bleibt die Erscheinung doch beachtenswerth, daß bei beiden dieselben Worte lebend blieben.

Im Ganzen soll damit angedeutet werden, daß wir im Norden Deutschlands die Heimath des Egerländers suchen. Dorther war gewiß der erste Deutsche, der als Colonist böhmischen Boden zur Heimath machte.

Betrachten wir ferner den Charakter des Egerländers. — Von einem Süd- oder gar Rheindeutschen ist keine Spur in seinem Blute. Er ist ernst, schwerfällig, breit und langsam. Unter sich selbst bespötteln sich die Egerländer oft, daß „sie gerade an wären." Die Phantasie spielt bei ihnen keine große Rolle, woher ihr Mangel an Volksliedern und Dichtern. Man kennt nur 4- oder 6zeilige Stanzzen, die, in der Regel ohne Geist und Gemüth, nur dazu dienen, dem Gesange, den sie lieben, als Folie zu dienen! Mit einem solchen Naturell sieht und scheut man keine Gefahr. Sollten die Ahnen dieser Menschen nicht in Kämpfen mit dem Meere und später mit den Slawen herangebildet worden sein? Der Egerländer — derb, gerade aus, ein Feind des slawischen Wesens, ungenießbar für Jeden, dem er noch kein Vertrauen geschenkt hat, Feind dem Schleicher, Heuchler und Formenmenschen — läßt noch heute erkennen, daß er das Gebilde seines geschichtlichen Berufes sei.

In mir hat sich die Ueberzeugung gebildet, daß der Egerländer ein Abkömmling der Friesen sei. Bekannt ist, daß gegen das Ende des 9. Jahrhunderts die Friesen sehr durch die Ueberfälle der Normanen ins Gedränge kamen. Dies hat jedenfalls Auswanderungen und Uebersiedlungen in andere deutsche Gegenden im Gefolge gehabt. Auch der Mann, der den oben besprochenen Plan mit dem Egerlande faßte, fand an ihnen ein sehr brauchbares und zugleich für den Augenblick verfügbares Materiale. Ihm konnte nur mit einem felsenfesten unzerreißbaren Stoffe gedient sein. Menzel in seiner Geschichte der Deutschen läßt zu jener Zeit und aus obiger Veranlassung Friesen in die Schweiz gelangen und glaubt, daß das Thal Hazli von der friesischen Burg Haslau den Namen erhielt. Nun besitzen wir aber 2½ Stunden nördlich von Eger ein Pfarrdorf mit 193 Häusern, 1657 Einwohnern und einer Kirche zur heil. Kreuzerhöhung, welches „Haslau" heißt. Daß die friesischen Einwanderer in dieser Richtung ins Egerland kamen, ist natürlich. Ob noch andere Orte des Egerlandes z. B. Liebenstein, Wildstein ꝛc. Namensschwestern in Friesland haben, ist unbekannt. Das Ascher Gebiet mit seiner rein „fränkischen" Bevölkerung wurde jedenfalls erst später angesiedelt. Daß aber „Asch" selbst früher als „Wunsiedel" bestand, dürfte daraus hervorgehen, daß es, wie das slawische „Redwitz" zu dem „Egerer" und nicht zu dem „Wunsiedler" Vikariat (Dekanat) gehörte. Woher wohl der Name des Flusses und der Stadt Eger stammt? Der Fluß Agara wird bereits im Jahre 805 genannt. Ist der Name slawisch oder vorslawisch? Der Czeche hat für Fluß (Ohra, Ogra) und Stadt (Cheb, Chub) abweichende Namen.

Der Annahme, daß das Egerland durch Friesen kolonisirt wurde, widerspricht auch kein geschichtliches Faktum. Daß zu Ende des 9. und zu Anfang des 10. Jahrhunderts im Egerlande noch Slawen saßen, wird nirgends erwähnt. Da 973 das Egerland nicht mit zur Prager Diöcese geschlagen wurde, so kann nicht allein angenommen werden, daß es damals nicht mehr zu Böhmen gehörte, sondern daß es auch bereits von Deutschen bewohnt war. Die Friesen brachten das Christenthum mit, welches auch schon unter der slawischen Bevölkerung bestanden hatte. —

Mit dem Obigen will ich nur die Aufmerksamkeit auf ein Ländchen lenken, dessen Bewohner der hohen und schönen Aufgabe, das Deutschthum in der unmittelbarsten Nähe Slawiens zu gründen und zu erhalten, selbst unter der späteren böhmischen Oberherrlichkeit mit Kraft und Erfolg entsprochen haben. Möge auch in Zukunft jeder Versuch einer die *** derselben schwächenden Amalgamirung an diesem *** Granit abprallen.

Eger, im Mai 1860.

Nikolaus von Urbanstadt,
k. k. Finanz-Bezirks-Commissär.

V.

Die Zerstörung
der Stadt Creußen im Jahre 1688.

Mitgetheilt
von
Pfarrer Meiner in Schnabelwaid.

Welche Leiden das Jahr 1633 über die Stadt Creußen und ihre ganze Umgegend gebracht hat, geht aus einem, so viel dem Verfasser bekannt, noch ungedruckten Berichte des Bürgermeisters Simon Göring hervor, welcher denselben am 12. Juli 1648 in das Stadtbuch von Creußen aufgenommen hat, wie er selbst sagt, „der posterität zur Nachrichtung, auch seiner darbei im Besten nach seinem sel. Todt zu gedenken." Göring nennt sich „der Zeit ambthierenden Bürgermeister und Frl. Brl. Umgeldter", und aus dem ganzen Berichte geht hervor, daß er ein guter Patriot gewesen sein, und die Unglückstage seiner Vaterstadt entweder selbst mit durchlebt, oder wenigstens von Augenzeugen seine Nachrichten erhalten haben muß.

Schon etliche Jahre vor 1633 hatten wiederholt feindliche Einfälle von der Pfalz herüber Statt gefunden, was sich leicht erklären läßt, da die Grenze ganz nahe ist. Im Jahre 1632 hatte der Marchese de Gran das ganze Land und Fürstenthum, unter Anderem auch die Stadt Creußen totaliter ruiniren und ausplündern lassen. Es sollte noch ärger kommen. Wohl mochte die arme Stadt eine Ahnung von ihrem kommenden Geschicke haben, und machte deßhalb den Versuch es abzuwenden. Sie begab sich in Verbindung mit den umliegenden Ortschaften in den Schutz eines churbayerischen Beamten, des damaligen Landrichters Eytel Hannß von Truchsäs zu Auerbach. Dies geschah im Anfange des Jahres 1633, da „man das arme Marggraffthumb allenthalben Preiß gehabt, und mit Kriegsmacht zum Höchsten beschweret." Da wurde, wie Göring berichtet, das „arme und unschuldige Städtlein Creußen mit einer unerschwinglichen Contribution, als 60 fl. jede Woche zu geben, über alles Vermögen zum Höchsten belegt, welches man, so lange man gekonnt, continuiret."

Der Schutz des Landrichters zu Auerbach schien ein vielversprechender zu sein. Er stellte der Stadt Creußen und 27 umliegenden Ortschaften und 9 Mühlen, welche alle besonders benannt sind, einen „salva quardia Brief" aus, in welchem v. Truchsäs als der „churfürstl. Durchlauchtigkeit in Bayern Landrichter und subbelegirter Kriegscommissarius" beurkundet, daß Creußen sammt den angegebenen Ortschaften sich unter bayerischen Schutz und Schirm begeben, und „deretwegen wochentlich zu der Croaten und Soldaten Unter-„halt ein Genanntes gen Auerbach contribuiren. Solchem „nach werden alle und jede Röm. Kayserl. Maj. und Chur-„fürstl. Durchl. in Bayern hoch und niedern Officiere zu „Roß und Fuß, freund- und dienstlich ersucht, obbeschriebene „Stadt, sambt ihren Oertern fernest nit mehr feindlich an-„zugehen, an keinem Ort irgendwaß feindliches mehr ten-

---

Anmerk. Das Original dieses Briefes wurde bei der Wegschaffung der landgerichtlichen Akten von Schnabelwaid nach Pegnitz unter alten Papieren aufgefunden, und befindet sich gegenwärtig im Besitze des Herrn Bürgermeisters und Kaufmanns Künneth zu Creußen. — Es ist Schade, daß die alten Papiere, welche bei der Verlegung des Landgerichtssitzes von Schnabelwaid nach Pegnitz veräußert wurden, nicht einer sorgfältigeren Durchsicht gewürdigt worden sind.

„tiren, keinen aus deren Mitte beleidigen, noch deren Orten
„keinem eine fourage zu holen oder abzunehmen, sondern
„sich gegen einen und andern Ortt anderst nit als wie freund=
„lich erzeigen, zu dem Ende" — sagt der Landrichter am
Schlusse dieses am 13. Februar 1633 ausgestellten Briefes —
„und mehrer Berechtigung ich diesem salva guardia Brief
„mein adelich angeboren größerst Siegel fürtrucken lassen,
„und mich eigenhändig unterschreibe."

Im Besitze einer solchen Urkunde mochte sich die Herr=
gerschaft sicher wähnen. Aber was kümmerte sich der wilde
Johann de Werth um solche Schutzbriefe? In Creußen
lag der damalige Rittmeister Rosa „kraft gehabten Befehls
mit seiner unterhabenden Compagnia", in der Absicht, die
Stadt zu vertheidigen.*) Es muß ein tapferes Häuflein
gewesen sein, welches die Vertheidigung übernommen hatte.
Ob die Bürger selbst mit bewaffneter Hand ihre Mauern
vertheidigen halfen, ist aus dem Berichte nicht zu erkennen.
Genug — als die churbayerschen Völker unter dem Com=
mando des berühmten Johann de Werth, 5—6000 Mann
stark, und mit etlichen Feldschlangen versehen, welche am
Kappelberge aufgepflanzt wurden, die Stadt berannten, fan=
den sie heftigen Widerstand. Zweimal wurde der Angriff
abgeschlagen, und zwar mit Verlierung vieler Völker, welche
die Churbayern „fuderweise" wegführten. Sollte man es
glauben, daß de Werth, dessen kühne Unternehmungen be=
kannt sind, vor dem Städtlein Creußen so kräftigen Wider=
stand fand? Aber die Bayern wußten sich zu helfen. Als
sie „gegen Anzündung der äußeren Vorstadt, welche gepflückt

---

*) Anmerk. Der alte Pfarrer Roßner zu Schnabelwaid erwähnt
im Kirchenbuche v. J. 1667, daß am 16. Martii 1633 ein Tref=
fen zwischen Hrn. Rosa, französisch. Kriegsofficier und einigen
Kaiserl. Truppen, welche in der Pfalz gelegen, und Gottsfeld zu
plündern sind ausgegangen, bei Craimoos statt gefunden habe,
wobei die Kaiserlichen „ziemlich geputzt" worden. Vielleicht ist
dieses Treffen bei dem Rückzuge des Rittmeisters Rosa aus
Creußen geschehen.

werden mußte, männlich abgetrieben worden", sprengten sie falsche Kundschaft aus, als sollten etliche halbe Karthaunen zu Auerbach auf dem Markte stehen, womit Creußen angegossen werden sollte. Es waren aber, wie Göring bemerkt, nur Brunnenröhren. Wie es nun kam, daß der Rittmeister Rosa sich durch diese Nachricht so in Furcht setzen lassen konnte, daß er „mit seiner Soldatesca in Mitternacht ganz stillschweigend durchgegangen und zu Bayreuth Freitags sich am Tage angelanget" sei, läßt sich nicht wohl erkennen. Ohne Zweifel war der Besatzung die feindliche Uebermacht zu groß. Es war der 15. März 1633, als Rosa zu Bayreuth ankam. Mit dieser Angabe Görings läßt sich die oben in der Anmerkung mitgetheilte Nachricht des Pfarrers Roßner, daß das Treffen bei Crainoos, 1/4 Stunde von Schnabelwaid, am 16 März stattgefunden habe, nicht wohl vereinigen. Roßner bemerkt aber ausdrücklich, daß Rosa zu Creußen in Besatzung gelegen, und die Verbrennung der Stadt nach dem Abzuge des Rittmeisters Statt gefunden habe. Es läßt sich wohl auch annehmen, daß Rosa der bedrohten Hauptstadt zu Hilfe kommen wollte. Denn Göring berichtet, daß Johann de Werth an demselben Tage Abends zu Bayreuth sein sollte, weil er aber Kundschaft erlangte, daß Rosa zu Bayreuth und nicht mehr zu Creußen wäre, hat er sich alsbald gewendet, und ist in Mitternacht zu Creußen angekommen, d. h. vor der Stadt. Die vornehmsten Einwohner hatten bereits die Stadt verlassen, nur etliche wenige arme Bürger, „so geringer importanz gewesen", wurden noch angetroffen, als der Trompeter vor dem Thore erschien, die „Accordirung" zwischen Johann de Werth und dem Bürgermeister einzuleiten. Die Bürger wollten sich auf die Kapitulation einlassen; es mochte aber bereits ein panischer Schrecken sich der noch vorhandenen Einwohner bemächtigt haben. Denn sie verliefen sich während der Unterhandlung zum Thore hinaus, wobei „die Statt ganz angelweit offen stehend hinterlassen worden, welches der Feind wahrgenommen, und sich mit heller Haufen in die Stadt begaben, allda den Tag über alles vorher, und plünderten, raubten und stahlen. Den pfälzischen Bauern ist mit allen Glocken ein Zeichen gegeben worden, daß sie kommen und den Raub wegführen sollten. Hierauf wurde einem jeden Soldaten bei Strafe des Hängens befohlen sein Quartier anzuzünden, welches also geschah. Es war der 16. März. „Gott im Himmel sei es geklagt", sagt der alte Göring, „das ganze wohl erbaute Städtlein Creußen ist „dermaßen so jämmerlich und erbärmlich eingeäschert wor- „den und in Brand gerathen, daß nicht allein in der ganzen „Stadt nicht ein einzig Hauß, ja zum Theuersten nicht ein „Schweinstall stehent geblieben, da dann neben alle bürger= „liche Wohnhäuser, zugleich das alte Frl. Schloß, der schöne „Kirchthurm mit einer welschen Haube und Schiefer gedeckt, „neben da drei schöne Glocken von etlich hundert Gulden „werth, alle andern Statthürme, deren an der Zal sechs; „Item dem Pfarr=, zweiten Caplan=, drei Schulen und Kirch= „ners=, wie auch Rath=, Bad= und dem Bräuhaus, des= „gleichen drei Stattthore, zwei Thürlein als das Kirch= und „Mühlthürlein, neben dem Pfarrthor, wie nichts weniger „die innere und äußere Vorstatt sammt allen Städeln, Stal= „lungen, Bischgruben, Werkhäusern, ruinirung der Statt= „mauer, Verbrennung der Stacketen, Palisaten, Schlagbäume „und aller Gartenzäune, bis auf's Häuflein in der Vor= „statt ganz und gar zu grundt gericht und dergestalt abge= „brannt wurden, daß in allen Zimmern nicht wohl einmal „können eingeheizet werden, und mit schwerer Noth blos die „liebe Pfarrkirche und Capelle neben dem Siechhaus errettet „und durch sonderbare Gnad Gottes noch behütet worden, „und wo solches nicht beschehen, wäre zu besorgen, daß es „ganz um Creußen folgends dörffte geschehen sein, sintemal „man beede Kirchen nimmermehr also zu bauen vermöcht, „gestalt auf die andern Gaben und wieder erbauten schöne „Kirchthurm und Geläut alles bei dem Gotteshaus aufge= „zehrt und verwendet worden."

Johann de Werth hatte eine Rache genommen, wie

sie seinem Charakter entsprach und in der damaligen Zeit
leider nicht ungewöhnlich war. Der alte Berichterstatter
erzählt noch besonders, wie die „gottvergessenen verteuffelten
„Krieger auf dem Cappelberge, bis alle Häuser und Gebäu
„umgangen, gehalten, die Trompeten geblasen, gesungen und
„gesprungen, sich ob dem äußersten und nimmermehr in
„ewigen Zeiten uneinbringlichen Schaden gefreut, und ob=
„wohl hernacher Niemand außer etlichen wenigen armen
„Leut sich mehr alhier aufhalten können, haben die es ver=
„mocht, mit der Flucht nach Bayreuth und Culmbach sal=
„viret und daselbst bis zur Ernt 1634, ja theils 1635 in
„schwerer Zehrung aufgehalten, andere arme Bürger und
„Inwohner aber, so sich wegen großer Hungersnoth hin und
„wieder in alle Landt zerstreihet, und der meiste Theil, was
„zwar vom Feind nicht niedergemacht worden, vollends ganz
„elendiglich gestorben, die im Land noch gebliebenen Bürger
„hernacher in dem Bayreuther 1634 eingefallenen Sterb,
„welcher zugleich mit nach Creußen gebracht worden, sind bis
„auf noch zehn, so wieder angefangen zu bauen, von allen
„alten Bürgern im Leben vorhanden. So lang Gott will,
„da dann ein solcher elend Zustandt in Creußen gewesen,
„das es einen Stein erbarmen sollte, sintemal nicht allein
„fast alle Brandstätten eingefallen, die Hausthüren und
„Statttore, desgleichen die Straß, Gäß und Pflaster der=
„massen mit Gras, Wermuth und dergl. Unkraut verwachsen
„gewest, das man schwerlich mehr dieses oder anders erkennen
„können, und ist unter allen bis fast das erbärmlichst ge=
„west, das, wenn man den Gottesdienst besuchen sollen,
„der Kirchner erstlich mit einem kleinen Glöcklein, wie irgend
„die Stummen mögen gebrauchen, herumgangen, die Stadt
„und Vorstatt ausgeläutet, sodann das andermal wider also
„gethan. Da es aber Kirchengehens Zeit gewesen, mit der=
„gleichen zweien Glöcklein, so zusammen geläutet, über wel=
„ches Elendt mancher ehrlichen Manns= und Weibsperson
„nicht ohne sonderbare höchst empfindliche Schmerzen die
„Augen übergangen und solch Elendt beweinen müssen, über

„das alles die Thur-Gaßen mit Kalk, Muschel, Fries gemacht, „haben wir noch gleichwohl, da wir anderst nicht gewollt, „das man alle arme Bürger vollends gar nieder gemacht, „dem ganz unbarmherzigen Eitel Hanns Truchsäß von „Höftingen wöchentlich ohne alle Gnade noch contribuiren „müssen."

Göring schließt diesen Bericht mit dem frommen gnädig erfüllten Wunsch: „Gott behüte uns vor dergleichen Tyrannei führohin ganz gnädig und väterlich, und bescheere uns und unsern Nachkommen alles wieder reichlich, und das wir solchen Brandschaden, Ausplünderung und Tribulation mit Geduld überwinden mögen, um Jesu Christi und um seines heiligen Namens Ehre willen. Amen. Herr Jesu Christe. Amen. Amen."

Von dem Schicksale, welches in jener schrecklichen Zeit die umliegenden Ortschaften getroffen hat, wird in dem Berichte Görings Nichts weiter erwähnt, und der Verfasser hätte keine Nachrichten darüber, wenn sich nicht im ältesten Kirchenbuche der Pfarrei Schnabelwaid die Notiz eingetragen fände, daß die „Keyserlichen Truppen, welche bei Craimoos eine Schlappe erhalten hatten, aus Rache nicht allein Creußen, Gottsfeld, Haidhoff, sondern auch Schnabelwaid in einer Stundt mit Feuer angesteckt, welches ein Bürger zu Schnabelwaid, Hanß Pöhmer, aus Rothzwang hat müssen helfen anstecken, durch welchen Brand auch die basige Kirche ist in Rauch aufgangen, indem die Fleischbänke von dem angelegenen Wirthsstadel sind angangen, durch die auf solchen Bänken liegende Blasbälge der Orgel alsobald von innen die Kirche angefeuert und sodann eingeäschert worden."

Ob diese Verwüstung mit durch die Truppen, welche v. Werth commandirte, veranlaßt wurde, oder ob andere Soldaten gleichzeitig über die Grenze kamen, um einen Raubzug auszuführen, läßt sich nicht weiter ermitteln. Aber das steht fest, daß die Verbrennung der Stadt Creußen und der anderen Ortschaften an einem und demselben Tage, nämlich am 16. März 1633 erfolgt ist.

VI.

Der abgeschlagene Sturm der Böhmen auf die Stadt Wunsiedel im Jahre 1462.

Von

W. Stadelmann,

Pfarrer in Marktleuthen.

Zweimal standen die Böhmen vor Wunsiedel und suchten dieses Städtlein mit Sturm einzunehmen und jedes Mal wurden sie von der tapfern Bürgerschaft mit großem Verluste zurückgeschlagen.

Das erste Mal rückten sie vor Wunsiedel im Jahre 1430. Das treulose Verfahren gegen Johannes Huß hatte sie auf das Höchste empört. Es entstand ein Krieg, der reicher war an Greueln der Wuth und der unmenschlichsten Barbarei als alle vorhergehende. Die Böhmen, als Hußens Anhänger Hußen oder Hußiten genannt, gingen wie Verzweifelnde in den Kampf und schlugen in allen Treffen die gegen sie ausgesandten Heere. Ihre Kriegszüge arteten nach und nach in Raubzüge aus und schauderhaft waren die Verheerungen, die sie in den angrenzenden Ländern anrichteten. Im Jahre 1430 fielen sie von Plauen hervorkommend, auch in das markgräfliche Land ein. Furcht und Schrecken ging vor diesen wilden, zuchtlosen Horden her. Niemand wagte, ihnen Widerstand zu leisten. Raub, Mord und Brand bezeichneten den Weg, den sie nahmen. Nichts verschonte ihre grenzenlose Wuth. Alle Orte, wohin sie kamen, wurden geplündert und ausgebrannt, die heiligen Kirchen-Gefäße entweiht, Altäre und Orgeln zertrümmert, die Frauenspersonen entehrt und die Mannspersonen auf eine empörende Weise mißhandelt und viele erschlagen. Hof wurde am 25. Januar, Bayreuth Montags vor Lichtmeßen (Hellers Chronik z. J. 1430) und Culmbach am Dienstage vor Lichtmeßen (Landbuch v. J. 1531) geplündert und in Schutt und Asche verwandelt. Die Hußiten streiften verwüstend bis in den Aichgrund und zum Theil noch weiter hinab. Auf der Rückkehr kam eine Abtheilung derselben auch vor Wunsiedel. Aber hier fanden sie einen nicht erwarteten, kräftigen und erfolgreichen Widerstand. (Pertschii Orig. Voitland. I., 78 seq.) Die Bürgerschaft „der Stadt mit den marmorsteinernen Mauern und Thoren" war entschloßen, sich bis zum letzten Blutstropfen zu vertheidigen. Sie schlug auch wirklich alle Angriffe ab und zwang die Feinde zum Abzug. Dieß ist aus Renschets Brandenburgischem Stammbaume zu ersehen, wo es heißt:

„die Hußiten haben das ganze Land ober-
„burgs, ausgenommen Wohnsiedel, jämmer-
„lich verheert."

Dasselbe meldet Johann Albenberger in seinem Feuerspiegel I., 125:

„Anno 1431 den 25. Januar haben die Hußiten
„Plauen in die Asche gelegt; hierauf Culmbach, Bay-
„reuth, Hof und fast alle Städte und Flecken im
„Vogtlande verheert, Wunsiedel allein ausge-
„nommen, so den Feind vom Sturme abgetrieben."

Nur irrt er sich in so fern, das er das Jahr 1431 angibt, während es das Jahr 1430 war. Dieses wird von Crenzheim (Brandenburgische Chronik M. S.) und von Zacharias Theobald (Beschreibung des Hußitenkriegs Kap. 70) ausdrücklich als das Jahr des Einfalls der Hußiten in Franken bezeichnet. Hellers Chronik der Stadt

Bayreuth und das Landbuch des Amtes Culmbach geben ebenfalls das Jahr 1430 an.

Zu bedauern ist, daß nähere Berichte über den abgeschlagenen Angriff fehlen.*)

Zum zweiten Mal standen die Böhmen vor Wunsiedel als Verbündete des Herzogs Ludwig von Bayern-Landshut im Jahre 1462, also 32 Jahre nach der daselbst erlittenen Niederlage. Seit die Burggrafen von Nürnberg die Mark Brandenburg und die Churwürde erworben hatten, waren die Herzoge von Bayern mit einem tiefen Groll gegen dieselben erfüllt. Mit neidischen Augen sahen sie auf ihre wachsende Macht, die ihnen ein Dorn im Auge war. Ihre feindlichen Gesinnungen gegen sie konnten sie gar nicht verbergen. Daß die Kriege nicht ausbleiben konnten und nicht ausblieben, war ganz natürlich. Es wurde zwar bald immer wieder Friede geschlossen, aber auch immer bald wieder das Schwert aufs Neue gezogen. So kam es auch im Jahre 1460 zum Krieg zwischen dem Markgrafen Albrecht, genannt Achilles, und dem Herzog Ludwig von Bayern-Landshut, welcher der Bruder der schönen Else von Bayern, Albrechts Mutter und nur wenige Jahre älter war als dieser. Jeder Theil suchte sich Verbündete zu verschaffen. Zu denen des Herzogs Ludwig gehörten die Böhmen. Als er in das Gedräng kam, rief er sie zu Hülfe. Dieser Ruf war ihnen höchst erwünscht, sie säumten nicht, ihm Folge zu leisten und fielen im Jahre 1462 in des Markgrafen Land ein. Diese Verbündeten des Herzogs Ludwig waren durch Blut und Schlachten noch wilder und entmenschlichter als ihre Landsleute vor 32 Jahren. Es waren wahre Räuber- und Mordbrenner-Banden. Wohin sie ihren Fuß setzten, erfolgte gänzliche Vernichtung aller

---

*) Zwar erzählt Ruckbeschel in der Gesch. der Stadt Wunsiedel S. 75: „Die Wunsiedler zogen in der Nacht um den Catharinaberg herum bis auf dessen südliche Seite, dann griffen sie die Feinde von hinten an und siegten," allein die Quelle gibt er nicht an und so ist auf seine Erzählung nichts zu bauen. Möglich, daß sie sich auf eine Sage gründet.

beweglichen Habe und gründliche Zerstörung aller unbeweglichen. Ganze Dörfer verschwanden schnell von dem Erdboden. Die Einwohner wurden auf eine nicht zu beschreibende Weise gemißhandelt, kein Alter und kein Geschlecht verschont. Nachdem diese wilden und zuchtlosen Horden namentlich Weißenstadt geplündert und ausgebrannt und alle Greuel an den Einwohnern verübt hatten,*) rückten sie, nach glaubwürdigen Nachrichten 18,000 Mann stark, vor Wunsiedel und lagerten sich besonders am und auf dem Katharinenberge. Bei dem Anblick des Städtchens kochte Rache in ihrem Herzen, Rache wollten sie nehmen an demselben wegen der Niederlage, welche ihre Landsleute vor seinen Mauern vor 32 Jahren erlitten hatten, vom Grund aus sollte es zerstört werden. Allein es ging anders, als sie dachten und sie sich vorgenommen hatten. Dortmals war Jobst von Schirnding Amtmann in Wunsiedel und nach der Sitte jener Zeit, wo man noch keine stehenden Heere hatte, zugleich Befehlshaber der bewaffneten Mannschaft oder der Ratse der Stadt und des Amtes, ein Mann im wahren Sinn des Worts, ausgezeichnet durch Muth, Einsicht und Kriegs-Erfahrenheit. Er forderte zu einer standhaften, nachdrucksvollen Vertheidigung die Bürgerschaft und das Landvolk, was sich in die Stadt geflüchtet hatte, auf und fand williges Gehör. Alle waren entschlossen, nimmer zu weichen, sondern im Kampfe unerschütterlich auszuharren. Die schöne, vor 32 Jahren vollbrachte Waffenthat stand noch im frischen Andenken und ein Theil von denen, die sie mit vollbracht hatten, lebte noch.

Als eine Aufforderung zur Uebergabe an die Stadt ergangen, aber abschlägliche Antwort erfolgt war, lud der feind-

---

*) Perschii Orig. I., 86.

Brusch in seiner Beschreib. des Fichtelgeb. und Zeidler in Act. Bons. sagen, es wäre dieß am Georgen-Tage (24. April) geschehen u. noch an demselben Tage seien die Böhmen vor Wunsiedel erschienen. Allein das ist nicht richtig. Sie langten am Donnerstage vor der Stadt an. Es kann hier die erste Bestürmung im J. 1430 mit der zweiten verwechselt sein.

liche Anführer den Amtmann von Schirnding zu einer Unterredung zu sich. Die Zusammenkunft fand bei der Linde am Fuße des Katharinenberges statt. Der Böhme wandte gelinde und schmeichelhafte Worte an, ließ es wohl auch nicht an Versprechungen fehlen, seinen Gegner zur Uebergabe der Stadt zu bewegen. Allein Schirnding antwortete, wie man es von einem solchen Mann erwarten konnte, mit einem entschiedenen, kurzen Nein! und kehrte in die Stadt zurück. Was jetzt geschehen würde, konnte er sich leicht denken. Ohne Verzug und mit großer Einsicht traf er nun alle Anstalten zu einer kräftigen Vertheidigung. Alle Kampffähigen wurden mit Feuerwaffen, Armbrüsten, Wurfbeilen, Streitkolben, Schwertern und Spießen bewaffnet und zweckmäßig vertheilt und überhaupt solche Vorkehrungen getroffen, die einen glücklichen Ausgang erwarten ließen. Hinter festen Mauern stehend erwarteten ruhig die muthigen Vertheidiger die Angriffe der grimmigen Feinde. Diese ließen auch nicht lange auf sich warten.

Freitags vor Pfingsten früh 4 Uhr fingen die feindlichen Geschütze an, gegen die dem Untergang geweihte Stadt zu donnern und die Böhmen unternahmen mit fürchterlichem Geschrei und Wuth einen heftigen Sturm. Aber eben so kräftig und nachdrucksvoll war auch die Vertheidigung. Der heldenmüthige Schirnding eilte überall hin, wo seine Anwesenheit nothwendig war. Er ordnete an, sprach allen Muth ein, ermunterte zur Ausdauer und ging mit einem guten Beispiele voran. Seine Bemühungen waren auch nicht umsonst. Alle thaten ihre Schuldigkeit, denn ein jeder wußte, was zu erwarten sei, wenn die wilden Feinde siegen würden. So gewaltige Anstrengungen auch die Stürmenden machten, zu den Thoren zu gelangen oder sie zu sprengen und die Mauern zu erklimmen, so war das doch alles umsonst. Tod und Verderben wütheten in ihren Reihen, sie wurden blutig und mit großem Verluste zurückgeschlagen.

Nachdem sie sich etwas erholt hatten, die Gefallenen durch frische Mannschaften ersetzt und die Reihen geordnet

waren, machten sie einen zweiten wüthenden Angriff, aber
der heftige Widerstand zwang sie abermals, zurück.

Da stürmten sie zwischen 8 und 9 Uhr zum
Mal, aber alle die verwegenen Stürmenden wurden
geschleudert und benetzten die Fluren mit ihrem Blute.

Als der kriegserfahrne Schirnding die Unordnung der
Feinde bemerkte, machte er einen entschloßenen und
leiteten Ausfall und verbreitete Schrecken und Bestürzung
ter den entmuthigten Feinden, die fast an keine
mehr dachten, sondern in einer wilden und regellosen
ihr Heil suchten. Die Wunsiedler eilten ihnen
Fuße nach und erschlugen schonungslos alle,
konnten, wie wilde Bestien. Der Sieg war vollständig
kostete den Wunsiedlern 50 Mann, die auf dem
ben. Genug für das kleine Wunsiedel. Aber
stand in keinem Verhältniß zu dem, den die Böhmen
hatten. Die Fluren unterhalb der Stadt waren mit
und Schwerverwundeten ganz bedeckt*). Viele Waffen
erbeutet und in dem Zeughause aufbewahrt, wo die meisten
nach 200 Jahren noch zu sehen waren. In ein
ben die Namen der tapfern Streiter und vorzüglich
die den Heldentod gestorben waren, eingeschrieben,
Vergeßenheit zu entreißen und daßelbe in der Rath
kirche aufbewahrt. Zum Andenken dieses Siegs
lich am Freitage vor Pfingsten ein Fest gefeiert,
Lied gesungen wurde, das Hans Nürnberger
hatte und das mit den Worten beginnt:

"Wie wol es mir zu Herzen geht,
"Wie es in der Marggrafen Landen steht,
"Davon will ich euch singen 2c."**)

Wenn aber behauptet wird, Wunsiedel habe zur
nung seiner heldenmüthigen Vertheidigung den Drachen
als Helmzierde seines Wappens erhalten, so ist das

---

*) Es sollen über 2000 gewesen sein.
**) In Pertsch. Orig. I., 91. sq. ist das ganze Lied

Das wohlerhaltene Siegel einer noch vorhandenen Original=
urkunde vom „Donnerstag nach sanct Mathietag des heiligen
Zwölfboten" 1384, die Stiftung einer Messe in S. Veits=
und einer dergleichen in S. Katharinen=Kirche betr., zeigt den
Brackenkopf als Helmzierde und die deutliche Umschrift:
„Sigillum vniversitatis civium in Wunsidel."

Eben so unrichtig ist es, wenn behauptet wird, die Wun=
siedler hätten das Gelübde gethan, der heiligen Katharina
eine Kirche zu bauen, wenn sie ihnen zum Siege behülflich
wäre.

Die Katharinen=Kirche stand schon vor dem Jahre 1462.
Sie war bereits 1364 eine Kapelle und 1453 eine Kirche.
Das beweisen drei Urkunden von diesen Jahren, nach welchen
denen, die dieses Gotteshaus besuchen, Ablaß ertheilt wird.

Auch beweis't es die schon erwähnte Urkunde vom Jahre
1384, die Stiftung 2 Messen betr. Nur der Thurm mag in
Folge dieses Sieges erbaut worden sein. An der nördlichen
Seite ist ein Stein eingemauert mit der Inschrift:
„Anno domini 862*) jar vor dises Gebäu der Thurm an-
gesetzt."

Aber in diesem Jahre mag wahrscheinlich nur der Grund
gelegt, der Bau jedoch erst später vollendet worden sein. Dieß
geht aus dem Testament des Wenzel Schwandtner in
Göpfersgrün d. d. S. Thom. 1468 hervor. Unter den Ver=
mächtnißen kommt auch vor:

„Wer vnd so man vf dem perg ein Kirchthurn an=
„hebt zu pauen, so schick vnd schaff ich xxx Gul=
„den der heiligen Jungfrawen sanbt katherin zu dem
„paw daselbst."

Diese schöne Waffenthat im Jahre 1462 gereicht Wun=
siebel zu einem unvergänglichen Ruhm. Während andere
zehen= und zwanzigmal größere Städte allen Muth verloren
und gar nicht wagten, Widerstand zu leisten, sondern feig
und schmachvoll vor dem verwüstenden Feinde sich beugten,

---

*) b. i. 1462.

selbst das stolze und mächtige Nürnberg Gold für Eisen bot, hat das kleine Wunsiedel den Muth gehabt, zweimal den wilden böhmischen Horden, die man für unbezwinglich hielt, die Stirn zu bieten und ihnen erfolgreichen Widerstand zu leisten.

Längst ist die alte große Linde am Fuße des Katharinenberges, unter welchem der böhmische Feldherr mit dem ritterlichen Schirnding zusammen kam, verschwunden, verloren ist das Heldenbuch, welches die Namen der tapfern Streiter enthielt, welche die Stadt so muthig vertheidigten, selbst das schöne Gotteshaus, in dem das Heldenbuch aufbewahrt wurde, liegt in Trümmern, verschleudert sind die erbeuteten Waffen, und schon lange wird das Fest zur Erinnerung dieser muthvollen Vertheidigung dieser Stadt nicht mehr gefeiert; aber das Andenken an diese glorreiche Waffenthat ist jetzt nach 400 Jahren dennoch nicht erloschen und sie wird wie ein heller Stern in der Geschichte immer glänzen.

VII.

Ueber Wilhelm von Giech.

Vorgelesen in der Sitzung des histor. Vereins zu Bayreuth am 5. März 1856.

In einer Urkunde des Bischofs Otto I. von Bamberg vom 4. Mai 1125 wird ein **freier Mann Willihalm von Giech** genannt, durch dessen Hand*) der genannte Bischof ein Gut bei Rintbach, welches er von dem Abte Volmar zu Hirsau um 100 Talente gekauft hatte, dem Kloster Michelsberg zu Bamberg schenkt. Reg. Bav. IV. p. 733.

Der verstorbene Archivar Oesterreicher zu Bamberg sagt über diesen Wilhelm von Giech in seinen Denkwürdigkeiten der fränkischen Geschichte III. Stück S. 37 Folgendes: „Sicher war dieser nicht Eigenthümer der Burg Giech. Unter den Zeugen befindet sich ein Graf Reginboto, welchen wir sogleich nachher als Grafen von Giech ersehen werden. Jener Willihalm heißet zwar ein freier Mensch; allein hierunter ist nur ein Freigelassener zu verstehen. Das Wort homo oder Mensch, auch Mann, bedeutet Einen, welcher der Herrschaft eines Andern auf irgend eine Weise unterworfen ist. Das Wort: Mann wird im Besondern bei Lehenpflichtigen und Burgvertheidigern — Lehenmann, Burg-

---

*) Der Schenker übergab das Gut in die Hand eines Dritten, der ein Freier oder Edler war, und dieser vollzog sodann feierlich und rechtskräftig die Uebergabe des Guts in die Hand des Empfängers. Schmellers Wörterbuch III. 221.

mann — gebraucht. Es werden Leibeigene im Besondern unter jenem Ausdrucke verstanden. Hat der Herr sie von der Leibeigenschaft entbunden, so hießen sie dann freie Menschen, waren aber dennoch Dienstpflichtige.*)"

Gegen diesen Ausspruch Oesterreichers tritt Herr Pfarrer B. im Archiv für hessische Geschichte und Alterthumskunde. VIII. Band. 2. Heft. Darmstadt 1855. S. 267 mit den Worten auf: „Neben Graf Reginbobo von Giech oder Giechburg, 1109 bis 1137, erscheint 1125 ein Wilihalmus liber homo de Giche, welchen Oesterreicher für einen freigelassenen Dienstmann erklärt. Dies ist jedoch willkürlich; liberi homines heißen oft und viel die freien Herrn, die Dynasten, und gewiß nur durch die Hand eines Edelherrn machte Bischof Otto von Bamberg seine Schenkung an das St. Michaelskloster. Gewiß also wird es richtiger sein, wenn wir diesen Wilhelm für einen jüngeren Bruder des Reginbobo von Giech halten, welcher als der ältere den Grafentitel führte, der in jener Zeit mehr noch reine Amtsbezeichnung als bloße Ehrentitulatur war."

Ueber die letztere Ansicht erlauben wir uns Folgendes zu bemerken:

Herr B. bemerkt ganz richtig, daß mit dem Ausdruck liberi homines oft Dynasten bezeichnet werden, und dies bestätigen mehrere Urkunden aus unserer Gegend, z. B. Oesterreicher, Denkw. III. S. 88: a. 1143: liberi veri homines: comes Pertolfus, filius eius Pertolfus etc.", mit welchen Personen die beiden Grafen von Plassenberg verwandt sind. Ebendaselbst S. 90: Ex liberis: Rapoto etc. (von Abenberg) etc. a. 1149. — Liberae conditionis viri: Conradus comes de dachowe. Gerhardus c. de bertheim et Heinus frater eius etc. a. 1151. Auszüge der Urkunden aus der Chronik des Michelsberger Abtes Andreas von Schweinfurt (abgedr. im 16. Bericht über das Wirken des histor. Vereins zu Bamberg 1853) S. 36.

---

*) „Confer glossaria."

Doch geschieht dieß nicht immer, in der Regel nur dann, wenn die Dynasten ausdrücklich von den Ministerialen geschieden werden, wie es in den so eben angeführten Stellen der Fall ist. Wir finden dagegen in den Urkunden Mehrere mit dem Titel: liber homo bezeichnet, die keine Dynasten sind, wie Arnoldus quidam liber homo de Frienhasala n. 1436 (Michelsberger Chronik l. c. S. 17), Winezo quidam liber homo de Aschbacha. 1136. (eben daselbst S. 20.) Libor quidam dictus de Lapide wird ausdrücklich unter den Ministerialen genannt. v. Fürth: Die Ministerialen. Köln 1836. S. 114. Hier ist das beigesetzte Wörtchen: quidam zu bemerken, welches eine Person bezeichnet, die entweder gar nicht, oder wenigstens nicht allgemein bekannt ist. Auch unser Willihalmus de Giche ist mit diesem verhängnißvollen Wörtchen: quidam, welches Herr B. weggelassen hat, bezeichnet. Denn in der Urkunde v. J. 1125 heißt es wörtlich: Otto Babenbergensis ecclesiae octavus episcopus. — Nos predium apud Rintpach etc. ad altare s. Michaelis in monto bbgi. per manum cuiusdam willihalmi liberi hominis de Giche donavimus Oesterreichers Denkwürdigkeiten III. S. 83).

Daraus ist zu ersehen, daß der Ausdruck: liber homo nicht unbedingt einen Dynasten bezeichnet, sondern mit dem Beisatz: quidam wohl nur besagen soll, daß der also Genannte zu Demjenigen, welcher die Urkunde ausgestellt hat, in keinem Ministerialverhältnisse stand. Es mag dies in manchen Fällen eine bloße Höflichkeit sein; oft aber konnte dem Urkundenaussteller daran gelegen sein, dies ausdrücklich hervorzuheben, um jenen als frei und selbstständig handelnd darzustellen. Dagegen konnte der liber homo recht wohl eines Andern Dienstmann sein. Denn ein Ministerial konnte, soweit ihn seine specielle Verpflichtung gegen seinen Dienstherrn nicht hinderte, wie ein Freyer handeln und leben, er wurde auch, gegen Dritte handelnd, für frei angesehen. Als Beispiel diene:

Eberhardus d. g. bbgis. ecclie. humilis minister. Dns.

bertholdus de Schwartzenburg iturus in expedicionem iherosolimitanam obtulit. si redire non posset, predium dobessexe et lesen...... in manus cuiusdam liberi hominis Bertholdi de Neunburc. ut sua morte agnita super aram s. Mich. in babenberg delegaret. — Mortuo igitur eo in expedicione duo fideles eius Adelbertus et heribo reversi dnm. suum obisse iuramento astruxerunt. Itaque Bertholdus de Nuinburg delegacionem predii verbis domini sui fecit etc. a. 1150. (Michelsberger Chronik S. 34.)

Berthold von Neunburg war demnach Ministerial des Grafen von Schwarzburg, aber kein Ministerial des Bamberger Bischofs. Daher nannte ihn wohl der Letztere einen freien Mann. Vergleiche die Quellen 2c. zur bayerischen und deutschen Geschichte, München 1856. I. S. 325, wo ein Ministerial von einem Dritten dominus genannt wird, und S. 330, wo ein quidam ministeralis Salispurgensis Sigeboto de Surbek der Propstei Berchtesgaden ein prädium pro remedio anime patris sui suorumque parentum schenkt und unter den Zeugen ein Starchandus miles Sigebotonis vorkommt.

Herr B. sagt ferner: „Gewiß machte Bischof Otto von Bamberg seine Schenkung an das Michelskloster durch die Hand eines Edelherrn." Wenn Herr B. unter dem Ausdruck „Edelherr" einen Dynasten versteht, wie man aus dem Zusammenhang annehmen muß, so können wir die Nothwendigkeit dieser Annahme nicht zugestehen; denn auch andere Schenkungen, und zwar nicht unbedeutende, wurden an das Michelskloster durch die Hand von Ministerialen gemacht. A. 1118 Ego Udalricus bbgis. ecclie. canonicus per manum Salemanni mei Ottonis de willehalmesdorff*) delegavi predia mea Wisaha ad altare s. Michaelis (Michelsb. Chronik l. c. S. 8). — Bertholdus comes de bertheim allodia sua apud Richpach et trageholdestorff et tancenhobe per

---

*) Die Wilhelmsdorfe erscheinen als Bambergische Ministerialen 1143. Oesterreicher l. c. S. 91: Ezzo et Huto de Willihalmesdorf. Adalbero et Otnant filii Ezzonis.

manum gebenonis de offenheim donavit bto. Michaeli coram dno. Ottone epo. A. 1136. (eben baſelbſt S. 17.) — Hacho sacerdos de Halstat vineam excoluit, quam per manum Pillungi ministerialis s. Georgii super altare bti. archangeli donavit a. 1136 (eben baſelbſt S. 20). — Udalricus quidam de hilteboldestein predium suum Romeldesreutt per manum Cunradi de Hule dedit bto. Michaeli in monte bbgi. a. 1140 (eben baſelbſt S. 27). — Canonicus ecclesie nostre et magister scolarum Adelbertus predium in Rudental super altare s. Michaelis per manus Gundelohi dapiferi delegavit a. 1180 (eben baſelbſt S. 47). Andere Beiſpiele finden ſich in den Schenkungsbüchern des Kloſters St. Emmeramm zu Regensburg und der Propſtei Berchtesgaden (abgedruckt im I. Band der Quellen ꝛc. zur bayeriſchen und deutſchen Geſchichte. München 1856) S. 120f., 139 f., 273, 315, 317, 322. — Auch wurden Schenkungen durch die Hand von Dynaſten und Miniſterialen zugleich gemacht. Embrico sce. wirzbgis. ecclie. minister humilis. — Cum haberet cenobium s. burkardi in episcopatu bbgi. parochiam Uzingen. nos animum induximus. ut dictam parochiam cum bonis s. Michaelis in episcopatu nostro commutaremus. Igitur dedimus per manum Poponis et advocati nostri dictam parochiam cum decimis et familia recipientes vicissim per manum Gerhardi comitis et advocati cenobii s Michaelis et per manum Pilungi ministerialis nostri bona cenobii apud Phelinheim et osteim etc. a. 1144 (eben daſelbſt S. 29).

Endlich ſagt Herr B.: „Gewiß wird es richtiger ſein, wenn wir dieſen Wilhelm für einen jüngeren Bruder des Reginbobo von Giech halten."

Allein es iſt ganz unglaublich und rein unmöglich, daß bei einer Verhandlung, welcher Graf Reginboto von Giechburg als Zeuge beigewohnt hat, wie aus der Unterſchrift zu erſehen iſt, der Bruder deſſelben, der doch auch Dynaſt und als ſolcher allgemein bekannt geweſen wäre, als ein Gewisser sollte aufgeführt worden sein. Ueber[?] dies ist ja bekannt, daß mit dem Grafen Reginboto von Giechburg sein Stamm erloschen ist, und daß das Schloß[?] Giech durch seine Tochter Cunizza, welche den Grafen[?] Poppo von Blassenberg oder Andechs eheliche[?], an dieses Grafenhaus und von diesem durch Erbschaft an die[?] Grafen von Truhendingen (1248) gekommen ist, bis es[?] ich durch Kauf an Bamberg gelangte (1382 und 1399)[?].

Eine zweite Urkunde des Bischofs Otto I. von Bamberg[?] berg vom J. 1129, in welcher Wilhelm von Giech[?] einmal, und zwar als Zeuge genannt wird, spricht gleich[?] falls nicht für Herrn B. Dieselbe befindet sich im k. Reichs[?] archiv zu München (Reg. I. p. 129) und wurde dem Ver[?] fasser vom gräflich Giech'schen Archive zu Thurnau in voll[?] mirter Abschrift mitgetheilt.*) Laut dieser Urkunde kaufte der[?] Abt Hermann auf dem Michelsberg zu Bamberg von Hein[?] rich von Dachsbach ein Gut bei Munrichisperch (Münich[?] berg bei Dachsbach, nicht Mixberg im k. Landgericht Eber[?] mannstadt, wie Lang in den bayerischen Regesten I. S. [?] angiebt) und übergab es durch die Hand Gerhards von[?] Richalmisdorf seinem Kloster als Eigenthum. Als Zeu[?] gen sind unterschrieben: Reginboto comes. Fridericus de Wit[?] tenbach. Willehalm de Giche. Starker de Mistelhaus[?] dorf. Otgoz de licindorf. et fratres ejus Pittunc. et [?] Eno (soll heißen Ezzo) de Burgelin et frater eius von de[?] Willehalmistorf. Pero de Wisintow. Eberhart de Wiker[?] stein, cum aliis multis.

Hier ist also zwischen dem Grafen Reginboto von[?] Giechburg und Wilhelm von Giech ein anderer Zeuge eingeschaltet, was gewiß nicht geschehen wäre, wenn sie[?] Brüder gewesen wären. Auch würde sicher dieses Verwandt[?] schaftsverhältniß erwähnt worden sein, wie es bei den andern Zeugen der Fall ist. Dazu kommt noch, daß mit Ausnahme[?] des Grafen Reginboto und Friedrichs von Lettem[?]

---

*) Siehe die Beilage.

bach sämmtliche Zeugen Ministerialen waren, wie aus anderen Urkunden jener Zeit zur Genüge hervorgeht. Reg. IV. p. 734.

Daher können wir unsern Wilhelm von Giech weder für den Bruder des Grafen Reginboto noch überhaupt für einen Dynasten halten. Nun existirte aber schon im 12. Jahrhundert ein Ministerialengeschlecht, welches sich vom Schlosse Giech nannte, so wie es auch neben den Grafen von Blassenberg und Andechs Ministerialen gleichen Namens gab, die von den Schlössern Blassenberg und Andechs, deren Bewachung ihnen von den Grafen anvertraut war, sich nannten und schrieben. Im Jahre 1143 erscheint Eberhard von Giechburg als Ministerial des Grafen Berthold von Blassenberg (Oesterreichers Denkm. III. S. 90), im Jahre 1154 Heinrich von Giech als Ministerial des Bischofs Eberhard von Bamberg (Michelsberger Chronik l. c. S. 41), und im J. 1189 erscheinen Cunimund und Eberhard von Giech als Bambergische Ministerialen (Oesterreicher a. a. O. II. S. 52).

Demnach wird Wilhelm von Giech ein Ministerial des Grafen Reginboto und der Stammvater des alten Adelsgeschlechtes gewesen sein, welches sich zu Ende des 17. Jahrhunderts zur gräflichen Würde emporgehoben hat und in dem erlauchten standesherrlichen Hause der Grafen und Herren von Giech zu Thurnau noch gegenwärtig blüht.

1129.

In nomine sancte et indiuidue trinitatis. Otto sancte babenbergensis ecclesie solo nomine episcopus. Noverit christi fidelium uniuersitas. qualiter uenerabilis abbas Herimannus cenobii sancti Michaelis in monte babenbergensi emit a Heinrico de Dahspach octoginta marcis argenti predium apud munrichisperch. isdemque Heinricus dedit idem allodium per manum Gerhardi de Richalmisdorf in presentia nostri et subscriptorum testium. iuro delegationis ac positionis. super altare beati Michahelis. eo scilicet pacto. ut si quis forte de heredibus suis pro eodem allodio cenobium impeteret. datis eidem cenobio centum argenti libris. facultatem haberet redimendi. sin autem. in perpetuos fratrum usus sine omni contradictione cederet. Nos ergo prefati allodii donationem seu positionem iux a descriptum tenor m. sancti michahelis cenobio auctoritate beati Petri. ac interpositione banni nostri confirmamus. et huius pacti temerarium subuersorem. spirituali mucrone percutimus. Huius rei testes sunt. Reginboto comes. Friderich de llutenbach. Willehalm de Giche. Starker de Mutichendorf. Otgoz de licindorf. et frates eius Pillunc. et Pippin. Eno de Bergelin et frater eius voto de Willehalmistorf. Pero de Wisintow. Eberhard de Wikerstein. cum aliis multis.

Anno dominice incarnationis Millesimo CXXVIIII. Indict. VII.

In fidem Copiae.

München, den 10. Jänner 1835.

Königlich Bayerisches allgemeines Reichsarchiv.

(L. S.) Freyberg.

VIII.

Geschichtliche Nachrichten
über
die vormalige Schloßkirche
zu Bayreuth.

Quellen: Ein altes Manuscript. — v. Reiche's Bayreuth 1795. — Scherber's gemeinnütziges Lesebuch für die Bayreuthische Vaterlandsgeschichte. Hof 1796. — Heinritz Versuch einer Geschichte der Stadt Bayreuth 1825. — Dr. Holle's Geschichte der Stadt Bayreuth 1833. — Bayreuth und seine Umgebungen von J. Stillkrauth Bayreuth 1841. —

Der Markgraf Christian Ernst hatte während seiner, von 1657 bis 1661 unternommenen Jugend-Reisen, man weiß nicht bei welcher Gelegenheit, beschlossen, und eine Art von Gelübde gethan, sobald er zu der Regierung gelangen würde, Gott zu Ehren eine neue Kirche in seinem Residenz-Schlosse zu Bayreuth zu erbauen. 1661 trat er seine letzte Reise an; allein die damit verknüpften so verschiedenen Vorfälle brachten ihm den ersten Vorsatz ganz aus dem Gedächtniß: nachdem er aber von seinem Liebling und ehemaligen Hofmeister, dem Hofprediger von Lilien etliche mal daran erinnert worden, so warb endlich 1665 mit dem Bau der Schloßkirche der wirkliche Anfang gemacht.

Man erwählte hiezu die rechte Seite des damals aus 4 Flügeln bestehenden Schlosses, neben dem Thurm hinauf, wo die jetzige Kirche noch befindlich, und dessen Erdgeschoß damals aus einem Marstall bestand, der die ganze Länge dieses Flügels einnahm. Von diesem blieb aber noch ein Theil für des Fürsten Reitpferde stehen; daher diese ältere Kirche um vieles kürzer, als die jetzige neuere war.

Auch war sie um ein Theil schmäler; weil damals die 4 innern Seiten des Schlosses, auf der Erde, mit einem ziemlich breiten, offenen, ins Kreuz gewölbten, auf starken portalförmigen Pfeilern ruhenden Gang versehen waren, davon noch ein Theil neben dem Thurm an der Vorderseite gegen die Hauptstraße her übrig geblieben. Ein Gang, von gleicher Breite, aber durch die Hauptmauer verschloßen, und mit ordentlichen Fenstern versehen, führte in die beiden obern Geschoße über jenen zu allen Zimmern des Schlosses: daher auch dieser stehen bleiben mußte.

Hiernach ward die Kirche ein langes, schmales Viereck, dessen Haupt-Eingang in dem innern Schloßhof, fast in der Mitte befindlich, ein zweiter aber noch, gleich neben dem Thurm, hauptsächlich zu der Sakristey führte. (Der vorangeführte offene Schloßgang dazwischen aber ward mit Latten verschlagen und diente zu einer Holzlege.) Die gewölbte Kirchendecke erhielt eine prächtige, kunstvolle Stuccatur, darunter Engel und Blumenkränze angebracht waren, und fast ganz frei daran hingen. Die Zwischenräume waren al fresco sehr schön gemahlt.

Heut zu Tage würde man diese Arbeit zu überladen gefunden haben, damals aber ward sie von Kennern und Fremden (nebst dem großen Saal und dem Thurm) als ein Wunderwerk gepriesen. Der Fußboden war mit Sand-Schaalen belegt. Der Chor, linker Hand des Einganges gegen Morgen, war durch ein über mannhohes eisernes — zum Theil vergoldetes, zierliches Gitterwerk von dem Schiff unterschieden, hatte in der Mitte eine dergleichen breite Thüre mit 2 Flügeln, dann an jeder Säule eine schmälere mit einem Flügel.

An der Rückwand stand der marmorne, mit rothem Sammet und breiten goldenen Verzierungen bekleidete Altar, neben demselben zu beiden Seiten zwei ganz von Silber getriebene große Leuchter, beide stark vergoldet. Sie wurden jedesmal nebst dem Crucifix nach geendetem Gottesdienst in der herrschaftlichen Silber-Kammer (in ganz neuern Zeiten aber nur bei dem Schloßprediger) verwahrt. Auf dem Tisch stand ein von Silber gegossenes — stark vergoldetes Crucifix, wobei, außer den andern nöthigen Büchern, eine Bibel in klein Folio lag, in rothen Sammet eingebunden, dann stark mit vergoldetem Silber beschlagen.

Ueber diesem Altar befand sich die Empor für die Musik, in der Mitte die Orgel, neben welcher in einer Erhöhung 2 hervorspringende, mit Fenstern versehene und rothem Sammet behangene Logen für die vornehmsten Hoffrauen angebracht waren. Zwischen beiden hinter der Orgel befand sich noch ein Fenster, das in ein anstoßendes herrschaftliches Zimmer ging (aus welchem später Markgraf Friedrich ein kleines Theater einrichten ließ, daher man öfters die Musik desselben bei den an Sonntagen gehaltenen Proben der Tänzer und Sänger in der Kirche hörte).

Die äußere Seite, gegen die Schanze hin, hatte blos eine Reihe langer Portal-Fenster, innerhalb des eisernen Gitters zwei Stände für die Geistlichen, außerhalb desselben aber, der ganzen Länge nach, die erhabene Kanzel, von braunem Marmor, mit einer Bekleidung wie der Altar, so daß der ganzen Kirche daselbst ein schmaler freier Gang blieb.

An der dem Altar gegenüber stehenden schmalen Seite befand sich die Sakristei (wo die jetzige Gruft), in welche der Priester durch die oben angeführte Thüre eingehen konnte: darinnen stand ein ovaler, mit blauem Sammt bekleideter Tisch und auf solchem ein Crucifix: an der Wand gegen den Schloßhof ein großer Schrank zur Aufbewahrung der Kirchengeräthe: neben demselben an der Thüre, die in die Kirche führte, ein Opferstock: an der Hinterwand ein eiserner Ofen. Bei dieser Thüre führte eine Treppe in das herrschaftliche

Gemach oben darüber, welches mit rothem Sammet und goldenen breiten Galonen tapezirt, und mit dergleichen Umhang von außen versehen, auf welchem in der Mitte das ganze Wappen reichlich gestickt, übrigens die ganze Breite der Kirche in gerader Linie einnahm. (Unter Markgraf Friedrich ward das Gold innen und außen zur Nachtzeit diebischer Weise abgetrennt, und nebst den meisten andern sammeten Umhängen entwendet, ersteres sodann minder reich, letztere aber nur durch rothes Tuch ersetzt.

Der Haupteingang zu diesem Herrschaftszimmer, vor welchem allemal bei des letztern Erscheinung 2 Garde-Reuter standen, war auf dem, von seinem Zweck also benannten Kirchgang, oder dem Theil des angeführten gewölbten Schloß-Ganges, der sich oben an der ganzen Länge der Kirche von außen hinzog, und an beiden Enden mit Thüren versehen war, zu deren obern bei der Herrschafts-Loge man durch den Thurm gelangen konnte, die untere aber zu der Haupt-Treppe des Schlosses führte.

Durch hier angebrachte breite, aber niedrige, mit rothem Sammt (hernach Tuch) behangene Fenster wohnte die Hofbienerschaft dem Gottesdienste bei, so daß die Cavaliere zunächst an der Herrschaftsloge, die niedrigern aber immer weiter herunter gegen den Altar zu standen. Zur Bequemlichkeit waren in den Vertiefungen der Fenster an der Mauer gegen den Schloßhof Sitzbänke angebracht, von welchen man, da die Kanzel gerade gegenüber, alles deutlich vernehmen konnte.

Von diesem Kirchgang gelangte man auf die in der Kirche selbst auf dieser Seite etwas niedriger angebrachte Empor, ebenfalls zuerst mit Sammet, hernach nur mit Tuch behängt, auf welcher zunächst der Herrschaft die Pagen mit ihren Hofmeistern und Lehrern, sodann die geringern Hof-Bediente am Ende jeder anderer standen. Unter dieser auf der Erde an der Wand befand sich eine Reihe Gitter-Stühle für die Mannspersonen. Bei der Sacristey-Thüre hieng ein einziges großes Gemählde, die Abnahme vom Creutz vorstellend. Den ganzen übrigen Theil des Schiffes nahm eine Reihe offener Weiber-Stühle in der Mitte entlang ein.

Nachdem man 6 Jahre an dieser Kirche gebauet, und solche endlich 1671 vollendet hatte, geschah deren Einweihung den 28. Januar 1672, als am 4. Sonntag nach der Erscheinung mit großer Feierlichkeit, in Gegenwart des Fürsten und seiner Gemahlin, welche zugleich den Kirchgang mit ihrer erstgebohrenen Tochter hielt. Die Einweihungspredigt hielt der Geheime Kirchenrath, General-Superintendent und Oberhofprediger Casp. von Lilien über I. Timoth. IV. v. 8, 9: „Von dem gottseeligen Glaubens- und Religionseifer derer Markgrafen rc.", welche hernach gedruckt ward.

Diese schöne Kirche stand bis zu dem großen unglücklichen Schloßbrand den 26. Jan. 1753, bei welchem sie erst des andern Tages den 27. Mittags durch das anstoßende Theater, nachdem sie 81 Jahre weniger 1 Tag gestanden, und die angeführten Fenster hinter der Orgel entzündet und nebst der darüber befindlichen sobenannten Meubeln-Kammer, worinnen die kostbaren Gala-Livreen und Garde-Montierungen aufbewahrt gewesen, gänzlich in Asche verwandelt worden.

Die katholischen Mitglieder des damaligen Bauamtes (die gerne ein neues Schloß, um sich noch mehr zu bereichern, aufgeführt hätten) überredeten den Fürsten, alles in seinen Ruinen liegen zu lassen, unter dem Vorgeben: Es sei nicht gut auf Brandstätten zu bauen. Allein bei dem Brand der Kirche hatte sich der merkwürdige Zufall begeben, daß von der neuerlich angeschafften, in 2 Bänden in Groß-Octav bestehenden, auf dem Altar gelegenen Bibel alles verbrannte und nur von dem ersten Band allein ein einziges überall verbranntes Blatt, auf einem Stein gleich neben dem Altar, bei Abräumung des Schutts gefunden worden, auf welchem nur noch der letzte Vers des 28. Capitels aus dem I. Buch Mosis unversehrt war: „Und dieser Stein, den ich aufgerichtet habe zu einem Mahl, soll ein Gotteshaus werden, und alles was du mir giebest, das will ich dir den Zehenden geben." Dieser ganz besondere Zufall war Ursache, daß der Fürst den Befehl gab, die Kirche sogleich wieder herzustellen: womit man auch, so bald man nur konnte, den Anfang machte, und den Bau mit solchem Eifer betrieb, daß er mit Ende desselben Jahres schon gehoben werden konnte.

Diese Feierlichkeit erfolgte den 1. Dezember 1753 unter Direktion des im Namen des Fürsten anwesenden Geh. Raths und Oberhofmarschalls, Grafen von Bose, nach Mittags um 3 Uhr, wozu die wieder auf den Schloßthurm gerichteten beiden Glocken, die in dem Brand, jedoch unverletzt herabgefallen, zum erstenmal wieder geläutet wurden. Die beiden Hofgeistlichen mit dem Schüler=Chor standen vor dem Thor, und sangen mit Beistimmung einer außerordentlichen Menge bis zu Thränen gerührter Zuschauer das Lied: Sei Lob und Ehr dem höchsten Gut ꝛc. unter Begleitung von Posaunen. Sodann trat der Zimmermann Ott auf das Gesimse des Portals, mit dem Strauß in der Hand, hielt eine Rede aus dem Gedächtniß, und trank 3 Gläser Wein auf die Gesundheit des Fürsten, seiner Gemahlin, seiner Tochter, dann der hier erzogenen Prinzessin von Weimar, und endlich aller Anwesenden. Den Schluß machte das Lied: Nun danket alle Gott ꝛc. wie zu Anfang.

Der innere Bau mit der übrigen Einrichtung dauerte bis 1758. Diese neue Kirche nun ist länger und breiter als die vorige ältere, weil man einen Theil des ehemaligen Stalles in der Länge gegen Morgen, und dann den vorigen angeführten Schloßgang in der Breite hinzugefügt. Der Altar stehet an seinem alten Ort gegen Morgen, an beiden Seiten mit Eingängen in die dahinter befindliche Sakristey, bei welcher zur Rechten noch ein Vorplatz für die Stiege zu der Empor befindlich ist. Die Canzel ist, nach neuerer Art, über dem Altar angebracht, auf welche der Priester mittelst einer Treppe gleich von der Sakristey aus gelanget. In letzterer ist rechter Hand, neben der Canzelstiege ein großer viereckigter, weiß bekleideter Tisch zur Communion: gegenüber der Ofen, mit etlichen Sesseln: sodann neben dem hohen Kirchenfenster der äußern Wand ein Schrank zu den Kirchen=Geräthen.

Ueber und hinter der Canzel stehet die Orgel auf der Empor, die auf hölzernen Säulen ruhet.

Dem Altar gegenüber befindet sich wieder die Herrschafts-Loge, in der Mitte, mit bogenförmigem Vorsprung, worinnen Anfangs blos die Herrschaft mit einigen der Minister und ersten Hofstaatsdienern beiderlei Geschlechts sich befand, bis später auch der übrige Adel eingedrungen war. Neben derselben standen rechts die Cavaliere, weiter hin die Pagen, linker Hand aber die Hofdamen, sodann die Offizianten. Unter derselben befanden sich 3 Reihen Gitterstühle hintereinander für die Cammer-Leute und geringern Hof-Offizianten: neben letzteren befanden sich zu beiden Seiten die Treppen zu dem herrschaftlichen Stand und den Emporen. Bei der einen rechts in der äußern Mauer ist dieserwegen eine zweite Thüre angebracht, da die Hauptthüre wieder wie vorher im Schloßhof in der Mitte des Gebäudes befindlich ist.

An den Wänden der beiden langen Seiten standen 2 Reihen Gitter-Stühle hinter einander, davon die hintern erhöhet. Den ganzen innern Raum nimmt eine zweifache Reihe gemeiner oder Weiberstände ein, durch welche in der Mitte von dem Haupt-Portal noch ein Creuzgang gelassen war: vor dem Altar aber standen 2 Reihen ordentlicher Bänke für die Waisenkinder.

Alles war weiß und hellblau, dabei die Säulen und Füllungen auf Marmorart angestrichen, Canzel und Herrschaftsstand dabei zierlich vergoldet: die Decke geschmackvoll stuccaturt, dann durch den Hof-Mahler Wunder in Oel sehr schön gemahlt: endlich der Fußboden wieder mit Sand-Quadern geschaalt.

Dieser neue Bau ward den 26. März, als dem Osterfest 1758, in Gegenwart des Fürsten mit allen den Seinen, und dem ganzen Hofstaat feierlich mit einem Vormittag-Gottesdienst eingeweiht. Den Anfang machte eine herrliche Musik, die der Capellmeister und Hof-Rath Pfeiffer über einen durch den damaligen Rector, später Consistorial-Rath Lang aus dem 46. Psalm verfertigten Text componirte, und von der gesammten Cammer-Musik, auch den italienischen Sängern beider Geschlechts, aufgeführt ward. Hierauf hielt der General-Superintendent Dr. Ellrod als Ober-Hofprediger die Canzel-Rede, und das Te Deum unter Trompeten und Pauken machte den Schluß. Nachmittag predigte der Hof-Caplan. Den andern Ostertag ward Vormittags die nehmliche Feier wiederholt, nur daß jetzt der Hofprediger Schmidt ein solches Meisterstück seiner berühmten Beredsamkeit ablegte, daß auch die anwesenden Katholiken und Ausländer ihre Aufmerksamkeit und Bewunderung nicht versagen konnten.

Bis hieher hatte man diese 5 Jahre über den Hof-Gottesdienst in der Spital-Kirche gehalten, und für die Herrschaft ein anstoßendes Zimmer, mit Durchbrechung zweier Fenster eingerichtet.

Bald nachher erkrankte die Fürstin, und man versah sich ihres Todes. Weil nun die herrschaftliche Gruft in der Stadtkirche schon lange gänzlich angefüllt, die zu Himmelkron ebenfalls nicht mehr viel Raum hatte, so verlangte sie in dieser neuen Schloßkirche beerdigt zu werden. Daher riß man die Gitter-Stühle unter der herrschaftlichen Empor hinweg, untermauerte diese, und richtete sie zu einer Gruft für die 3 Personen dieser fürstlichen Familie ein, welche mit einer Thüre und 2 Fenstern versehen wurde, die aus einem schwarzen eisernen Gitterwerk bestehen.

Den 14. Oktober 1758 starb die Fürstin, Schwester Friedrich des Großen, und ward den 18. Nachts, nach ihrem Willen ohne vieles Gepränge, in diese Gruft linker Hand beigesetzt.

Den 26. Februar 1763 verstarb auch der Fürst Markgraf Friedrich und ward den 8. März, auch in der Nacht zur rechten Hand beigesetzt: endlich folgte die einzige Tochter, Herzogin von Würtenberg, die den 6. April 1780 verschied, und in der Nacht des 17. April mit einem großen Gepräng in die Mitte zwischen ihre Eltern beigesetzt wurde.

Diese 3 Särge stehen über der Erde, und zwar der des Fürsten mit rothem Sammet überzogen und goldnen Tressen besetzt, in welchem der einbalsamirte Leichnam, noch in einem zweiten, blechernen, wohl verschlossen ruhet. Die der beiden Fürstinnen aber sind eingemauert, weil die Körper nicht einbalsamirt und zwar die Mutter in einen Sarg, ähnlich einem marmornen Sarkophag, die Tochter aber nur in einen 4eckigten Sarg, alle 3 wurden im Jahre 1782 in marmorne Särge eingeschlossen.

Bei dieser Schloßkirche ward gleich anfänglich 1672 ein eignes Hof=Ministerium aufgestellt, welches, ob es gleich durch das Consistorium berufen, dennoch nicht unter demselben, sondern unmittelbar unter dem Fürsten selbst, oder vielmehr damals unter dem General=Superintendent v. Lilien stand.

Die ersten Mitglieder desselben waren:
a) Oberhofprediger v. Lilien,
b) Hof=Prediger Joh. Jac. Steinhofer,
c) Hofcaplan Joh. Wolfg. Rentsch,
d) der Stadt=Cantor mit den Chor=Schülern versah den Gesang nebst der Musik, und
e) der Stadt=Organist die Orgel.

Die Glocken des Schloß=Thurms riefen zu dem Gottesdienst.

Dieser Hof=Gottesdienst war zuerst blos für den Fürsten und seine unmittelbaren Diener, aber nicht gleich an allen Sonn= und Festtägen, sondern nur an solchen, an welchen jener die Stadtkirche nicht besuchte, worinn er eigentlich eingepfarrt blieb, und wo auch seine Dienerschaft noch die Sakramente empfangen mußte; weswegen die Schloßkirche keinen Taufstein hatte. Aber alle Abend in der Woche um 6 Uhr ward eine Betstunde lange Zeit darinnen gehalten. Bald darauf entzog sich die Herrschaft der Stadtkirche immer mehr, und besuchte solche endlich nur noch an den hohen Fest= und Bußtägen, daher die Predigten an allen Sonntägen Vor= und Nachmittag ordentlich eingeführt, jedoch alle=

mal erst nach geendetem Stadt-Gottesdienst gehalten wurden, wozu man jedoch nicht eher zusammenschlug, als bis es der Fürst befahl. Bei dessen Abwesenheit stellte man den nachmittägigen und Abend-Gottesdienst ein. Nachher ward erst, von Markgraf Georg Friedrich Carl, die ordentliche Stunde um 10 Uhr Vor- und 3 Uhr Nachmittags (alle hohen Fest- und Bußtage eine Stunde später) als Anfang bestimmt: auch fing die Dienerschaft an, sich daselbst, nach vorhergegangener Proklamation in der Stadtkirche trauen und ihre Kinder taufen zu lassen. Da ferner anfänglich blos den Pagen in der Sakristei durch den Hofprediger, als ihren Beichtvater, das Abendmahl gereicht worden, so hielt man später auch einigemal öffentliche Communion, wobei sich noch mehr andere Hofdiener einfanden, die aber vorher in der Stadtkirche beichten mußten. Endlich gab der Markgraf Georg Friedrich Carl der Kirche ordentliche Pfarr-Gerechtsame, machte aus seiner Dienerschaft eine ordentliche Hof-Gemeinde (wozu sich auch der Stadt-Adel, endlich noch mehrere der angesehenern Einwohner schlugen); ließ eine Kirchen-Stuhl-Ordnung einführen, und durch den Hofprediger Silchmüller 1730 ein eigenes Schloß-Kirchen-Gesangbuch herausgeben: wie denn auch hernach der Text zu der Kirchen-Musik als ein kleines Büchlein in Druck erschien. Diese letztere dauerte alle Sonntage richtig fort, bis zu dem Brand im Jahre 1753.

Man findet keine Spur, daß die Fürsten vor der Reformation eigene Schloß-Pfaffen gehalten hätten. Gleich nach jener aber hatten sie besondere Hof-Prediger an jenen Orten, wo sie ihre Residenz aufschlugen, ohne die Feld- und Reise-Prediger, die sie nur auf kurze Zeit an- und öfters nur von andern Diensten so lang wegnahmen. Markgraf Albrecht II. war der erste evangelische Fürst, auch der erste, der 1542 seine Residenz dahier einrichtete.

Er hatte den Wolfg. Rupert (Rupertus, Rupprecht) als den ersten Hofprediger dahier angestellt. Er war aus Eger, und um das Jahr 1547 berufener Pfarrer zu

Schirnding, sodann aber wahrscheinlich noch in diesem Jahr Hofprediger. Ein hitziger zänkischer Mann, der sich nicht scheuete, dem Fürsten, der von dem Kaiser zu der Belagerung der in die Reichsacht erklärten Stadt Magdeburg (weil sie das Interim nicht angenommen) beordert war, unter die Augen bei einer Predigt zu sagen: „daß die alle Werkzeuge des Teufels wären, die sich zu letzterem gebrauchen ließen." Zur Strafe dieser Unbesonnenheit mußte er mit dem Fürsten als Feldprediger selbst 1550 mit dahin marschiren, und sodann ihn noch bei seinen fernern Feldzügen begleiten; daher er auch 1554 mit nach Schweinfurth kam.

Durch eine für seinen Herrn daselbst vorgefallene unglückliche Schlacht kam er von demselben weg, und ward nachher Pfarrer zu Ehrenfriedersdorf. Auf Empfehlung gelangte er den 12. März 1556 zu Superintendur in Schweinfurth, von der man ihn aber wegen seiner Zänkereien den 10. März 1560 wieder entsetzte, wo er sodann als Pfarrer zu Trumsdorf den 31. August 1564 verstarb.

Markgraf Georg Friedrich hatte seinen Hofprediger zu Ansbach; Markgraf Christian aber brachte den Culmbacher Archidiacon

Veit Albin (Weiß)

1604 als Hofprediger mit hieher. Dieser, von Kirchlems gebürtig, ward 1593 Substitut im Spital zu Culmbach und Consistorial-Beisitzer, 1595 unterster, sodann 1600 erster Diacon allda. Als 1617 hernach eine ganze Veränderung mit der hiesigen Geistlichkeit vorging, so ward er wieder als erster Diacon und Spital-Prediger nach Culmbach zurückgeschickt, wo man ihn als Senior des Capitels annahm, worauf er Ende März 1641 im hohen Alter verstarb.

1617 ward die Hofpredigerstelle zugleich dem GeneralSuperintendent

Dr. Christoph Schleupner

übertragen, der solche bis zu Anfang des Jahres 1625 verwaltete, wo er Special-Superintendent zu Hof ward.

Wegen des 30jährigen Krieges blieb die Stelle unbesetzt, weil der Fürst keine bleibende Stätte hatte. Endlich aber ertheilte er solche
1634 dem
M. Engelhard Schock,
einem großen Canzel-Redner, früher Stifts-Prediger zu Himmelkron, den er auch gleich hernach als Beichtvater annahm.
1637 ward er zugleich Archidiacon und Stadt-Prediger, und starb 1647 dahier. Ihm folgte
M. Samuel Hayn
1648, der auch zugleich Archidiacon war, 1652 die Superintendur erhielt, und 1654 verstarb. Nun kam
M. Stephan Böner,
1655, der zugleich die Superintendur erhielt, den Fürsten überlebte, und erst 1669 verstarb.
Obgleich der Regierungsnachfolger Christian Ernst erst in Straßburg studirte, so erwählte er doch schon, bei seinem Abgang von da auf Reisen, seinen
Inspektor, Hofmeister und Mentor
Caspar von Lilien
1659 den 9. August zum Hofprediger und Kirchenrath wozu er ihn im Münster zu Arzburg ordiniren lassen, und brachte ihn als solchen 1661 nach Bayreuth. Da er ihn aber nachher bei dem Consistorium auch zu andern geistlichen und weltlichen Geschäften brauchte, so berief er den damaligen Culmbachischen Diacon
M. Joh. Leonh. Schöpf
1670 zum zweiten Hofprediger hieher, wobei dieser das Stadt-Synbiaconat erhielt: er ward hernach 1692 Superintendent. Weil man mit dem neuen Schloßkirchenbau damals beinah schon zu Ende war; so richtete man schon einen ordentlichen Gottesdienst einstweilen in einem Zimmer ein, und bestellte dazu im August den Subdiacon und Professor Rentsch als einen Hof-Caplan. Im folgenden Jahr

1671 kam der Licentiat
Joh. Jac. Steinhofer
mit des Fürsten zweiter Gemahlin, Sophie Louise, als Reiseprediger hieher, welche ihn gerne hier behalten hätte, daher ernennte ihn jener im Juni ebenfalls als Hofprediger, so daß deren gewissermassen 3, eigentlich aber 2 ordentliche waren. Schöpf legte aber die Stelle nieder, und letzterer blieb allein. Denn mit der den 28. Januar 1672 erfolgten Einweihung der Kirche ward der so oft angeführte Consistorial-Präsident und General-Superintendent
Dr. Caspar von Lilien
der erste Ober-Hofprediger, unter welchem die übrigen Hof-Geistlichen standen. Sein Amt bestand darinnen, daß er an hohen Festen, die 2 ersten Tage, und wenn die Herrschaft communicirte, predigte, auch andere feierliche Handlungen derselben, als Taufen, Copulationen und dgl. in der Schloßkirche verrichtete. Er behielt diese Stelle bis an das Jahr 1677, wo er solche niederlegte.
Dr. Joh. Jac. Steinhofer,
bisheriger Hof-Prediger folgte hierauf in dieser Würde

1677 nach, und begleitete solche bis an seinen Tod, den 7. Jan. 1692. Diesem folgte Licentiat
Heinr. Arnold Stockfleth
1696 den 28. Dezember, zugleich als General-Superintendent, wie der vorige, wobei er auch Spezial-Superint. zu Münchberg blieb, und starb allda den 8. August 1708.

Der 4. Oberhofprediger unter dieser Regierung ward hierauf
Valentin Ambrosius Seidel
1708 den 26. August, welcher 1691 als Hofprediger hieher gekommen, 1693 die Stelle als Beicht-Vater,

1701 die hiesige Spezial= und dann die General=Superintendur zugleich mit erhalten. Er starb 5 Monate vor dem Fürsten, den 28. Jan. 1712. Die Stelle blieb drei Jahre unbesetzt.

Seit der Regierung des nachfolgenden Fürsten Georg Wilhelm erhielten die jedesmaligen hiesigen Superintendenten auch die Ober=Hofpredigers=Stelle, und waren solche:

1715 bis 23 M. Joh. Albrecht Stübner, vorher Hofprediger 1709.

1724 — 41 M. Friedrich Caspar Hagen, auch 1710 Hofprediger und Superintendent.

1741 — 47 Joh. Christoph Rücker.

1747 — 60 Dr. Germann Aug. Ellrod, General=Superintendent.

1760 — 63 M. Joh. Christian Schmidt.

1763 — 71 Dr. Joh. Christoph Silchmüller, Gen.=Superint., vorher 1727 Hofprediger.

1771 — 80 M. Friedr. Adam Ellrod,

so daß also derselben 11 in 100 Jahren gewesen.

Die Hof=Prediger von Erbauung der Schloß=kirche sind bereits angeführt: die andern, die jetzt eigentlich Schloß=Prediger heißen sollten, waren folgende:

1) Joh. Jac. Steinhofer

1672, der schon 1 Jahr vorher als solcher aufgestellt, wird 1677 Oberhofprediger.

2) Joh. Wolg. Rentsch

1677; schon seit 1670 Hof=Caplan, Subdiacon und Professor des Gymnasiums; starb den 13. Dezmb. 1690, alt 53 Jahre.

Mit diesem zugleich war auch als zweiter Hofprediger

3) Joh. Heinrich Hassel

1688 angestellt. Dieser zu Osnabrück 1640 geboren, vertrat nach vollendeten Studien 1667 einige Zeit die Stelle eines Stadt=Predigers zu Salzbach; ward sodann Adjunkt, 1671 Pfarrer zu Bohenstrauß, von den Catholiken aber 1682 vertrieben. Er nahm hierauf seine Zuflucht hieher und erhielt 1683 die Pfarrei Dißpeck, wo er sich durch Lehre und Leben nicht allein in dem ganzen Aischgrund, sondern auch auswärts berühmt machte, so daß er verschiedene Rufe nach Windsheim, Hamburg, und endlich im März 1686 nach Heidelberg erhielt. Da dieser mit sehr annehmlichen Bedingungen verknüpft war; so wollte er solchen auch annehmen, zeigte es daher dem Ober=Amtmann Carl Franz Pickler zu Neustadt a. d. Aisch an, jedoch mit dem Zusatz, daß, wenn er sich einer Verbesserung dahier getrösten könne, er aus Dankbarkeit für die Aufnahme im Land auch diese Stelle ausschlagen wolle.

Dieser berichtete solches dem Fürsten mit der Bitte: diesen würdigen Geistlichen nicht aus dem Lande ziehen zu lassen: worauf er die Antwort erhielt, daß, wenn derselbe bleiben wolle, man auf seine Verbesserung Bedacht nehmen wolle.

Da nun der Hof=Caplan und Professor Johann Georg Layritz 1688 als Superintendent nach Neustadt a. d. A. befördert ward; so überschickte man ihm unter dem 15. Febr. die Vocation als Hof=Caplan: allein er nahm solche nicht an, unter der Vorstellung, wie er bereits ansehnlichere Stellen ausgeschlagen habe; daher nahm man auch solche zurück, und ertheilte ihm das Dekret als Hof=Prediger. Er war nicht lang hier, so bekam er heftige Streitigkeiten mit dem Oberhof=Prediger Steinhofer, weil er ihm keine demüthigen Aufwartungen machte, die vorgeschriebenen Gebet=Formeln in den Kirchen verdammte, und selbst mehrere der Kirchen=Lektionen nicht ablas, sondern aus dem Gedächtniß mit einigen veränderten Worten vorbrachte. Beide letztere ergriff jener, um sich wegen des erstern zu rächen, und verklagte ihn förmlich bei dem Fürsten.

Hassel betrug sich bei diesem verdrießlichen weitläufigen Handel als ein gesetzter verständiger Mann, nahm aber, um dergleichen niedrigen Zänkereien auszuweichen, den 1691 erhaltenen Ruf als Hof=Prediger nach Coburg an, worauf ihm denn der Fürst wider Willen und unter der Versicherung, ihn bei besserer Gelegenheit wieder in das Land zu rufen, seine Entlassung unter dem 23. März ertheilte. Wem er aber hier entfliehen wollte, das fand seine Neuerungs=Liebe und sein Ehrgeiz dort wieder. Er stieg zwar bis zur Würde eines Geheimen Rathes, Consist.=Präsidenten und Oberhofpredigers: allein seine Bemühung, das Gesangbuch nebst einigen Kirchengebräuchen zu verbessern, zog ihm große Widerwärtigkeit und Verfolgung, — und seine Einmischung in weltliche Händel, bei dem Tod des Herzogs Albrecht 1700 gar das Gefängniß zu, in welches man ihn nach Paulzell bei Saalfeld brachte.

Nachdem er endlich 1705 seine Freiheit wieder erhielt, wandte er sich nach Meinungen, wo er sich die ganze Gnade des Herzogs Bernhard erwarb, aber schon folgenden Jahres 1706 verstarb.

    4) **Valentin Ambrosius Seidel** wurde

1691 nach dem Tod des Rentsch ordentlicher Hofprediger, 1698 Beichtvater und Consist.=Rath, 1701 Superintendent und 1708 Oberhofprediger. Zugleich mit ihm war

    5) **Joh Paul Altmann**

1692 zweiter Hofprediger, nachdem er seit 1688 Pfarrer zu Dispeck gewesen. Er ward gleich des andern Jahres 1693 Archidiacon und Consistorial=Assessor, und ging 1695 in gleiche Stelle nach Berlin. Daher erhielt

    6) **M. Joh. Scharb**

1693 die 2. Hofpredigers=Stelle, nebst dem Unterricht des Erbprinzen Georg Wilhelm. Er war bereits 1692 als Professor histor. hieher verschrieben worden und erhielt 1695 die Superintendur Culmbach.

Nachdem Seibel die Superintendur erhalten, so ward

7) Joh. Jac. Richter

1701 Hofprediger. Er war von Schwarzenbach a. d. S. gebürtig, 1679 Pfarrer zu Stübach, 1683 Archidiacon zu Neustadt a. d. A., 1688 Pfarrer zu Osternohe, 1689 Hof-Caplan dahier, und erhielt 1708 die Superintendur zu Münchberg, wo er 1729 verstarb. Ihm folgte

8) M. Joh. Mich. Ellrod

1708, der bereits 1698 als Professor dahier gestanden; er starb schon wieder zu Ende des Jahres 1709. Hierauf berief man

9) M. Georg Albrecht Stübner

1709 von Erlangen hieher, wo er seit 1702 als Professor der Ritter-Academie gewesen. Er ward 1715 Oberhofprediger und Superintendent.

1710 ### 10) M. Friedrich Caspar Hagen,

seit 1701 Professor dahier, erhielt den 1. Febr. 1710 das Dekret als Hof-Caplan, den 18. November darauf aber als zweiter Hofprediger, bis er 1715 durch Fortrückung des M. Stübner allein blieb. 1717 ward er Archidiacon, mußte aber die Hofpredicatur beibehalten und alle 4 Wochen den Gottesdienst verrichten, bis er 1724 die Superintendur mit der Oberhofpredigers-Stelle erhielt. Daher ward

11) M. Joh. Georg Dietrich

1718 Hofprediger. Er war schon seit 1710 Professor und 1715 Hof-Caplan gewesen, wurde aber 1727 Superintendent zu Culmbach.

So wie Markgraf Georg Friedrich Carl zur Regierung kam, so berief er sogleich den ehemaligen Lehrer seiner beiden jüngern Brüder, den

12) M. Joh. Christoph Silchmüller

1727 als Hofprediger von Halle hieher, wo er Waisenhaus-Inspektor und Zuchthaus-Prediger gewesen. Dieser gab 1730 das erste Schloßkirchen-Gesangbuch heraus, brachte der Kirche ordentliche Pfarr-Gerechtsame zu wege und war der erste, welcher neben dem ordentlichen Gottesdienst zu Zeiten auch noch dabei Zimmer-Predigten halten mußte, bis ihn der Regierungsnachfolger Markgraf Friedrich 1741 zu der Superintendur Culmbach versetzte. Von dieser kam er nachher 1763 als Oberhofprediger, dann als General- und Spezial-Superintendent wieder hieher.

1741 kam an seine Stelle der schon seit 1738 als der erste besondere Cabinets-Prediger aufgestellt gewesene

13) M. Joh. Christian Schmidt,

welcher 1760 Oberhofprediger und Superintendent geworden. Ihm folgte

1760 14) M. Friedrich Adam Ellrod,

seit 1758 Hof-Caplan und Professor am Gymnasium, der ebenfalls 1771 Oberhofprediger und Superintendent geworden. Da unterdessen die Regierungs-Veränderung erfolgte, so ward zwar

1771 15) Gottlieb Wilhelm Ehrenreich Wanderer, der seit 1768 Hof-Caplan und Professor gewesen, als Hofprediger aufgestellt, mußte aber dabei noch einige Zeit das Diaconat mit versehen. Als er im Jahr 1777 als Superintendent nach Culmbach abging, so berief man den

16) M. Johann Kapp

1777 von dem Conrettorat zu Hof als Schloßprediger und Professor Theologiae hieher, und ward dem Consistorium, dessen Mitglied er war, nunmehr unmittelbar untergeben, da alle vorhergegangenen Hof-Prediger lediglich unter dem Fürsten gestanden.

Hiegegen ward eine bessere Einrichtung wegen seiner Besoldung getroffen. Denn da von Anfang her bis jetzt der Prediger und Cantor von den Einlagen des Klingel=Beutels bezahlt worden, wobei sie nur das fehlende von der Renthey erhielten, den allenfallsigen Ueberschuß aber dahin liefern mußten, so ward ihnen nun, von 1778 an, ihre Besoldung ordentlich durch die Renthey bezahlt und die Kirchen=Einlage überließ der gute Fürst dem Waisenhaus.

1799 versetzte man ihn als Stifts=Prediger nach Ansbach, wohin er den 21. Februar abreiste.

Er war von 1778 bis 1799 Schloßprediger und Professor der Theologie und Geschichte, kam dann nach Ansbach und 1811 nach Bayreuth als Superintendent und wurde später Kreis=Kirchenrath. Ihm folgte

M. Hagen

von 1800 — 1806 als Professor und Schloßprediger.

Im Jahr 1797 wurde die Schloßkirche auch als Garnisonskirche benützt, die ihren Gottesdienst vorher in der Hospitalkirche hielten. Garnisons=prediger waren: Bröckelmann, Linde und Pülz.

Bei Ausbruch des Kriegs im Jahr 1806 verstummten die Gesänge und das Orgelspiel der Schloß=Kirche, und wurde als Magazin gebraucht. Erst im Jahr 1812 wurde sie ihrer Bestimmung wieder gegeben, und der hiesigen katholischen Gemeinde, die vorher blos ein Bethaus hatte, eingeräumt.

Mit dem Abgang des letzten Schloßpredigers ward auch die bisherige beständige freie Wohnung eingezogen. Die erste derselben war ein herrschaftliches Haus in der Schmidts=Gasse neben der Canzlei: da solches aber 1744 dem Grafen von Schönburg überlassen worden, um aus solchem, dann dem daran stoßenden Geheimen Rath von Benkendorfischen, das Regierungs=Rath Greckelische zu erbauen; so ward dafür ein anderes am Eck der andern Seite dieser Gasse, bei dem Frohnhof dazu erkauft und eingerichtet, als Schmidt Hofprediger war.

Als dieser hernach 1760 die Superintendur bezog, räumte man seinem Nachfolger Ellrod die zwei obern Stockwerke des neben dem alten Schloß stehenden herrschaftlichen Hauses ein, worinnen bisher der Ober-Stallmeister Graf Löwenhaupt gewohnt, und worinnen unten die herrschaftliche Apotheke befindlich, die seit 1798 verkauft ist.

Noch eine Neuerung bestand darinnen, daß man seit 1779 das Gebäude zugleich zu einer Garnison-Kirche gebrauchte, darinnen der Feldprediger um 9 Uhr Vormittags seinen Gottesdienst hielt, wozu man sich anfänglich von 1779 an der Spitalkirche bedient hatte.

Die Hof-Caplane seit Erbauung der Kirche waren:

1672 1) Joh Wolfg. Rentsch, der solches schon 1670 gewesen, wird Hofprediger 1677;

1679 2) M. Joh. Christoph Laurus, seit 1670 Professor des Gymnasiums, wird 1685 Superintendent zu Culmbach;

1685 3) M. Joh. G. Lairitz, seit 1673 Professor, wird 1688 Superintendent zu Neustadt a. d. A.;

1689 4) Joh. Jac. Richter, wird 1701 Hofprediger;

1701 5) Joh. Jac. Weidner;

1710 6) M. Friedrich Caspar Hagen, noch in dem Jahr Hofprediger;

1715 7) M. Johann Georg Dietrich, wird 1718 Hofprediger;

1718 8) M. Joh. Andr. Seyfarth, zugleich Professor, wird 1724 Superintendent zu Erlangen;

1724 9) Mich Pötzinger, seit 1722 Professor, wird 1727 Pfarrer zu Burgbernheim;

Nach Abgang desselben blieb dieses Diaconat einige Zeit unbesetzt, und mußten solches theils der Hof-Prediger Silchmüller selbst mit, theils die Candidaten versehen, bis 1730 die neue Einrichtung und Pfarrei-erhöhung erfolgte, da ward wieder

1730 10) Joh. Adam Flessa als ordentlicher Hof=Ca=
lan aufgestellt, war schon seit 1723 Professor, geht
1741 nach Altona.
1741 11) M. G. Wilhelm Pötzinger, zugleich Profes=
sor, geht das andere Jahr schon wieder ab, als Pro=
fessor bei der neuen Friedrichs=Academie.
1743 12) M. Christian Henreus, kurz vorher Conrec=
tor des herabgesetzten Gymnasiums, sollte 1748 Or=
dens=Prediger auf dem Brandenburger werden, starb
aber noch vorher. Ihm folgte
1748 13) Nic. Friedrich Stöhr, zugleich Conrector,
wird 1758 Superintendent zu Wunsiedel.
1758 14) M. Friedrich Adam Ellrod, auch Conrector
und gleich darauf Professor, wird 1760 Hofprediger.
1761 15) Ludwig Gerrmann, zugleich Professor, wird
1768 Pfarrer zu Selb.
1768 16) Gottlob Wilhelm Ehrenreich Wanderer,
das Jahr vorher schon Professor, wird 1771 Hofpre=
diger, mußte aber noch 1 Jahr das Diaconat mit
versehen.

Obgleich das Diaconat eingezogen war, so ward, da
diese Arbeit dem Hofprediger zu beschwerlich fiel, we=
nigstens
1772 der Candidat Joh. Erhard Vogel, ein Sohn des
hiesigen Hofkammer=Raths, als Vicarius aufgestellt,
der aber den Dienst unentgeltlich verrichten mußte,
bis er 1774 die Pfarrei Rehau erhielt. Da ward so=
dann die Einrichtung getroffen, daß allemal der älteste
Candidat in der Stadt diese Verrichtung unentgeltlich
übernehmen mußte, wozu er aber doch ein Dekret von
dem Consistorium erhielt.

Das Cantorat mußten anfänglich die bei der
Stadtkirche mit versehen, bald darauf aber nahm man
eigene Männer dazu, aus den Candidaten, welche so=
dann durch diese Stelle immer Pfarreien erhielten.
Solche waren:

Tröger (Pankraz), so 1702 als Stadt=Cantor vorkommt, auch als solcher gestorben.

Langemann, welcher 1717 Caplan zu Berneck geworden.

Grünauer (Heinrich Andreas), der hernach 1735 Pfarrer zu Rüdisbronn geworden, wo er 1755 starb.

Schilling (Nic. Jerem.), 1755 Adjunkt, 1756 Pfarrer zu Bischofgrün.

Ulmer (Christian Matthäus August), wird 1747 Pfarrer zu Dölau, vorher 1741 der erste Waisenhausprediger, wo er bisher Lehrer gewesen, und zugleich das Hof=Cantorat mit versehen hatte.

Grötsch (Joh. Mich.), 1749 Caplan zu Pegnitz.

Hofmann (Jac. Christian), des Hof=Organisten Sohn, wird 1756 Adjunkt, 1757 Pfarrer zu Busbach.

Distler (Johann), ein Fremder und Pietist, stirbt 1770 dahier.

Nach dessen Tod ward auch diese Stelle eingezogen, und die Einrichtung dahin getroffen, daß ein jedesmaliger Präceptor des Waisenhauses solche zugleich mit versehen mußte. Der erste nun, der beide erhielt, war
1772 Joh. Adam Hohenberger, welcher 1776 Adjunkt, 1777 aber Pfarrer zu Muggendorf geworden.
1776 Benjamin Friedrich Schmidel.

Auch den Organisten=Dienst mußten Anfangs die von der Stadtkirche mit versehen, als:

G. Dümel,
der schon seit 1652 Stadt=Organist gewesen.

Friedrich Christoph Dömel
folgt 1687 bei beiden.

Christian Samuel Hofmann,
der erste besondere Hof=Organist.

Johann Conrad Büffert,
vorher Hautboist beim Militär, erhielt den Dienst aus Gnaden, da er dann in der Geschwindigkeit ein wenig Clavier lernte.

Die Hof-Kirchner endlich waren:
Haar, ein Buchbinder,
Hertel (Wolf),
Tröger, Hof-Tapezier,
Grimmer, Abraham.
Sodann die Hof-Bedienten:
Beyer,
Knörzer,
Köhler (Johann Adolph).

E. von Hagen.

Ueber
Jean Paul's Studien und Zeit-Eintheilung.

Wenn wir die vielen Werke der ausgezeichnetsten Schriftsteller Deutschlands betrachten, so kommt es uns kaum begreiflich vor, wie dieselben während eines kurzen Menschenalters und bei den vielen Vorstudien, welche die Herausgabe ihrer Schriften erforderte, im Stande waren, so vieles und Großartiges zu leisten. Nur allein dadurch wird es erklärlich, wenn wir in den Lebens-Nachrichten dieser Männer darüber Aufschluß erhalten, wie gewissenhaft sie die Zeit benützt und wie zweckmäßig sie ihre Arbeitsstunden bei ihren Studien eingetheilt haben. Man sieht daraus, daß Genie und Talente nicht allein hinreichen, großartige Werke hervorzubringen, sondern daß vor allen unausgesetzter Fleiß, Ausdauer und geordnete Thätigkeit dazu gehört. So finden wir, wenn wir die neueste Lebensbeschreibung des berühmten Leibnitz von Guhrauer, welcher beinahe keinen Theil des menschlichen Wissens unerforscht gelassen, durchgehen, daß derselbe von frühester Jugend an nicht nur mit dem anhaltendsten Fleiß seinen manichfaltigen Studien obgelegen, sondern daß er seine Zeit für seine Geistesarbeiten auf das sorgfältigste und zweckmäßigste einzutheilen gewußt hat.

Ihm kann in dieser Beziehung Jean Paul zur Seite gestellt werden, dessen Thätigkeit außerordentlich gewesen.

Die Art und Weise, wie er seine Studien betrieben und wie er zu diesem Zweck seine Zeit eingetheilt hatte, möchte eben so interessant, als lehrreich sein. Ich erlaube mir deßhalb hierüber nachstehende Notizen aus seinem literarischen Nachlaß mitzutheilen:

Vor allem bezweckte er in Vorschriften, die er sich gab, eine richtige Vertheilung der Zeit und Kraft. Durch Abwechslung erhielt er den Geist in steter Spannung und erforschte genau, welches Nacheinander der Beschäftigung die meisten und besten Früchte trüge. Dabei hatte er sich früh gewöhnt, nichts, auch durchaus nichts ungenüzt vorübergehen zu lassen, und so die Gegenwart zu ewigem Zins zu verpflichten, ohne ihr etwas zu opfern. Drei Hauptquellen waren es vorzüglich, aus denen ihm zur Vollendung seiner poetischen Werke Nahrung zuströmte: 1. draußen die lebendige Natur mit dem ihn umgebenden Menschenleben, 2. die Bücherwelt und endlich 3. die innere Gedankenwelt; denn auch diese betrachtete er objektiv, wie einen Stoff, der ihm zur Bearbeitung gegeben war. Obschon es ihn frühzeitig drängte, jene letztere Welt zu durchstreifen und Allem, was er fand, eine Form zu geben, so ließ er sich doch von dieser Begierde nicht so hinreißen, daß er dabei nicht fleißig gelesen und sehr fleißig excerpirt hätte. Schon im Jahr 1778, also in seinem fünfzehnten Lebensjahre, noch ehe er das Höfer Gymnasium besucht, hatte er mehrere dicke oft über britthalbhundert Quartseiten starke Bände Auszüge aus größeren Werken und Zeitschriften angefertigt und bald auf diesem Wege ein eignes bedeutendes Repertorium aller Wissenschaften sich gebildet. Außer diesen größeren Excerpten machte er beim Bücherlesen noch kleinere, die blos Bemerkungen, Einfälle, kurze interessante Thatsachen und dgl. enthielten, von denen er voraus sah, daß sie ihm in der Folge nützlich werden könnten.

Auf gleiche Weise betrachtete er die Natur als ein großes Buch, das er excerpiren müsse, und sammelte sorgfältig alles auf, was das Gepräge des Geistes trug, er mochte nun

Inhalt und Anwendung sogleich sehen, oder auch nur ahnen, in ein Studienheft unter der Aufschrift: Natur.

Endlich verfuhr er ebenso mit der Arbeit des eigenen Geistes. Jedem Einfall, der ihm kam, jedem Gedanken, den er erforscht und erfochten, wurden besondere Stellen angewiesen.

Wenn man dieß ganze Verfahren und dessen Erfolg, die große Maße handschriftlicher Studien übersieht, so begreift man kaum, wie nur noch außerdem Zeit zur Anwendung derselben ihm geblieben; allein er wußte es stets so einzutheilen, daß die eine Hälfte des Tages dem Studium gehörte, die andere aber dem Schaffen übrig blieb.

Für allgemeine und besondere Benützung der Zeit und seiner literarischen Schätze gab sich Jean Paul bestimmte Verordnungen, die sich unter den Namen: Studienreglement, Lebensregeln, Lebensmarschroute, Observanda, Kettengebirge der Arbeit u. s. w. in einzelnen Büchern vorfinden.

Eines der ältesten stammt vom Jahr 1787 und heißt: Register dessen, was ich zu thun habe.

Es enthält folgende Rubriken:
1) Dieses Register zu machen.
2) Aus der Geschichte ein Register.
3) Aus den Gedanken eins.
4) Das erste durchzulesen.
5) Das andere gleichfalls.
6) Das Wörterbuch zu vermehren.
7) Es lesen.
8) Die Geschichte lesen.
9) Die Gedanken lesen.
10) Ein Register aus den Thorheiten zu machen.
11) Eines aus der Witzsammlung.
12) Diese lesen.
13) Die Ironien lesen.
14) Ein Register daraus zu machen.
15) Die Anleitung zum Witz lesen.
16) Die zur Tugend lesen.

17) An dem deutschen Lexikon arbeiten.
18) Lesen der Anekdoten.
19) Ein Register für die Register über die Geschichte.
20) Am ersten Tage die Uebungen in Stylen, am zweiten in Vorbereitungen, am dritten im Buchmachen.
21) Mein Tagbuch fertigen.
22) Auf die Menschen Achtung geben.
23) Meine Urtheile über die besten Autoren zu geben.
24) Im gemeinen Leben nach Stoff zu Gleichnissen umsehen.

Im Jahr 1795 schrieb er sich folgendes
Studienreglement
vor:
1) In der ersten Woche lies: Laune, in der zweiten Ironie, in der dritten deutsch, in der vierten Witz.
2) Gerade meine oder lang bleibende Bücher lies nach der Geographie für Kinder, André Spaziergänge u. s. w. Lies mehr eigene Sachen als fremde.
3) Neben jedes Excerptenbuch lege das Verzeichniß nach Wissenschaften, z. B. Naturgeschichte.
4) Ueber dem Essen lies in den Excerpten.
5) Satiren, Witz lies vor dem Ausgehen.
6) Beim Lesen des Wörterbuchs suche aus den Artikeln selbst Aehnlichkeiten zusammen.
7) Nur einige Bücher und solche wie Büffon lies stückweis.
8) Einen Band lies ganz und nur für einen reichen Artikel z. B. Tod, durch. In andern blättere flüchtig für viele und leichte Artikel.
9) Entweder der Nachmittag oder der Vormittag wird nicht zum Schreiben genommen.
10) Vor dem Kaffee bessere aus.
11) Statt neuer Artikel im Wörterbuch nimm die angefangenen alten vor.
12) Lies stets ein Buch seiner Art.
Unter dem Namen
Kalender

schrieb er sich eine genaue Instruktion für die spezielle Zeitvertheilung. Das Verzeichniß einer Woche reicht hin, sein Verfahren zu charakterisiren und die Motive zu zeigen.

Erster Tag: 1. Excerpte. 2. Ironie. 3. Langsam zu lesendes Buch. 4. Abschreiben. 5. Erfindung der Laune. 6. Nicolai's Reisen.

Zweiter Tag: 1. Excerpte. 2. Ironie. 3. Drei Bücher zu lesen. 4. Abschreiben. 5. Erfindung der Ironie. Nicolai's Reisen.

Dritter Tag: 1. Lesen der Excerpte von vorn an. 2. Witz. 3. Philosophische Bemerkungen über den Menschen. 4. Deutsch. 5. Nicolai's Reisen. 6. Abschreiben.

Vierter Tag: 1. Excerpte. 2. Ironie. 3. Lesen und Machen des Wörterbuchs. 4. Drei Bücher. 5. Nicolai. 6. Abschreiben.

Fünfter Tag: 1. Lesen der Excerpte. 2. Witz. 3. Erfindungen zu Satiren und Geschichten. 4. Ein philosophisches Buch. 5. Abschreiben. 6. Nicolai.

Sechster Tag: 1. Excerpte. 2. Ironie. 3. Drei Bücher. 4. Register über die Excerpte. 5. Abschreiben. 6. Nicolai.

Auf diese Weise war Jean Paul der richtigen Zeitbenützung gewiß, und er hat sie auch mit größter Strenge unausgesetzt fortgeführt. Neue allgemeine Regeln gab er sich unter der Aufschrift:

Observanda.

Dieselben enthalten nachstehende Vorschriften:

1) Die Briefe seien sternisch, nicht lyrisch.
2) Zu bloßen Erfindungen eines Plans, z. B. für Aurora, trinke Kaffee.
3) Bedenke, wenn du eine schlimme Stunde stark und siegend durchgegangen, wie tiefer sie gepeinigt hätte ohne dieses Siegen.
4) Mache ein Buch voll Fragen. Schreibe deine einsamen innern komischen, witzigen Einfälle auf.

5) Lerne die Seite der Excerpte unter dem Eintragen auswendig.
6) Lies nach dem Essen die alten Manuskripte.
7) Lies in jedem Menschen die Menschheit ohne Hinsicht auf seinen Vorzug.
8) Dichte dir Gegend und schreib es auf.
9) Beim Spazierengehen wiederhole die Grundsätze der milden sokratischen Vernünftigkeit.
10) Deine Einfälle bei andern schreibe auf.
11) Mache dir immer nur einen Grund gegen den Fehler.
12) Schreibe mehr für dich bei Ermüdung vom Lesen, etwa über Titel, Gegend ꝛc.
13) Probire, wirkliche Charaktere auf dem Papiere reden zu lassen.
14) Uebe dich in deutschen Redensarten.
15) Ich will mich nie über eine Sache ärgern, die ich blos anders zu erreichen brauche.
16) Es kostet mehr Zeit und Kraft, eine Sache zweimal zu machen, als sie einmal mit der höchsten Anstrengung zu vollenden.
17) Nimm an wichtigen Tagen Magnesia.
18) Suche bei wahnwitzigen Zügen und Anekdoten nach der Wahrheit und setze eine voraus.
19) Durchsinne die Verhältnisse aller wirklichen Personen zu neuen Erfindungen.
20) Arbeite, zumal bei Erfindungen, nie gegen den Willen der Natur. Es rächt sich durch Zeitverlust.
21) Jede Arbeit sei ihr eigner Zweck. Schreibe nicht viel und schnell, sondern langsam, gut, froh.
22) Schreibe Fehler edler Charaktere auf.
23) Sobald du einmal etwas thust, z. B. eine Reise machen, so stelle dir nur das Angenehme davon vor.
24) In jedem Monat, allemal, wenn ich die vierzig Arbeiten durch habe, ist eine von den vier Hauptübungen in Gesellschaftswitz, Laune, Ironie, Sprache, Bauten ꝛc. zu machen.

Die bisher vorgetragene Art und Weise, wie Jean Paul seinen litterarischen Reichthum vermehrte und verwendete, gibt einen Begriff, wie es möglich war, so viele Arbeiten zu vollenden, so daß er noch am Schlusse seiner Laufbahn sagen konnte: „Das einzige weiß ich gewiß — und jeder sollte dieß thun — ich hab' aus mir so viel gemacht als aus einem solchen Stoff zu machen war; und mehr wird man nicht verlangen."

Durch diese kurze Darstellung glaube ich, die Leser in die geheime Werkstätte des großen Dichters und Schriftstellers eingeführt und dadurch den Zweck meiner Aufgabe erreicht zu haben.

E. v. Hagen.

Ueber
den Einmarsch der Franzosen in die Stadt Bayreuth
am 7. October 1806.

Das Jahr 1806 war für das Fürstenthum Bayreuth ein bedeutungsvolles und verhängnißvolles Jahr. Es begann mit einer traurigen Gegenwart und mit düsteren Aussichten in eine schicksalsschwangere Zukunft. Am 5. Jan. desselben Jahres starb der letzte Ansbach-Bayreuthische Markgraf Christian Friedrich Carl Alexander zu Brandenburg-Haus in England, der letzte des markgräflichen Hauses aus dem Stamme der Hohenzollern, welches mehrere Jahrhunderte lang in Franken ruhmvoll regiert und Licht, Recht und Aufklärung unter seinem Scepter verbreitet hatte. Dabei herrschten in diesem Jahre epidemische Seuchen, die viele Menschen hinwegrafften und von durchziehenden österreichischen und russischen Kriegsgefangenen veranlaßt worden. Endlich brach im Herbst desselben Jahres der längst gefürchtete Krieg zwischen Frankreich und Preußen aus. Am 7. October ging das 30,000 Mann starke Korps des Marschalls Soult über die preußische Grenze, brach plötzlich herein und überschwemmte unsere vaterländischen Fluren. Bei dem schönsten Herbstwetter Vormittags zwischen zehn und 11 Uhr kam die Avantgarde des französischen Heeres unter dem Zulauf einer großen Volksmenge an der Grenze der Stadt an. In der Vorstadt Dürschnitz standen die berittenen Gensdarmen an der Spitze des Corps; nach ihnen der Marschall Soult mit seinem Generalstab und hierauf die zahllosen Regimenter zu Pferd und zu Fuß mit kriegerischer Musik. Kaum waren die Gensdarmen bis an den Punkt, wo die Straße sich nach Creußen wendet, angekommen, so wurden zum großen Erstaunen der Volksmenge Steinwürfe von der gegenüberstehenden hohen Hecke aus gegen sie geschleudert. In diesem Augenblick wurde Halt kommandirt; die ganze Kriegskolonne blieb auf einmal unbeweglich stehen. Da man feindlichen Widerstand in der Stadt befürchtete, so wurde mit Blitzes-Schnelle eine Kavallerie-Abtheilung zur Recognoscirung in die Stadt gesendet, welche sich sogleich überzeugte, daß die Preußischen Truppen längst abgezogen waren, daß die Thore geöffnet und von Seite der Bürger nicht der mindeste Widerstand zu besorgen sei. Der unerkannte Thäter, ein Maurergeselle, hatte sich schnell entfernt und führte deßhalb die eingeleitete Untersuchung zu keinem Resultat. Der Einmarsch in die Stadt begann, welche einen großen Theil der Truppen aufnehmen sollte. Da war jedoch große Noth und Verlegenheit bei den Behörden, indem man auf einen so raschen Einfall nicht gehörig vorbereitet war. Der Marschall nahm mit seinem Generalstab Quartier im neuen Schloß, die übrigen Offiziere wurden in den vornehmsten Häusern einquartiert. Manche Familie bekam mehrere Offiziere und dazu noch 30, 40, ja 50 und 60 Mann ins Quartier und zur Verköstigung.

Die übrigen Truppen wurden in den nahen Dorfschaften einquartiert. Ein großer Theil, der nicht untergebracht werden konnte, bivouaquirte auf den Anhöhen von der Creußner Straße herein bis auf Sct. Johannis. Die Nacht vom 7. auf den 8. October war eine gräßliche Nacht. Niemand konnte vor Lärm und Getöse ein Auge zuthun. Auf den nahen Anhöhen leuchteten die brennenden Wachtfeuer hoch zum Himmel auf. Von hier aus wurden Plünderungen einzelner Höfe und Häuser unternommen. Mit Fackeln sah man die plündernden Horden die blöckenden Viehheerden mit andern geraubten Sachen bepackt vor sich her treiben, unter welches sich das Geschrei und Gewinsel der beraubten Landleute mischte. Unter andern wurden die einzeln liegenden Häuser beim Creuzstein, zwischen Wolfsbach und Connersreuth, dann in der Nähe das Frankengut und das Stift Birken geplündert. In der Stadt war noch kein Militär-Gouverneur, es kamen daher große Unordnungen und Excesse vor, denen, da es bald an Lebensmitteln fehlte, nicht gesteuert werden konnte. Glücklicher Weise zog das Soult'sche Korps am andern Tag wieder weiter nach Hof an die Sächsische Grenze. Ihm folgte jedoch sogleich das Ney'sche Korps, das 18000 Mann stark nach Hof zog. Am 9. kam eine Bayerische Division, nach Culmbach marschirend. Und so folgten an allen Tagen dieses Monats October fortwährend größere und kleinere Truppen-Abtheilungen der französischen und alliirten Armee, bestehend aus Bayern, Würtembergern, Badensern, würzburgischen und andern Truppen des Rheinbundes, welche durch ~~Deutschland~~ *Bayreuth* und Hof nach Sachsen marschirten.

Ungeheuere Requisitionen von Vieh, Mehl, Fourage, Getränken und andern Lebensmitteln, an Kleidungsstücken und andern Kriegsbedürfnissen in der kürzesten Zeitfrist herbeizuschaffen, waren die hauptsächlichsten Bedrängnisse, die das Land drückten und aussaugten.

Ein Glück für die Provinz war es, daß sie schon am 3ten Tage des Einmarsches der Franzosen, am 9. October, in der Person des braven Brigade-Generals Legrand, eines Elsässers, einen Gouverneur erhielt, der bald Ruhe und Ordnung hielt und selbst persönlich der Noth abhalf, so viel es in seinen Kräften stand. Ein noch größeres Glück für die Stadt Bayreuth war es, daß der eigentliche Kriegsschauplatz sich von ihren Grenzen entfernte und sie verschont war, selbst Zeuge der Greuel der Schlachten zu sein.

In diesem Jahr sind es 56 Jahre, daß die Franzosen unser Land unvorbereitet überfielen und Jammer und Elend über einen großen Theil des teutschen Vaterlands verbreiteten. Möge dem teutschen Volke und seinen Fürsten jene Zeit, welche die Geschichte in ihre ehernen Tafeln eingegraben, zur Lehre und Warnung dienen!

XI.

Diplomatum ad terrae quondam Baruthinae superioris historiam spectantium summae e Regestis cura de Lang inceptis etc. excerptae.

(Cont.)

1406. Görg der Trawtenberger zu Seitwicz bekennt, dass ihm Johanns Landgraf zum Lewthemberg und Graf zu Halls der Aeltere Alles geliehen hat, was sein Vater Conrad Trawtenberger sel. von ihm an dem Dorfe und an den Gütern zu Friedrichsrewt bei Altenparkstein und an den drei Gütern zu Steinrewt rechtlich zu Lehen hatte, und ihm als Erbe hinterliess. G. zu Pleistein am Freitag sand Lamprechts Tage. (17. Sept.)

— — Stephan Geyer quittirt dem Burggrafen Friedrich zu Nürnberg den Ersatz eines vor der Weyden verlorenen Pferdes. G. an Sonntag vor dem Christtag. (19. Dec.) (c. S.)

— — Nota ez ist ze wissen daz ein klainr Turnais tut als vil als ain alt Haller, vnd ain pfunt klainr Turnais tont ain Frankchen, XX. Schilling für ain Pfund vnd XII. für ain Schilling gerechent. Item ain Frankch tut an Gold XXIIII. chlainer Turnais mer dann ein Reinischer guldein, vnd also treffent sich XXX. pfunt chlainer Turnas XXXIII. Reinischer Guldein vnd ein Drittail eins Guldein, Item ez ist auch ze wizzen, daz zu Frankchreich noch die alt Werung ist an klainen Turnaisen. XX. Schilling für ain Frankchen, vnd XX. chlain Turnas für ain grossen alten Turnais, derselben grossen alten Turnas tunt XII. ain Frankchen. (Sine die.)

1408. Fritze Newersteter der älter giebt Kuntschaft über das Geleit der Burggrafen zu Nuremberg auf dem Gebirge, dass diese von Culmnach und von Beyrewt über das Gebirg geleitet haben Ritterschaft, Landfahrer und Kaufleute mit ihrer Habe und Gütern, und unter dem Gebirg bei Streitberg durch Ebermanstat, und weiter gegen Beyrstorf durch Erlangen nach Nüremberg in die Stadt, und von da bis nach Weisenburg an die Stadtmauer; ferner von Culmnach gegen Bamberg wärts gen Cassendorf und von dann über das Gebirg bis zu dem Kreutz zwichen der Kaltenherberg und Welkendorf an der Strassen von Stadelhofen nach Czygenfelt; — dass ihm auch wissenlich sey, dass der von Slüsselberg eine Mauer bei Streitberg angefangen habe, um sich das Geleit anzumassen, das ihm aber die Burggrafen nicht gestatten wollten, und ihm Feind wurden, darum er zu Neydeck auf dem Schlosse belagert und darin erworfen ward. Siegler Conrad Vatzenberger. G. Montag vor Sandt Paulstagbekerung. (23. Jan.) (c. S.)

— — Hans v. Steinaw quittirt dem hochg. Fürsten H. Burggrafen Friedrich v. Nurnberg des Soldes den er ihm schuldig geworden von dem Reiten hinein gegen Lamparden über Pirge mit ihm. D. 19. Aug. (c. 1 S.)

— — Ruprecht röm. König und Johannes Burggraf zu Nuremberg geben Friedrich Schenken Herrn zu Limpurg als Obmann, dem Burggrafen Friderich zu Nuremberg von Seite König Rupprechts und dem Grafen Friederich zu Otingen auf Burggrafen Johanns Seite als Zusätzen Anlass über ihre Ansprüche zu einander, doch also, dass sie zu Vrbach, Begnitze und Beyereut Kundschaft nehmen; dann auch wegen der 6000 Gulden Zugelds, die der König Ruprecht von seiner Gemahlin Erbtheils wegen bei seinem Schwager gedachten Burggrafen Johannsen zu fordern hat, von jetzt bis Pfingsten zu entscheiden. D. Nuremberg feria tercia proxima ante festun Omnium sanctorum. (30. Oct.) (c. 2 S.)

— — Friedrich Burggrafe zu Nurenberg, Ludweyg Grafe zu Wertheim, Landkommentewr des deutschen Ordens in Franken, und Wolfram Propst zu Newnkirchen entscheiden zwischen Bischof Albrecht zu Bamberg und dem Burggraf Johanns zu Nurenberg in den zwischen beiden obwaltenden Landes Differenzien, nämlich wegen Entscheidung der Klagen, die sich zwischen ihnen, ihren Dienern und Unterthanen begeben möchten, — wegen des Geleits, Wildbann, Halsgerichts, Wälder, Fischwasser und des Kirchweihschutzes zu Merendorf — wegen Lehens und Halsgerichts zu Newleins, und des Lehens Zehnds zu Swingen, des Zehnden zu Oberngesees und der Müller zu Kulmnach wegen des Steinbruchs im weissmeyner Forste; ferner wegen des Holzes die Meyl genannt, — wegen der Praunecker Lehen, der Burggüter und Steuer, auch wegen Oswalds Schuldforderung an Bamberg, — wegen des Zolls vom Wein und andern Sachen der beiden Herren; — auch von der Stadtsteinach der Schafe und Schäfer wegen zu Newfang und anderswo — wegen des Verspruchs in dem Gerichte zu Obernsteinach — dann wegen der Lehen, die Burggraf Johann von dem Stifte Bamberg zu Lehen hat. G. zu Pairsdorf am Fritag nach sant Niclastag dez heiligen Bischofs. (7. Dec.) (c. 4 S.)

1410. Cunz von Auffezze Amtmann zu Krögelstein und Anna seine eliche Wirtynn verkaufen dem Bischof

Albrecht zu Bamberg und dessen Stifte, umb eine Summe Gelds, bei 70 Acker Holzes an dem Schamelsberg ob Lizendorf gelegen, die Mühle zu Litzendorf und die Lehenschaft etlicher Güter gelegen in den Marken zu Lizendorf, Melkendorf, zu Neysein in der Gegend daselbst unter dem Gebirge. Bürgen: die erbern vesten Hans Förtsch und Mathes von Lichtenstein. G. zu Bamberg am Freitag vor S. Paulstag conversionis. (24. Jan.) (c. 3 S.)

— — Ulrich von Aufsess und Barbara seine eheliche Wirthin verkaufen an ihren Vetter Cunzen von Aufsess und Anna dessen Wirthin ihren Antheil an dem Fischwasser zu Aufsess um 30 Simra Korns und 10 Simra Habers. G. am Dienstag nechst nach S. Ambrosien Tag. (8. April.) (c. 1 S.)

— — Bischoff Johann von Würzburg, Frowin von Hutten und dessen Sohn Hans bekennen, dass Endres von Muttisheim und Ludwig von Hutten ihre Streitigkeiten wegen Anforderungen dahin entschieden haben, dass der Bischoff den von Hutten 1520 fl. in 10 Jahren zahlen solle, und dass diese Raten in bestimmter Summe von der Beete zu Arnstein jährlich erhoben werden dürfen. G. Donnerstag vor S. Michelstag. (5. Mai.) (c. 3 S.)

— — Ulrich und Lewpolt Gebrüder Landgrafen zu dem Leuchtenberge verkaufen an die Brüder Friederich und Jorg von Kyndsperck ihr Schloss und Veste zu der Schnabelweide mit allen Dörfern, Höfen und Zehnten, mit dem Kirchsatz zu Droschenrewt, auch allen Lehen, die zu der Schnabelweide gehören und in dem Gerichte gelegen sind, und besonders alle Güter und Renten von Hämmern, Wäldern und Höfen etc. mit allen Rechten, Gülten, Zinsen etc. und Herrschaften um 5000 Gulden nurnberger Stadtwährung. Bürgen: Rudiger Warpperger zu Rauhenstain, Herman Hertenberger zu Fronhoff, Heinrich Slamerstorfer zum

Entsetch, Niclas Stayner zu Glawbendorff, Matheys Stayner zu Pfreumde und Marckart Redwitzer zu Teymerdorff. G. dinstag nach sant Walpurgtag. (6. Mai) (c. 7 S.)

— — Heinrich Herr zu Gera quittirt Johannsen Burggrafen zu Nürnberg um 5100 Gulden Hauptguts und 146 Gulden verfallenen Zins, die er auf Schouwensteyn, Münchperg, Opprode gehabt hat, behält aber den Hauptbrief darüber bis nach völliger Berichtigung noch einiger Gebrechen. G. am Sonntage nach Udalrici. (6. Juli) (c. 1 S.)

— — Bürgermeister, Rath und Bürger zu Arnstein versprechen, anstatt des Bischofs von Würzburg an den Ritter Frowin von Hutten und dessen Sohn Hans 1520 fl. in den nächsten 10 Jahren zu zahlen, wogegen ihnen der Bischoff verheissen hat, sie 11 Jahre mit Steuern und Beete nicht zu belasten. G. Donerstag nach Mathei Apostoli. (25. Sept.) (c. 18.)

— — Frowin vom Hutten, Ritter, und sein Sohn Hans sagen den Bischoff Johanns zu Wirzpurg von allen ihren Ansprüchen wegen vergangner Dienste, Hülfe, Zehrung, Leistung und verkauften Sachen ledig und los, ausgenommen 1520 fl. — welche sie auf der Bethe und Steuer zu Arnstein haben und die in zehn Jahr zu bezahlen sind. G. Donnerstag vor St. Michelstag.

— — Ulreich von Aufsess verkauft mit Willen seiner Wirthin Barbara und seiner Tochter Margaretha vom Berge, nach Vermittlung seines Schwagers Mathes von Maspach, seinen Antheil an der Veste Aufsees mit allen Zugehörungen, an Fürst Johannsen Burggrafen zu Nuremberg um sechzehnhundert Gulden rhn. Wehrung. G. am Sonntage nach Allerheiligen-Tage. (2. Nov.) (c. 4 S.)

— — Contze Romung Hammermeister verkauft an Hansen von Sparheck Pfleger zum Beheimstein seinen

Hammer zu **Obernlewbs**, oberhalb **Pegnitz** mit aller Zugehör um 64 Gulden nurenberger Währung, gut an Gold und schwer an Gewicht, doch also, dass ihm der Wiederverkauf nur für seine Person zwischen jetzt und nächster Mitfasten vorbehalten wird. Siegler: Peter Gross und Fritz Osche. G. am nehsten Freitag nach sande Merteinstag dez heyligen Pischoffs, (14. Nov.) (c. 2 S.)

1411. Leb Temczeir, derzeit Pfleger zum **Petzenstain**, gelobt dem Bischofe Albrecht von Bamberg, das ihm von Albrecht von Freudenberg befohlene Schloss **Petzenstein**, welches von Fridrich Burggraffen zu Nuremberg und Werchtold Grauen von Henberg den Lantgraffen von Leutenberg Johannsen dem ältern und Johannsen dem jüngern zugesprochen worden ist, ohne seinen Willen nicht zu verlassen oder abzutreten. G. am suntag vor sand mathes tag des heiligen Zwelffpoten. (20. Sept.) (c. S.)

1412. **Peter Gross zu Trockaw** vertauscht dem Herrn Heinrich, Abt des Klosters zu Michelvelt, und dem Convent daselbst, sein Gut zu Patendorf um den Zehend zu **Trockaw**; aus dem Gut zu Patendorf sollen jährlich 9 Schilling Pfennige an die Kammerei des Klosters, und von dieser Summe hinwieder dem Pfarrer zu Püchelpach 60 Pfennige entrichtet werden und das übrige der Obley des Klosters zu einem kleinen ewigen Jahrtag für ihn, seine Hausfrau und Eltern verbleiben. Mitsiegler: die Ritter Eberhart Gross und Wilhalm von Wisentaw. G. an dem nechsten Montag nach Oculi in der heiligen vasten. (7. März) (c. 3 S.)

— — Johann Herzog in Bayren und Johann Burggraf zu Nuremberg übertragen die Entscheidung ihrer Streitigkeiten von wegen der Gefangenen und der Geschichte zu Türssenrewt, dann von wegen der Untermark und Reynung zwischen den Herrschaften Aurbach und Beheimstein dem Fridrich Burggrafen zu Nuremberg und dem Hans von Degenberge Vitzthum zu Amberg. Auch sollen Albrecht von Hohenloch und Hans vom Degenberge auf den Dienstag vor kommenden Himmelfahrt-Tage auf die Gemerke Awrbach und Beheimstein reiten und eine Reynung und Untermark zwischen diesen Herrschaften bestimmen. G. zu Nuremberg am Fritag nach Walpurgen Tag. (3. Mai) (c. 2 S.)

— — Friederich Burggrane zu Nuremberg und Hanns von Degenberg Ritter, Vicztum zu Amberg treffen in den Streitigkeiten, welche zwischen Johannsen Herzog in Beyern und Johannsen Burggrauen von Nuremberg bestanden haben, folgende Entscheidung: die beyden Fürsten und die Ihrigen sollen gute getreue Freunde seyn, der Burggraf Johanns von Nuremberg soll des Abts Conrads zu Waldsachsen — Herzog Johanns soll des Herrn Bartholomes gnädiger Herr sein; die Gefangenen sollen von beyden Seiten freigelassen werden; für die 1000 Mark Silbers mütterliches Erbe, welche nach des Burggrauen Fridrich zu Nuremberg Tode genannter Burggraf Johanns dem Herzog Johanns von Beyern schuldig ist, soll derselbe ihm 4000 Gulden bezahlen und ihm dafür verpfänden das Schloss Beheimstain, die Stadt Pegnicz mit dem Arczberge und die nachbenannten Forste, Dörfer und Güter, als: Newendorf, Steckenpuhel, Prunne, Wiltbergk, Heynprunne, Newenhof, Puchach, Zucz, Lone, Lobensteig, Steinenrewt, Schönfelt, Lyntenhart, Kaltental, die Burgkhut, den Oberforst, das Eychech, Kesprunne, Eschach, Hunerpach, Grugspühel, Müczwinkel und die 4 Hämmer bey Lewbs gelegen; beyde Herrn sollen in den nächsten 3 Jahren in keine Unfreundschaft mit einander kommen und vorkommende Zwistigkeiten sollen durch 2 Räthe von jeder Partey und einen Obmann, den die klagende Partey aus des Gegners Räthen zu wählen hat, entschieden werden. Mitsiegler:

Herzog Johanns und Burggraf Johanns. G. zu Vorchheim am Donrstag nach dem heiligen Pfingsttage. (26. Mai.) (c. 4 S.)

— — Fridrich, Burggraue zu Nuremberg, Oberster Verweser der Marcke zu Brandenburg thut den Burgermeistern und Räthen der Stadt Rotenburg zu wissen, dass ihm König Sigmund für seine Dienste jährlich 4000 fl. zu geben versprochen und der Bezahlung halber die gewöhnliche Reichssteuer von Rotenburg und andern Reichsstädten verschrieben habe. G. zum Berlin am Montage vor Galli. (10. Oct.)

1413. Albrecht, Bischof zu Bamberg, Johannes, Pfaltzgraue bey Reyn, Johannes, Burggraue zu Nuremberg, Erenfried von Seckendorf, Ritter und Hofmaister, im Namen Fridrichs, Burggrauens zu Nuremberg, Fridrich Herr zu Heydeck und die Burger des Raths der Stadt Nuremberg vereinigen sich — da Bischof Johannes zu Wirtzburg vom Wein, Getraid und anderer Kaufmannschaft neue und ungewöhnliche Zölle zu erheben sich unterstanden hatte, dahin, dass sie keinen Frankenwein mehr führen, kaufen und einlegen wollen, bis derselbe von dieser Neuerung ablassen würde. G. zu Nuremberg an sand Egidien tag. (1. Sept.) (c. 5 S.)

— — Kwnmut von Gich und Els seine eheliche Wirthin verkaufen einen eigen Hof zum Monperge und zu Schewssperg mit allen Rechten und Zugehörungen an Jakob von Seckendorff zu Wisembrun, Anna, seine eheliche Wirthin und Erckinger von Sawnssheim auch zu Wisenbrun, und Barbara, seine eheliche Wirthin, für fünfthalb hundert Gulden rheinisch. Mitsiegler: Michel Zollner und Albrecht Kracz, G. am nehsten Donerstag nach dem heiligen Christag. (28. Dec.) (c. 2 S.)

1414. Sigmund, röm. König, errichtet zu Nuremberg mit Rath der Reichsfürsten, Grafen, Herren, Ritter, Knechte, Städte und Getreuen auf drei Jahre einen gemeinen

Landfrieden im Lande der Francken, setzt als Obermann von seiner und des Reichs wegen seinen Rath, Ritter Erenfriede von Seckendorf, zu welchem die Fürsten, Grafen und Herren vier und die Städte auch vier geben mögen, die mit einander über Raub, Mord, Brand und Fehden erkennen und sprechen, hiezu am nächsten Sonntage nach jeder Goltfasten und so oft es der Obermann für nöthig halte, in einer der Städte Würzburg, Neustadt an der Aisch, Bamberg oder Nüremberg zusammenkommen, die Beschädiger mahnen, den Beschädigten erforderlichen Falls durch Pfändung beholfen seyn, und allenfalls eingenommene Schlösser brechen sollen, wenn sie ihr Herr oder Pfandinhaber nicht binnen Jahresfrist oder der vom Landfrieden bestimmten Zeit löse. Beym ersten Landfrieden sollen der Obermann und die acht Beysitzer auf die Fürsten, Grafen und Herrn, die in demselben begriffen sind, eine Summe Geldes zu dessen Nothdurft anschlagen, auch sollen ihm die für den vorigen Landfrieden aufgesetzten neuen Zölle verbleiben und nöthigen Falls, wo füglich und thunlich, neue aufgesetzt werden. Albrecht zu Bamberg, Johans zu Wirtzburg und Fridrich zu Eystet, Bischöffe, Johans und Friedrich, Burggrafen zu Nüremberg, Fridrich zu Henneberg und Johans zu Wertheim, Grafen, auch Dytrich, Herr zu Pickenbach haben besonders gelobt und geschworen, diesen Landfrieden festzuhalten und zu vollführen. G. zu Nuremberg des nehsten Suntags nach Michelstag. (30. Sept.)

1415. Sigmund, römischer König, belehnt Johannes, seinen Schwager, und Fridrich, Gebrüder, Burggrafen zu Nueremberg, mit allen ihrer Fürstenthum, Herrschaffte, Lande und Leute, Gerichte, Landgerichte, Clöstere, Tutschehusere, Wiltpenne und Zölle, vnd mit Namen vf dem Zolle zu Selse vier Turnoss vnd die Knappengelt daselbst. G. zu Costentz des nechsten Dinstags nach Reminiscere. (26. Febr.)

1416. Peter von Eppingen zu Nidern Lamitz verspricht den Burgern des Raths der Stadt Nuremberg Nickel Langen bis künftigen Johannistag entweder lebendig für 800 fl. oder todt für 250 fl. überantworten zu wollen, und solle er nach Erfüllung seines Versprechens auch auf zwei Jahre gegen den gewöhnlichen Sold mit einem Diener sammt zwei Pferden in ihren Dienst aufgenommen werden. G. am Samstag vor dem Palmtag in der Vasten. (11. April) (c. S.)

— — Matheis von Meingosrewt zu Rigelsrewt gelobt den Burgern des Raths der Stadt Nuremberg, ihnen zwei Jahre mit sechs Pferden, nemlich mit seinem Selbstleibe und 5 redlichen Gesellen für einen monatlichen Sold von 32 fl. getreulich zu dienen, und seine Behausung Rigelsrewt ihnen gegen Jedermann — ausgenommen gegen Herzog Ludwig von der Pfaltz, dem es zu Lehen rühret — zu öffnen. G. an sand Egidien Abend. (31. Aug.) (c. S.)

1417. Sigmund, römischer König, gebietet den Burgermeistern, Räthen und Burgern der Stadt Nuremberg, die gewöhnliche Steuer von 2000 fl., die auf nächstkünftigen sanct Martinstag fällig ist, dem Markgrafen Fridrich zu Brandenburg und Burggrafen zu Nuremberg zu entrichten. G. zu Costentz an dem letzten tag des Mondes Meyen. (31. Mai.)

— — Sigmund, römischer König, widerruft einen Brief, welcher aus Versehen der königlichen Kanzley, oder auf andere Weise den Burgern von Regenspurg zum Nachtheil des zur Burggrafschaft Nürnberg gehörenden Landgerichts, auf welchem der Landrichter an des Kaisers Statt sitzt und richtet, gegeben wurde, und bestätiget dem Markgrafen Friederich von Brandenburg, Churfürsten, und dem Burggrafen Johannes zu Nüremberg alle Freyheiten und Rechte hinsichtlich desselben. G. zu Costenz an sant Jakobs Abend. (24. Juli.)

— — Sigmund, römischer König, erlaubt Fridrich von

Seckendorf, Ritter, aus dem Dorfe Hipoltzstain einen Markt zu machen, der gleiche Rechte haben solle, wie andere Märkte, solchen zu bevestnen, auch einen Wochenmarkt und einen oder zwey Jahrmärkte dahin zu legen. G. zu Costenz an sant Mathens des heiligen Zwelfbotten und Evangelisten Abend. (20. Sept.)

— — Hans Nankenrewter gesessen zum Schretz bekennt, dass die Behausung zu Stayningwasser genannt der Strebenstain, welche er zur Hälfte vom Hans Streber gekauft hat, des Herzogs Johann in Beyrn offenes Haus gegen männiglich ausser gegen das Stift Babenberg seyn, und auf keine Weise befestigt werden soll. G. am freitag nach undecim milium virginum. (22. Oct.) (c. S.)

1418. Friederich, Marggraf zu Brandenburg, zu Gericht sitzend zu Costenz im Kloster zu den Augustinern auf Befehl des Königs Sigmund, entscheidet im Streite zwischen Vlrich Tusentplum, Bürger zu Wissemburg, und Herman Arnolt wegen 6 Hoffreyden zu Obernhohenstat, darauf Hans Grüner, Vlrich Wynman, Vlrich Ritters Hausfrau, der Cleynschuster, der Beheim und der Schewblin sitzen: Vlrich Tusentplum solle beweisen, dass er obige 6 Hoffreyden von König Rupprecht seligen als Lehen empfangen habe. Urtheilssprecher: Die edeln, Ludwig Graf zu Oettingen, des Königs Hofmeister; Günther, Graue zu Schwartzburg, Herr zu Ranis und des Königs Hofrichter; Herr Ludwig von Hutten; Herr Vlrich von Fridingen; Herr Steffan von Abbsperg; Herr Hans von Stauffen; Herr Conrad Truchsess von Bomersfelden; Herr Friederich von Kinsperg und Herr Jörg Schenck von Geyern, Ritter; Chün von Scharffenstein, Rudolff von Fridingen und Heim von Bunawe der Elter. G. zu Costentz, des nechsten Dinstags nach sant Anthonij tag. (18. Jan.) (c. S.)

— — Lewppolt Lantgraue zum Lewchtemberg verkauft

die Veste **Petzenstein** an den Herzog **Johannsen** in Beyern und seine Gemahlin Katherina von Bomern. Mitsiegler: Lantgraff Johanns zum Leuthemberg sein Vetter. G. an dem weissen Sontag in der vasten. (13. Febr.) (c. 2 S.)

— — Sigmund, römischer König, gebietet allen Fürsten, Räthen, Knechten, Vögten, Amtleuten, Burgermeistern und Reichs-Unterthanen, die Jüdischheit, welche in seine Kammer gehört, bei den Gnaden und Freiheiten, die ihr Pabst Martin V. bestättiget hat, bleiben zu lassen. G. zu Costanz des nechsten Sampstag nach sand Matthias tag. (26. Febr.)

— — Ritter **Hans von Sparneck**, Schultheiss und die Schöpfen der Stadt beurkunden, dass zwischen Sebolt Pfintsing, und Elspet, Hansen Rieters des Jüngern seel. Wittib, eine Sammlung und Heirath geschehen sey. Zeugen: Wilhelm Mendell, Ulrich Gruntherr, Peter Haller der Jüngere. Bürgen des Sebolt Pfintzings Zuschatzes von 1000 fl. Ulrich Stromeyr zu der Rosen, Hans Tucher der Elter und Erhart Schürstab. Bürgen der Elspeten Ryeters Zuschatzes von 800 fl., Jacob Groland, Görg Stromeyr und Paulus Vorchtell. G. am Montag nach sant Veitstag. (20. Juni.)

— — **Peter Gross zu Geilenrewt** quittirt die Burger des Raths der Stadt Nüremberg über 200 fl., welche sie ihm als Diener, dann wegen Oeffnung seiner Behausung **Geilenrewt** und anderer Sachen schuldig waren. G. am Samstag vor sand Bartholomeustag. (20. Aug.) (c. S.)

— — **Matheis von Meingosrewt zu Rigelsrewt** bekennt, dass ihn die Burger des Raths der Stadt Nuremberg wegen seines Soldes und der Oeffnung seiner Behausung Rigelsrewt richtig bezahlt haben. G. am Freytag nach sand Bartholomes Tag. (26. Aug.) (c. S.)

— — Sigmund, römischer König, gebietet den Burgern des Raths der Stadt Nuremberg, seinem Oheim, Fridrich Markgrafen zu Brandenburg, welchem er auf die Dauer seiner Abwesenheit im Königreich Hungern und anderswo des Reiches Sachen in den deutschen Landen zu handhaben, und mit ihrem Rath und Beistand des Reiches Nutzen und Frommen zu schaffen befohlen, auf Begehren Beistand zu leisten. G. zu Swebischwerde am nechsten Suntag nach sand Michelstag. (2. Oct.)

— — Derselbe ermächtiget seinen Schwager Johannes, Burggrafen zu Nuerenberg, von dem, was er von der Jüdischheit im Reiche einnehmen wird, 20,000 ungarische Gulden, welche er ihm schuldet, zu behalten. (D. ib. et eod. d.)

1419. Sigmund, römischer König, verstattet und erlaubt seinem Oheime und Kurfürsten Friedrich, Markgrafen zu Brandenburg, des heiligen römischen Reichs Erzkammerer und Burggrafen zu Nuremberg, die Münze, oder das Münzmeisteramt zu Nuremberg, das an Herdegen Paltzner, Burger daselbst, von seinen Vorfahren an dem Reich verpfändet ist, für 4000 fl. auszulösen, und in all der Masse, als genannter Pfaltzner solches inne gehabt, zu gebrauchen. G. zu Passaw, am nächsten Suntag nach der heiliger dreier Könige tag. (8. Jan.) (c. S.)

— — Wentzlaw, römischer König und König von Beheim belehnt Rudiger von Sparneck mit dem Schlosse Waltstein, der Behausung Sparneck, dem Dorfe daselbst, den Dörfern Czell, Reynhartsrewte, Losnitz gross und klein, Garmansrewte, Penck, Formitz, Goswasgrun, Perleyns, Meyerhoff, Gettengrun, Schida, und Forkenrewt, jegliches halb, ferner mit zwei Höfen zu Musten, Selbitz, welche durch den Tod Friedrichs von Sparneck, seines Vaters an ihn gekommen und böhmische Lehen sind. G. des nechsten Mitwochs vor dem Suntage Letare. (22. März.) (c. S.)

— — Fridrich, Marggraue zu Branndenburg, des heil. röm. Reichs Ertzkammerer und Burggraue zu Nuremberg, verordnet bezüglich der guldein Münze vnd Guldein, die er von des römischen Königs wegen hat und zu Nuremberg wolle schlagen lassen, dass diese Gulden 19 Garad am Striche haben und schwer genug seyn sollen nach Nüremberger Gewicht, dass man den Münzmeister und die Münzprüfer nach des Rathes zu Nüremberg Rath, so ferne derselbe es wolle, dazu nehmen, und auch, wenn man eine Silbermünze zu schlagen Raths würde, nur ein Münzmeister seyn solle, der beyde, Gold und Silbermünze, verantworte und verwese. Die vorbemerkten Gulden, die man zu Nüremberg schlagen werde, solle man jedoch für Nürmberger Stadtwährungs Gulden nicht nehmen, oder zu nehmen schuldig seyn, so dass denen von Nüremberg und einem Jeden an dem Nüremberger Stadtwährungs Gulden, die sie haben und hergebracht haben, daraus kein Nachtheil erwachse. G. zu Nüremberg am Freitag nach dem Suntag Jubilate. (12. Mai.) (c. S.)

Berichtigungen.

Seite 33 Zeile 4 von unten lies:
    herkommend statt hervorkommend.
Seite 48 Zeile 5 von oben lies:
    iuxta descriptum tenorem.

Jahresbericht

für

das Jahr 18⁶¹⁄₆₂

Erster Abschnitt.

Wirksamkeit des Vereins.

Das vierunddreißigste Vereinsjahr, über welches wir Bericht zu erstatten haben, wurde mit der am 1. Mai 1861 Nachmittags 3 Uhr im k. neuen Schlosse dahier abgehaltenen Hauptversammlung begonnen. Dieselbe eröffnete der Vereinsvorstand Herr von Hagen mit einer einleitenden Anrede, worauf der Jahresbericht für das Jahr 18⁶⁰⁄₆₁ vorgelesen und vom Vereinskassier die Rechnung desselben Jahres gelegt wurde, welche mit einer Einnahme von 575 fl. 27¾ kr. und einer Ausgabe von 260 fl. 59½ kr. abschloß, so daß demnach ein Aktiv-Bestand von 314 fl. 28¼ kr. verblieb. Daran reihete sich die nach §. 18 der Statuten alle drei Jahre zu erneuernde Wahlverhandlung für den Ausschuß, wodurch die bisherigen Ausschußmitglieder in ihren Stellen auf die nächsten drei Jahre bestätigt wurden. Herr Pfarrvikar Dieterich zu Gesees war schon früher zum Substitut des Bibliothekars ernannt worden, da dieser durch seine andauernde Krankheit verhindert ist, die ihm obliegenden Geschäfte vollständig zu erledigen.

Nachdem die Wahlverhandlung für den Ausschuß beendigt war, wurden folgende Vorträge gehalten:

1) Kurzer Rückblick auf das Jahr 1761, von Herrn von Hagen.
2) Ueber den Aufenthalt Napoleons I. in Bayreuth, von demselben.
3) Ueber die sogenannte Ordenskirche zu St. Georgen bei Bayreuth, von Herrn Consistorialrath Dr. Kraußold dahier.

In den monatlichen Ausschußsitzungen wurden folgende Gegenstände verhandelt:

1) Die Sitzung vom 4. September 1861 wurde von dem Vereinsvorstande nach dessen Rückkehr von einer längeren Reise durch eine kurze Ansprache eröffnet und hierauf über die vom Ausschusse nach Thurnau gemachte Excursion und über die daselbst vorgefundenen historischen Sammlungen und merkwürdigen Antiquitäten Vortrag erstattet.
2) Herr Pfarrer Hirsch zu Trebgast hielt einen kurzen Vortrag über den limes Sorabicus und die Königsheide, an demselben Tage.
3) Herr Pfarrer Hirsch trug die Einleitung zu seiner Abhandlung über die Burg und den Ort Schönbrunn vor, am 2. Oktober 1861.
4) Bemerkungen über die von Dr. Schreiber zu München herausgegebenen Biographien des Kurfürsten Max Emanuel und Otto's des Erlauchten, von Dr. Holle, am 6. November 1861.
5) Rückblick auf die im letzten Decennium verstorbenen Geschichtsforscher nebst einem kurzen Nekrolog des dahier verstorbenen Professors Dr. Neubig, von Herrn von Hagen, am 4. Dezember 1861.
6) Ueber die Burg Frankenberg, von Herrn Pfarrer Stadelmann zu Marktleuthen, an demselben Tage.
7) Ueber die Einführung des Christenthums im Nordgau, von Herrn Pfarrer Hirsch zu Trebgast, am 5. Februar 1862.
8) Ueber Jean Pauls Zeiteintheilung und Studien, von Herrn von Hagen, am 5. März 1862.
9) Fortsetzung des Vortrags über die Einführung des Christenthums im Nordgau, von Herrn Pfarrer Hirsch zu Trebgast, an demselben Tage.
10) Geschichte der Schloßkirche zu Bayreuth, von Herrn von Hagen, am 2. April 1862.

Das im vorigen Jahre erschienene zweite Heft des VIII. Bandes des Archivs für Geschichte und Alterthumskunde von Oberfranken enthält:
1) Archivalische Mittheilungen, von Herrn Baron Karl von Reitzenstein zu München.
2) Krohnemann, der Goldmacher, von Dr. Holle zu Bayreuth.
3) Die Streitigkeiten der Markgrafen von Bayreuth mit der Ritterschaft über die Reichsunmittelbarkeit, von demselben.
4) Einblick in das Geschäftsleben des fränkischen Kreisconvents unter dem Markgrafen Christian Ernst zu Bayreuth, von Herrn Rentbeamten Peetz zu Traunstein.
5) Ueber die sogenannte Ordenskirche zu St. Georgen bei Bayreuth, von Herrn Consistorialrath Dr. Kraußold zu Bayreuth.
6) Biographie des Oberappellationsgerichts-Direktors v. Seyfert zu München, von dem Vereinsvorstande Herrn von Hagen.
7) Ueber den Aufenthalt des französischen Kaisers Napoleon in hiesiger Stadt im Monat August 1813, von demselben.
8) Jahresbericht pro 18$^{60}/_{61}$.

In der Zahl der Vereinsmitglieder haben sich im Laufe des verflossenen Jahres die nachstehenden Veränderungen ergeben:

Gestorben sind:
a) von den Ehrenmitgliedern:
Herr Professor Dr. Reubig dahier.
b) Von den ordentlichen Mitgliedern:
1) Herr v. Großschedel, Frhr., k. Hauptmann dahier.
2) Herr Pfarrer Reinel zu Eckersdorf.
3) Herr Trampler, k. Landgerichts-Assessor zu Kulmbach.
4) Herr Trendel, Fabrikbesitzer daselbst.
5) Herr v. Koch, Gutsbesitzer zu Rudolphstein.
6) Herr Dr. Meyer, k. I. Landgerichts-Assessor zu Kirchenlamitz.
7) Herr Schneider, Bürgermeister zu Münchberg.
8) Herr Pfarrer Pausch zu Creußen.
9) Herr Sturm, Gutsbesitzer zu Hammerschrott.
10) Herr Rentamtmann Schreiber zu Thurnau.
11) Herr Schilling, k. Revierförster zu Heinersreuth.

Versetzt wurden:
1) Herr Adami, Privatier dahier.
2) Herr Kellermann, k. Bankoberbeamter zu Hof.
3) Herr Apotheker Schmidt zu Gräfenberg.
4) Herr Pfarrer Friedlein zu Berg.
5) Herr Meyer, k. Aufschläger zu Selb.
6) Herr Pfarrer Gabler zu Redwitz.
7) Herr Dr. Neubig, k. IV. Pfarrer zu Kulmbach.
8) Herr Meiner, k. Pfarrer zu Schnabelwaid.

Ausgetreten sind:
1) Herr Körber, Bezirksgerichts-Accessist dahier.
2) Herr Postmeister Hainisch zu Hof.
3) Herr Pfarrer Dost zu Gesees.
4) Herr Landgerichtsfunktionär Senfft zu Kulmbach.
5) Herr Pfarrer Cramer zu Hilpoltstein.
6) Herr Bayer, Privatier zu Weißenstadt.
7) Herr Cantor Hofmann zu Kirchenlamitz.
8) Herr Dr. Wiesner, prakt. Arzt zu Weißenstadt.
9) Herr Landrichter Heydenreich zu Kronach.
10) Herr Dr. Seidel, prakt. Arzt zu Schwarzenbach a. W.
11) Herr Apotheker Matthesius zu Selb.
12) Herr Strebel, Fabrikbesitzer zu Arzberg.
13) Herr Advokat Bunte zu Wunsiedel.
14) Herr Forstmeister Kabner zu Wunsiedel.
15) Herr v. Liederskron, k. Oberkonsistorialrath zu München.
16) Herr v. Waldenfels, Frhr., k. Forstwart zur Hubertushöhe.

Dagegen sind neu eingetreten:
1) Herr v. Brück, Frhr., k. Oberstlieutenant dahier.
2) Herr Rabbiner Dr. Fürst dahier.
3) Herr Ritter v. Mann, k. Rittmeister dahier.
4) Herr Schobert, Sparkasse-Kassier dahier.
5) Herr Pfarrer Brock in St. Johannis.
6) Herr Rudolph Frhr. v. Reitzenstein dahier.

Der Verein zählt am Schlusse dieses Jahres 11 Ehren- und 359 ordentliche Mitglieder.

Schließlich theilen wir die Rechnungsresultate des Vereinsjahres $18^{61}/_{62}$ mit:

Einnahmen.

	fl.	kr.
Titel I. An vorjährigem Kassabestand . . .	314	28¼
„ II. An jährlichen Vereinsbeiträgen . . .	371	—
Summa aller Einnahmen	685	28¼

Ausgaben.

		fl.	kr.
Titel I.	Auf die Verwaltung und zwar Remuneration des Dieners und Beheizung des Sitzungszimmers	24	18
Titel II.	Auf Literatur, Landkarten, Zeichnungen und das germanische Museum . . .	82	19
Titel III.	Auf Regie:		
	a) Schreibmaterialien, Schreibgebühren und Anschaffungen 35 35		
	b) Postporto und Botenlöhne 13 27		
	c) Buchdrucker- und Buchbinderlöhne 186 25		
		235	27
	Summa aller Ausgaben	342	4

Abschluß.

Die Einnahme beträgt . . 685 fl. 28¼ kr.
Die Ausgabe beträgt . . 342 fl. 4 kr.
Bleibt Kassabestand 343 fl. 24¼ kr.

Verbesserung.

Seite 81, Zeile 16 von unten lies:
Bayreuth statt Deutschland.

Zweiter Abschnitt.

Verzeichniß der im Jahre 18⁶¹/₆₂ für die Vereinssammlung neu erworbenen Gegenstände.

I. Bücher.

A. Geschenke.

1) Des historischen Vereins für Nassau zu Wiesbaden:
   Urkundenbuch der Abtei Eberbach im Rheingau. Im Auftrag des historischen Vereins für Nassau herausgegeben von Dr. K. Rossel. Erster Band. Heft I., II. Wiesbaden 1860, 1861.
2) der Gesellschaft für Pommer'sche Geschichte und Alterthumskunde zu Stettin:
   Baltische Studien. Herausgegeben von der Gesellschaft für Pommer'sche Geschichte und Alterthumskunde. XVIII. Jahrgang. 1. Heft. Stettin 1860.
3) der Frau Hauptmann Vogel dahier:
   Biblia, das ist: Die ganze heilige Schrift, verdeutscht durch Dr. Mart. Luther. Lüneburg 1654. 12. Diese Bibel ist so gebunden, daß das neue Testament in der Mitte des alten sich befindet.
4) des historischen Kreis-Vereins für Schwaben und Neuburg in Augsburg:
   Sechsundzwanzigster Jahresbericht des historischen Kreis-Vereins im Regierungsbezirke von Schwaben und Neuburg für das Jahr 1860. Augsburg 1861.
5) des Vereins für Geschichte und Alterthümer der Herzogthümer Bremen und Verden zu Stade:
   a) Bericht des Vereins für Geschichte und Alterthümer der Herzogthümer Bremen und Verden und des Herzogthums Hadeln zu Stade über die Jahre 1859 und 1860 bis zur Generalversammlung am 29 Mai 1861.
   b) Statuten und Reglements des Vereins für Geschichte und Alterthümer der Herzogthümer Bremen und Verden und des Landes Hadeln. Nebst Mitgliederverzeichniß vom 1. Mai 1859 und Rechenschaftsbericht über die Jahre 1857 und 1858. Stade 1861.

6) des königl. statistisch-topographischen Bureau zu Stuttgart:
Würtemberg'sche Jahrbücher für vaterländische Geschichte, Geographie, Statistik und Topographie. Herausgegeben von dem königl. statistisch-topographischen Bureau. Jahrgang 1859. Erstes und zweites Heft. Stuttgart 1861.
7) der k. k. geographischen Gesellschaft zu Wien:
Mittheilungen der kaiserlich königlichen geographischen Gesellschaft. IV. Jahrgang. 1860. Redigirt von Franz Fötterle. Wien 1860.
8) der k. Akademie der Wissenschaften zu München:
Sitzungsberichte der königl. bayer. Akademie der Wissenschaften zu München. 1860. Heft IV. und V. 1861. Heft I., II. III., IV. und V. 1861. II. Heft I., II. und III. München 1860 und 1861.
9) des historischen Vereins für das Großherzogthum Hessen zu Darmstadt:
  a) Archiv für hessische Geschichte und Alterthumskunde. Neunten Bandes drittes Heft. Darmstadt 1861.
  b) Hessische Urkunden. Aus dem großherzoglich hessischen Haus- und Staatsarchive zum Erstenmale herausgegeben von Dr. Ludwig Baur. Zweiter Band. Erste Abtheilung. Darmstadt 1861.
  c) Verzeichniß der Druckwerke und Handschriften in der Bibliothek des historischen Vereins zu Darmstadt. Aufgestellt im Mai 1861.
10) des germanischen Museums zu Nürnberg:
Anzeiger für Kunde der deutschen Vorzeit. Neue Folge. Achter Jahrgang. Organ des germanischen Museums. 1861. IX. Jahrgang. 1862.
11) der schlesischen Gesellschaft für vaterländische Cultur zu Breslau:
  a) Abhandlungen der schlesischen Gesellschaft für vaterländische Cultur. Abtheilung für Naturwissenschaften und Medizin. 1861. Heft I. und II. Philosophisch-historische Abtheilung. 1861. Heft I. Breslau 1861.
  b) Acht und dreißigster Jahresbericht der schlesischen Gesellschaft für vaterländische Cultur. Enthält: Arbeiten und Veränderungen der Gesellschaft im Jahre 1860. Breslau.
12) des historischen Vereins für Steiermark zu Gratz:
Mittheilungen des historischen Vereins für Steiermark. Zehntes Heft. Gratz 1861.
13) des Vereins für siebenbürgische Landeskunde zu Hermannstadt:
  a) Archiv des Vereins für siebenbürgische Landeskunde. Neue Folge. Vierter Band, drittes Heft. Kronstadt 1860.
  b) Beitrag zur Geschichte und Statistik des Steuerwesens in Siebenbürgen von E. A. Bielz. Hermannstadt 1861.
  c) Sagen und Lieder aus dem Nösner Gelände, gesammelt von Heinrich Wittstock. Bistritz, 1860.
  d) Programm des k. k. katholischen Staats-Gymnasiums in Hermannstadt für das Schuljahr 18$^{58}/_{59}$ und 18$^{59}/_{60}$. Hermannstadt 1860.
  e) Neuntes Programm des evangelischen Gymnasiums zu Bistritz in Siebenbürgen. Herausgegeben am Schlusse des Schuljahrs 1860. Inhalt: Die Stellung von Bistritz im Thronstreite zwischen Ferdinand I. und Johann Zapolya. Bistritz.

f) Programm des evangelischen Gymnasiums zu Schäßburg und der damit verbundenen Lehranstalten. Zum Schlusse des Schuljahrs 1859/60 veröffentlicht von der Gymnasial-Direktion. Inhalt: Die siebenbürgisch-sächsische Bauernhochzeit. Ein Beitrag zur Sittengeschichte. Von Johann Mätz. Kronstadt 1860.

g) Programm des evangelischen Gymnasiums A.-C. zu Mediasch und der damit vereinigten Schulanstalten für das Schuljahr 1859/60. Veröffentlicht vom Direktor des Gymnasiums Carl Brandsch. Hermannstadt, 1860.

14) des Herrn Pfarrers Glaser zu Melkendorf:

Zimmermannsspruch auf dem neu erbauten linken Flügel der Hochfürstlichen Canzlei den 16. Julius 1787 von dem Zimmergesellen Johann Georg Nicolaus Cuerfeld abgelegt. Bayreuth.

15) des historischen Vereins für Nassau zu Wiesbaden:

Nr. 1. Mittheilungen an die Mitglieder des Vereins für nassauische Alterthumskunde und Geschichtsforschung in Wiesbaden. Ausgegeben im September 1861.

16) des historischen Vereins für Niedersachsen zu Hannover:

a) Vierundzwanzigster Bericht über den historischen Verein für Niedersachsen. Hannover 1861.

b) Zeitschrift des historischen Vereins für Niedersachsen. Jahrgang 1860. Mit 2 Tafeln Abbild. Hannover 1862.

17) des Vereins für Geschichte und Alterthumskunde zu Frankfurt a. M.:

a) Mittheilungen an die Mitglieder des Vereins für Geschichte und Alterthumskunde in Frankfurt a. M. Zweiter Band. Nr. 1. Ausgegeben im Juni 1861. Frankfurt a. M.

b) Oertliche Beschreibung der Stadt Frankfurt a. M. Von Johann Georg Batton. Erstes Heft, die geschichtliche Einleitung enthaltend. Frankfurt a. M. 1861.

18) des Vereins für mecklenburgische Geschichte und Alterthumskunde zu Schwerin:

Jahrbücher und Jahresbericht des Vereins für mecklenburgische Geschichte und Alterthumskunde, herausgegeben von G. C. F. Lisch und W. G. Beyer, Secretären des Vereins. Sechsundzwanzigster Jahrgang. Schwerin 1861.

19) des Vereins für Geschichte und Alterthumskunde Schlesiens zu Breslau:

a) Zeitschrift des Vereins für Geschichte und Alterthum Schlesiens. Namens des Vereins herausgegeben von Dr. Karl Röpell. III. Band. 2. Heft. Breslau 1861.

b) Breslau unter den Piasten als deutsches Gemeinwesen von Dr. Colmar Grünhagen. Der königl. Universität zu Breslau bei der Feier ihres fünfzigjährigen Bestehens überreicht von dem Verein für Geschichte und Alterthum Schlesiens. Breslau 1861.

c) Monumenta Lubensia. Herausgegeben von Dr. W. Wattenbach. Der königl. Universität zu Breslau bei der Feier ihres fünfzigjährigen Bestehens überreicht vom königl. Provinzial-Archiv für Schlesien. Breslau 1861.

20) des hennebergischen alterthumsforschenden Vereins zu Meiningen:
Hennebergisches Urkundenbuch. Im Namen des hennebergischen alterthumsforschenden Vereins herausgegeben von Georg Brückner. IV. Theil. Die Urkunden des gemeinsamen hennebergischen Archivs von MCCCLXXXV. (resp. MCCLVIII.) bis MCCCXII. Meiningen 1861.

21) des historischen Vereins für Niederbayern zu Landshut:
Verhandlungen des historischen Vereins für Niederbayern. VII. Band. 3. und 4. Heft. Landshut 1861.

22) des historischen Vereins zu Bamberg:
Vierundzwanzigster Bericht über das Wirken und den Stand des historischen Vereins zu Bamberg im Jahre 18⁶⁰/₆₁.

23) des historischen Vereins von Oberpfalz und Regensburg:
Verhandlungen des historischen Vereins von Oberpfalz und Regensburg. Zwanzigster Band der gesammten Verhandlungen und 12. Band der neuen Folge. Mit zwei lithographirten Tafeln. Regensburg 1861.

24) der naturforschenden Gesellschaft zu Bamberg:
Fünfter Bericht der naturforschenden Gesellschaft zu Bamberg für das Jahr 1860—61. Bamberg 1861.

25) des historischen Vereins für das wirtembergische Franken zu Mergentheim:
Wirtembergisch Franken. Zeitschrift des historischen Vereins für das wirtembergische Franken. Fünften Bandes zweites Heft. Jahrgang 1860. Mit acht Holzschnitten. Künzelsau und Mergentheim. Herausgegeben von Ottmar Schönhuth. Heilbronn 1861.

26) der niederländischen Letterkunde zu Leyden:
Handelingen der jaarlijksche algemeene vergadering van de Maatschappij der Nederlandsche Letterkunde te Leiden, gehouden den 20. Juni 1861, in het gebouw der Maatschappij tot Nut van t'Algemeen te Leiden.

27) des Vereins von Alterthumsfreunden im Rheinlande zu Bonn:
a) Jahrbücher des Vereins von Alterthumsfreunden im Rheinlande. XXXI. XXXII. Sechszehnter Jahrgang. 1. 2. Bonn 1861. 1862.
b) Das Bad der römischen Villa bei Alleuz. Erläutert vom Professor E. aus'm Weerth. Festprogramm zu Winckelmanns Geburtstage am 9. Dezember 1861. Herausgegeben vom Vorstande des Vereins von Alterthumsfreunden im Rheinlande. Hierzu eine Tafel. Bonn 1861.

28) der historischen Commission bei der k. Akademie der Wissenschaften in München:
Quellen und Erörterungen zur bayerischen und deutschen Geschichte. Sechster Band. München 1861.

29) des historischen Vereins in Mittelfranken zu Ansbach:
Neunundzwanzigster Jahresbericht des historischen Vereins für Mittelfranken. 1861. Ansbach.

30) des Vereinsvorstandes Herrn v. Hagen dahier:
a) Festgabe zur Erinnerung an die feierliche Einweihung der protestantischen Kirche in Waldsassen (Kreis Oberpfalz im Königreiche Bayern) am XVII. Trinitatis-Sonntage, den 22. September 1861. Bayreuth 1861.

b) Erinnerungen an die evangelische Kirche der alten Zeit in Amberg und in der Oberpfalz von F. C. Wild, evang. Pfarrer zu Kirchheim im Ries, im Königreich Württemberg. Erlangen.

31) der kgl. Akademie der Wissenschaften zu München:
a) Rede auf Sir Thomas Babington Macaulay, den Essayisten und Geschichtschreiber Englands. Vorgetragen in der feierlichen Versammlung der kgl. Akademie der Wissenschaften am 28. März 1860 von Dr Georg Thomas von Rudhart, z. Z. Sekretär der historischen Klasse. München 1860.
b) Ueber die lange Dauer und die Entwickelung des chinesischen Reiches. Rede zur Feier des allerhöchsten Geburtsfestes Sr. Majestät des Königs Maximilian von Bayern gehalten in der öffentlichen Sitzung der kgl. Akademie der Wissenschaften am 28. November 1861 von Dr. Johann Heinrich Plath, außerordentlichem Mitgliede der Akademie. München 1861.
c) Denkrede auf Dr. Georg Thomas v. Rudhart. Gelesen in der k. bayer. Akademie der Wissenschaften am 26. März 1861 von Karl August Muffat, k. b. Reichsarchivsrathe und außerordentlichem Mitgliede der k. Akademie.
d) Ueber Briefsteller und Formelbücher in Deutschland während des Mittelalters. Vortrag in der öffentlichen Sitzung der k Akademie der Wissenschaften am 26. März 1861 zur Vorfeier ihres 102. Stiftungstages, gehalten von Dr. Ludwig Rockinger, außerordentlichem Mitgliede der historischen Klasse München 1861.
e) Verzeichniß der Mitglieder der k. b. Akademie der Wissenschaften. 1860. München 1860.
f) Verzeichniß der Mitglieder der k. b. Akademie der Wissenschaften. 1862. München 1862.
g) Abhandlungen der historischen Klasse der k. b. Akademie der Wissenschaften. Neunten Bandes 1. Abth. In der Reihe der Denkschriften der XXXV. Band. München 1862.
h) Monumenta Boica. Volumen trigesimum sextum. Edidit academia scientiarum Boica. (Pars II.) Monachii MDCCCLXI.

32) des Vereins für Geschichte der Mark Brandenburg zu Berlin:
Novus Codex diplomaticus Brandenburgensis. Erster Haupttheil oder Urkundensammlung zur Geschichte der geistlichen Stiftungen, der adlichen Familien, sowie der Städte und Burgen der Mark Brandenburg. Von Dr. Fr. Riedel. XXI. und XXII. Band. Berlin 1861. 1862.

33) des germanischen Museums in Nürnberg:
Jahresbericht des germanischen Nationalmuseums. XIII. Jahresbericht. Nürnberg 1862.

34) des historischen Vereins von Unterfranken und Aschaffenburg zu Würzburg:
Archiv des historischen Vereins von Unterfranken und Aschaffenburg. XVI. Bd. 1. Heft. Würzburg 1862.

35) des Vereins für hessische Geschichte und Landeskunde zu Kassel:
a) Zeitschrift des Vereins für hessische Geschichte und Landeskunde. Band IX., Heft 1. Kassel 1861.
b) Mittheilungen an die Mitglieder des Vereins für hessische Geschichte und Landeskunde. Nr. 1—4.

36) des Herrn Pfarrers Brock zu St. Johannis bei Bayreuth:
   a) Nachtrag zur Bayreuthischen Vaterlandsgeschichte mit besonderer Rücksicht anf die alten Raubschlösser und Warththürme auf und in der Nähe des Fichtelgebirgs als die ältesten Denkmäler deutscher Tapferkeit. Herausgegeben von G. J. Th. Jahn, Diakon zu Weißenstadt. 1821.
   b) Geschichte der Stadt Lauingen und Umgegend. Von Joh. Mich. Brorner. Dilingen 1845.
37) des historischen Vereins von und für Oberbayern zu München:
   a) Zweiundzwanzigster Jahresbericht des historischen Vereins von und für Oberbayern. Für das Jahr 1859. München 1860.
   b) Oberbayerisches Archiv für vaterländische Geschichte, herausgegeben von dem historischen Vereine von und für Oberbayern. Neunzehnter Band. Drittes Heft. München 1858—1860.
38) der S. H. L. Gesellschaft für vaterländische Geschichte zu Kiel:
   a) Jahrbücher für die Landeskunde der Herzogthümer Schleswig Holstein und Lauenburg, herausgegeben von der S. H. L. Gesellschaft für vaterländische Geschichte, redigirt von Th. Lehmann und Dr. Handelmann. Band III. Heft 3. Kiel 1860. Band IV. Heft 1—3. Kiel 1861.
   b) Quellensammlung der Schleswig-Holstein-Lauenburgischen Gesellschaft für vaterländische Geschichte. Erster Band: Chronicon Holtzatiae, auctore Presbytero Bremensi. Herausgegeben von J. M. Lappenberg. Kiel 1862.
   c) die nordfriesische Sprache nach der Föhringer und Amrumer Mundart. Wörter, Sprichwörter und Redensarten nebst sprachlichen und sachlichen Erläuterungen und Sprachproben von Chr. Johansen. Kiel 1862.
39) des Herrn Consistorialraths Dr. Krausold dahier:
   a) Dreihundertjährige Jubelfeier des gräflich und freiherrlich von Egloffstein'schen Familien-Condominats im Testamentshause Kunreuth am 1. September 1857. Kunreuth im September 1857. Erlangen.
   b) Johann I. von Egloffstein, Bischof von Würzburg und Herzog von Franken, Stifter der ersten Hochschule in Würzburg. Historische Monographie von Prof. D. Reuß. Würzburg 1847.
40) des Herrn Pfarrers Lampert in Ippesheim:
   a) Benedicti Carpzovii, jcti, practica nova rerum criminalium imperialis Saxonica, in tres partes divisa. Lipsiae anno MDCCIX. Fol.
   b) Brandenburgische Usurpationsgeschichte in den fränkischen Kreislanden des hohen deutschen Ritterordens 1796. Mit 149 Beilagen. Entworfen 1797. Fol.
41) des Vereins für Kunst und Alterthum in Ulm und Oberschwaben zu Ulm:
   Verhandlungen des Vereins für Kunst und Alterthum in Ulm und Oberschwaben, unter dem Protektorate Sr. königlichen Hoheit des Kronprinzen von Württemberg. Vierzehnte Veröffentlichung. Der größeren Hefte neunte Folge. Mit 21 Steintafeln in Farbendruck. Ulm 1862.
42) des Alterthumsvereins zu Freiberg:
   Mittheilungen des Freiberger Alterthumsvereins. 1. Heft. Freiberg 1862.

43) des Vereins von Alterthumsfreunden in den Rheinlanden zu Bonn:
Ueber eine seltene Erzmünze mit dem Monogramm des achäischen Bundesgeldes. Von Dr. Christian F. Bellermann. Mit einer Kupfertafel. Bonn 1859.
44) der Gesellschaft für Pommer'sche Geschichte und Alterthumskunde zu Stettin:
Baltische Studien. Herausgegeben von der Gesellschaft für Pommer'sche Geschichte und Alterthumskunde. XIX. 1. Heft. Stettin 1861.

B. Käufe:

1) Archenholz, siebenjähriger Krieg, herausgegeben von Dr. August Potthast. Berlin 1860.
2) Der Pfahlgraben nach den neuesten Forschungen und Entdeckungen. Von Karl Arnd. Frankfurt a. M. 1861.
3) Die Könige der Germanen. Nach den Quellen dargestellt von Dr. Felix Dahn. Zweite Abtheilung. Die kleineren gothischen Völker. Die Ostgothen. München 1861.
4) Forschungen zur deutschen Geschichte, herausgegeben von der historischen Commission bei der königlich bayerischen Akademie der Wissenschaften. Ersten Bandes erstes und zweites Heft.
5) Correspondenzblatt des Gesammtvereins der deutschen Geschichts- und Alterthumsvereine. Herausgegeben vom Verwaltungsausschusse des Gesammtvereins in Stuttgart. Neunter Jahrgang. 1861. X. Jahrgang 1862.
6) Bayerischer Plutarch, oder Lebensbeschreibungen denkwürdiger und verdienter Bayern. Herausgegeben von Johann Baptista von Pfeilschifter. Erstes Bändchen. Aschaffenburg, 1861..
7) Die mediatisirten freien Reichsstädte Deutschlands von Dr. Georg Viktor Schmid. Frankfurt a. M. 1861.
8) Der bayerische Wald (Böhmerwald). Illustrirt und beschrieben von Bernhard Grueber und Adelbert Müller. Regensburg 1851.
9) Max Emanuel, Kurfürst von Bayern. Von Dr. Fr. A. Wilhelm Schreiber. München, 1861.
10) Otto der Erlauchte Pfalzgraf bei Rhein und Herzog von Bayern. Von Dr. Fr. A. Wilh. Schreiber. München 1861.
11) Geschichte des preußischen Königshauses. Von Adolph Friedrich Riedel. Erster und zweiter Theil. Berlin 1861.
12) Fürstbischof Gerhard und der Städtekrieg im Hochstift Wirzburg. Ein Vortrag von Dr. Franz X. Wegele, Professor der Geschichte zu Wirzburg. Mit Anmerkungen und urkundlichen Beilagen. Nördlingen 1861.
13) Kurfürst Friedrich der Siegreiche von der Pfalz. Nach seinen Beziehungen zum Reiche und zur Reichsreform in den Jahren 1454 bis 1464 dargestellt von Dr. Karl Menzel. Inaugural-Dissertation. München 1861.
14) Geschichte der Stadt Passau. Von Dr. Alexander Erhard. Erste Lieferung. Passau 1862.
15) Die Mundart der Stadt Würzburg. Von Dr. Joh. Sept. Sartorius. Würzburg 1862.
16) Adresse- und Handbuch für den Ober-Main-Kreis. Von Heinritz. I. und II. Theil. Bayreuth 1819.
17) Des Adresse- und Handbuchs für den Ober-Main-Kreis letzter

Theil zugleich als Ergänzung der beiden vorhergehenden Theile. Von Heinritz. Bayreuth 1821.
18) Adresse- und Handbuch für Oberfranken im Königreiche Bayern. Von Heinritz. Bayreuth 1838.
19) Erinnerungen für das Jahr 1813 von Heinritz. Bayreuth.
20) Bayreuth im Belagerungszustande (1553) oder Geschichte des alten Bürger-Militärs dieser Stadt bei Gelegenheit der Fahnenweihe am 27. Mai 1821 von J. G. Heinritz. Bayreuth 1821.
21) Neue Beiträge zur Geschichte der Kreishauptstadt Bayreuth von J. G. Heinritz. Bayreuth 1839.
22) K. Kreis-Amtsblatt für Oberfranken. Jahrgang 1861.
23) Bayreuther Zeitung. Jahrgang 1861.
24) Geschichte der Stadt Baiersdorf, aufs neue bearbeitet von Dr. J. G. Ad. Hübsch, k. Pfarrer in Naila. Ansbach 1862.
25) Bayern und Tyrol (in der Richtung der Eisenbahn von München nach Innsbruck), in culturhistorischen Skizzen von den hieran und inzwischen liegenden Landschaften, Gebieten, Diöcesen, Flecken, Städten, Abteien 2c. 2c. nach persönlicher Anschauung und aus den bewährtesten Quellen; zumeist des Mittelalters; kritisch aufgefaßt und dargestellt. Von J. E. Ritter von Koch-Sternfeld. München 1861.
26) Kleine Beiträge zur deutschen Sprach-, Geschichts- und Ortsforschung, herausgegeben von Dr. Karl Roth. XV. Heft. Ende des III. Bändchens. München 1862.
27) a) Episcopatus Bambergensis sub s. sede apostolica chronologice et diplomatice illustratus opera et studio P. Aemiliani Ussermann bibliothekarii S. Blasii. Opus posthumum. Cum permissione superiorum. Typis San-Blasianis. 1802. 4.
b) Codex probationum ad episcopatum Bambergensem ex praecipuis documentis tam editis quam ineditis collectus. 4.

II. Manuscripte.

Geschenke:

1) Der Frau Hauptmann Vogel dahier:
   a) Ueber den Kampf für die deutsche Freiheit. Zwei Theile. Erinnerungen aus der Vergangenheit, gesammelt von Karl Friedrich Melchior Meyer, I. Pfarrer zu Kirchenlamitz. Angefangen im Jahre 1806. Der zweite Theil enthält unter dem Titel „Eichenkränze" Gedichte einer deutschen Jungfrau (Wilhelmine Vogel) aus den Jahren 1813 und 1814.
   b) Deutsche Poesien, verfaßt von Carl Friedrich Melchior Meyer, I. Pfarrer zu Kirchenlamitz, in den Jahren 1769 bis 1824. Geboren zu Kulmbach am 18. Februar 1767. Gestorben zu Kirchenlamitz am 27. Februar 1824. II. Band.
2) des Herrn Regierungspräsidenten Freiherrn v. Podewils dahier: Historische Nachrichten über Hans von Podewils, gestorben 1647, von Synbiakonus Kapp zu Bayreuth.

3) des Herrn v. Hagen dahier:
   Ueber Fichte's Aufenthalt in Erlangen im Jahre 1805.
4) des Herrn Pfarrers Lampert in Ippesheim:
   Einige Worte über Gewerb=Polizei, besonders Handwerker, Manufakturen und Fabriken in dem Fürstenthum Bayreuth, vom Regierungsrath Wipprecht. 1793. Fol.
5) des Herrn Dr. Neubig, k. Pfarrer in Kulmbach:
   Geschichte der Stadt und Festung Kulmbach=Plassenburg. Von Dr. Andreas Neubig, k. Lyceal=Professor in Bayreuth.

Manuscripte, selbst verfasst:

1) Von dem Vereinssekretär Dr. Holle:
   Ueber Dr. Schreibers Biographien bayerischer Fürsten.
2) von Herrn Pfarrer Meiner in Schnabelwaid:
   Die Zerstörung der Stadt Creußen im Jahre 1633.
3) von Herrn Pfarrer Stadelmann zu Marktleuthen:
   Der abgeschlagene Sturm der Böhmen auf die Stadt Wunsiedel im Jahre 1462.

III. Oelgemälde und Zeichnungen.

Geschenke:

1) der Frau Hauptmann Vogel dahier:
   a) Porträt Seiner Majestät des Königs Ludwig I. von Bayern. Oelgemälde.
   b) Porträt der Prinzessin Sophia Carolina Maria von Braunschweig, zweiter Gemahlin des Markgrafen Friedrich von Bayreuth († 1763), vermählt den 20. September 1759, † den 22. Dez. 1817 zu Erlangen. Oelgemälde.
2) des Herrn Rittmeisters von Mann dahier:
   Ein Pergamentblatt, auf dessen beiden Seiten eine Schlange in verschiedenen Windungen gemalt ist. Vor dem Kopfe der Schlange stehen die Worte: Die weiße Schlange ist Nigromannsch, und der ganze Leib derselben ist mit kauderwelschen Wörtern beschrieben und mit seltsamen Zeichen bedeckt. Wurde auf der Herrenwiese dahier gefunden.
3) des Herrn Pfarrverwesers Dieterich zu Gesees:
   Die Ruine des alten Schlosses auf dem Sophienberg, aufgenommen im Jahre 1814.
4) der Frau Hauptmann Vogel dahier:
   Grundriß des untern Stockwerks nebst Amthaus und dabei befindlichen Oekonomiegebäuden und Stallungen, sowie des ganzen eingeschlossenen Bezirks des alten Schlosses zu Sanspareil, aufgenommen im Monat August 1798 von G. C. Feiler, Kreis=Conducteur.

IV. Antiquitäten.

Fortsetzung.

532. Ein Ring von Bronce, 2" im Durchmesser, mit edlem Rost überzogen.
533. Ein sichelförmiges Instrument, 9" lang, gleichfalls mit edlem Rost überzogen.

Nr. 532 und 533 wurden in einem Grabhügel bei Wimmelbach gefunden und von Herrn Revierförster Duetsch zu Oesdorf eingesendet.

V. Münzen.

Fortsetzung.

1285. Ein sächsischer Groschen von Johann Georg vom Jahre 1628. Geschenk vom Vereinssekretär Dr. Holle.
1286. Eine Denkmünze von weißer Composition in der Größe eines bayerischen halben Guldens.
   Av. Das Brustbild Luthers mit der Ueberschrift: Doctor Martin Luther.
   Rev. Inschrift: Drittes Jubelfest der Reformation den 31. October 1817.
   Diese Münze wurde angekauft.
1287. Eine Denkmünze auf den Markgrafen Christian von Bayreuth vom Jahre 1655.
1288. Eine Bayreuther Münze vom Jahre 1631.
1289. Eine Brandenburger Münze vom Jahre 1624.
1290. Eine Ansbacher Münze vom Jahre 1714.
1291. Ein Kreuzer des Markgrafen Friedrich von Bayreuth vom Jahre 1753.
1292. Ein Bayreuther Silberpfennig vom Jahre 1730.

Nr. 1287—1292 wurden von Herrn Pfarrer Brock in St. Johannis geschenkt.

Bayreuth, den 7. Mai 1862.

Der Ausschuß des Vereins.

v. **Hagen**, Vorstand.

Dr. **Holle**, Sekretär und Bibliothekar. **Wich**, Conservator.

Dieterich, Substitut des Bibliothekars. **Burger**, Cassier.

Verzeichniß
der
sämmtlichen Mitglieder
des
historischen Vereins von Oberfranken
zu
Bayreuth
pro 18^{62}/$_{63}$.

A. Curator des Vereins:

Der k. Kammerherr und Regierungs-Präsident Herr Baron von Podewils, Comthur des Verdienstordens vom heil. Michael.

B. Ehren-Mitglieder:

1) Seine Erlaucht der Standesherr und erbliche Reichsrath Herr Karl Graf und Herr von Giech zu Thurnau, kgl. bayer. Kämmerer, Ritter des Verdienstordens der bayerischen Krone und des k. preuß. Johanniter-Ordens, Herr der Herrschaft Thurnau.
2) Herr Geheimer Hofrath und Ritter des Zähringer Löwenordens Dr. Rauh zu Heidelberg.
3) Seine Excellenz Herr Baron von Stillfried-Rattonitz, Graf von Alcántara, zu Berlin, k. preuß. Kammerherr, Geheimerath und Ober-Ceremonienmeister Seiner Majestät des Königs von Preußen, Comthur des k. bayer. Verdienstordens vom heil. Michael.
4) Seine Excellenz Herr Regierungspräsident Freiherr von Zu-Rhein zu Würzburg, Staatsrath im außerordentlichen Dienste, k. Kämmerer, Reichsrath, Großcomthur des Verdienstordens der bayer. Krone.
5) Herr Hofrath und Professor Dr. Böttiger zu Erlangen, Ritter des Verdienstordens vom heil. Michael und des k. sächs. Albrechts-Ordens, Mitglied der Akademie der Wissenschaften zu München.
6) Herr Professor Dr. Conzen zu Würzburg.
7) Herr Professor Dr. Häusser zu Heidelberg.
8) Herr Dr. Märcker, k. preuß. geheimer Archivrath und Hausarchivar, Comthur des k. bayer. Michaelsordens, des k. preuß. rothen Adlerordens, des fürstlich Hohenzollerischen, des sächsisch Ernestinischen Hausordens Ritter, zu Berlin.

9) Herr Ministerialrath Graf von Hundt zu München.
10) Herr Domcapitular Rothlauf zu Bamberg.
11) Herr Karl Freiherr von Reitzenstein zu München.

C. Ordentliche Mitglieder:
a) Oberbayern:
1) Herr Peetz, k. Rentbeamter zu Traunstein.

b) Oberpfalz:
2) Herr Baron von Künsberg, k. Kämmerer und Regierungs-Präsident zu Regensburg, Komthur des k. bayer. Kronordens.

c) Unterfranken:
3) Herr Dr. Julius v. Rotenhan, Freiherr, k. Kämmerer und Regierungsdirector, Comthur des Verdienstordens vom heil. Michael, zu Eyrichshof.

d) Mittelfranken:
4) Herr Engelhard, August, Partikulier zu Nürnberg.

e) Oberfranken:
I.
Kreishauptstadt Bayreuth:
5) Herr v. Arnim, Frhr., k. Kämmerer und Major.
6) Herr Bachmann, k. Advokat.
7) Herr Barlet, k. Bezirksamtmann, Ritter des Verdienstordens vom heil. Michael.
8) Die Bibliothek der Harmonie-Gesellschaft.
9) Herr Blumröber, k. Regierungs-Assessor.
10) Herr Bracker, k. Consistorialrath.
11) Herr Dr. Braun, Professor der Chemie an der kgl. Kreis-Gewerbschule dahier, Ritter des griechischen Erlöserordens.
12) Herr v. Brück, Frhr., k. Oberstlieutenant.
13) Herr Dr. Bucher, k. Regierungsrath.
14) Herr Burger, Buchdruckereibesitzer, z. Z. Vereinskassier.
15) Herr v. Caries, Generalmajor und Stadtkommandant.
16) Herr v. Crailsheim, Frhr., k. Major.
17) Herr Dieterich, k. Rentbeamter.
18) Herr Dilchert, Bürgermeister, Ritter des Verdienstordens vom heil. Michael.
19) Herr Dr. Dittmar, k. Dekan.
20) Herr v. Dobeneck, Frhr., k. Kämmerer, Consistorial-Director und Regierungsrath, Ritter des St. Johanniterordens, des Verdienstordens der bayer. Krone und vom heil. Michael.
21) Herr Dobmayr, k. Regierungs-Sekretär.
22) Herr Dr. Dotzauer, k. Regierungs- und Kreis-Medizinalrath, Ritter des k. bayer. St. Michaels-, Offizier I. Klasse des griech. Erlöser- und Ritter des sächs. Ernestinischen Hausordens.
23) Herr Engel, Polizei- und Bezirks-Thierarzt.

24) Herr Feustel, Banquier.
25) Herr Dr. Fischer, k. Bezirksgerichtsarzt.
26) Herr Dr. Fleischer, k. Regierungsrath.
27) Herr Frank, k. Kreisbaubeamter.
28) Herr Fries, k. Studienlehrer.
29) Herr Dr. Fürst, Rabbiner.
30) Herr Gerhard, k. Pfarrer.
31) Herr Gießel, Buchhändler.
32) Herr Graf, k. Regierungs-Sekretär.
33) Herr Grau, Buchhändler.
34) Herr Greifzu, k. Obersalzbeamter.
35) Herr Gries, k. Regierungsrath, Ritter des Verdienstordens vom heil. Michael.
36) Herr Grimm, k. Aufschlagsbeamter.
37) Herr v. Guttenberg, Frhr., k. Kämmerer und Hauptmann.
38) Herr v. Hagen, I. rechtsk. Bürgermeister, Ritter des Verdienstordens vom heil. Michael, z. Z. Vereins-Vorstand.
39) Herr Hartmann, k. Bezirksgerichtsrath.
40) Herr Dr. Held, k. Schulrath, Kreisscholarch und Studien-Rektor, Ritter des Verdienstordens vom heil. Michael.
41) Herr Heldrich, k. Kreisforstmeister, Ritter des Verdienstordens vom heil. Michael.
42) Herr Herzinger, k. Polizeikommissär, Ritter des Verdienstordens vom heil. Michael.
43) Herr Hofmann, k. Professor.
44) Herr Höflich, Kaufmann.
45) Herr Hönig, Cantor.
46) Herr Dr. Holle, q. k. Studienlehrer, z. Z. Vereinssekretär.
47) Herr Hopf, k. Pfarrer.
48) Herr v. Hutten zum Stolzenberg, Frhr., k. k. österr. Hauptmann a. D.
49) Herr Dr. Jahn, prakt. Arzt.
50) Herr Jarwart, k. preuß. Hofmaler, Ritter des rothen Adlerordens IV. Klasse.
51) Herr Dr. Käfferlein, k. Notar.
52) Herr Kolb, Matthäus, Kaufmann.
53) Herr Kolb, Louis, Kaufmann.
54) Herr Dr. Koelle, Hofrath.
55) Herr Keim, k. Regierungs-Assessor.
56) Herr Keim, Kaufmann.
57) Herr Kimmel, k. Bankoberbeamter.
58) Herr Körbler, k. Regierungsrath.
59) Herr Krauß, Kaufmann.
60) Herr Dr. Kraußold, k. I. Consistorialrath.
61) Herr Küneth, Bäckermeister und Gemeinde-Bevollmächtigter.
62) Herr Laaba, k. Kreiskassier.
63) Herr v. Landgraf, k. Regierungsrath, Ritter des St. Michaelsordens.
64) Herr Lauterbach, Kaufmann.
65) Herr v. Löwenich, Apotheker.
66) Herr Mader, k. Notar.
67) Herr v. Malsen, Frhr., k. Kämmerer und Major.
68) Herr Ritter v. Mann, k. Rittmeister.
69) Herr Dr. Mayer, k. Advokat und Notar.

70) Herr Meyer, Hofapotheker.
71) Herr Merkel, Kaufmann.
72) Herr Müller, k. Regierungsrath.
73) Herr Münch, August, Kaufmann.
74) Herr Dr. Nägelsbach, k. Pfarrer.
75) Herr Ott, Professor an der Gewerbschule.
76) Herr Ott, Karl, Privatier.
77) Herr v. Oelhafen, k. Forstmeister.
78) Herr v. Pechmann, Frhr., k. Kämmerer und Regierungs-Direktor.
79) Herr Raab, k. Studienlehrer.
80) Herr Raab, k. Regierungs-Registrator.
81) Herr v. Reitzenstein, Frhr. k. Oberlieutenant.
82) Herr v. Reitzenstein, Frhr., k. preuß. Geheimerath.
83) Herr v. Reitzenstein, Rudolph, Frhr.
84) Herr Renner, Gasthofbesitzer.
85) Herr Ries, Kaufmann und Magistratsrath.
86) Herr Rose, Fabrikbesitzer, Ritter des St. Michaelsordens.
87) Herr Rosenbusch, k. Regierungs-Sekretär.
88) Herr Rosenmerkel, Kaufmann.
89) Herr Rüger, Cantor zu St. Georgen.
90) Herr Scharnberger, Professor der franz. und engl. Sprache an der k. Kreisgewerbschule.
91) Herr Dr. Schid, k. Pfarrer zu St. Georgen.
92) Herr Senfft, J. M., Buchbindermeister.
93) Herr Schalkhäuser, k. Studienlehrer.
94) Herr Schobert, Sparkasse-Kassier.
95) Herr Schüller, Kaufmann.
96) Herr Schumann, k. Consistorialrath.
97) Herr Speckner, k. Rentbeamter.
98) Herr Stahlmann, Maurermeister.
99) Herr v. Succau, geheimer Legationsrath.
100) Herr Tripß, Wilhelm, Kaufmann.
101) Herr Tröger, k. Professor.
102) Herr v. Bittinghof, k. Major.
103) Frau Vogel, Hauptmanns-Wittwe.
104) Herr Vogel, Privatier.
105) Herr v. Waldenfels, Frhr., k. Major.
106) Herr Walbherr, k. Postoffizial.
107) Herr Wich, Stadtkämmerer und Vereins-Conservator.
108) Herr Wunderer, k. Regierungsrath.
109) Herr Zeitler, k Kreisbaubeamter.
110) Herr Zerzog, Professor der Landwirthschaft an der k. Kreis Gewerbschule.

II.

Stadt Bamberg:

111) Herr v. Guttenberg, Amand, Frhr.
112) Herr Dr. Morgenroth, k. Landgerichtsarzt.
113) Herr v. Künsberg, Frhr., Rittergutsbesitzer.
114) Herr Oesterreicher, k. Assessor.
115) Herr Ordnung, k. Bezirksamts-Assessor.

III.
Stadt Hof:

116) Herr Angermann, Andreas, Kaufmann.
117) Herr Dr. Bayer, k. Professor.
118) Herr Bäumer, k. Stadtrichter.
119) Herr Bissinger, k. Studienlehrer.
120) Herr Dr. Gebhardt, k. Studienrektor.
121) Herr Gebhardt, k. Professor.
122) Herr Großmann, II. Stadtpfarrer.
123) Herr Herdegen, Kaufmann und Ritter des St. Michaelsordens.
124) Herr Heuschman, Christian, Lehrer.
125) Herr v. Künsberg, Frhr., k. Bezirksamtsassessor.
126) Herr Lang, k. Dekan, Ritter des St. Michaelsordens.
127) Herr Langheinrich, Christian, Magistratsrath.
128) Herr Lunkenbein, k. Advokat.
129) Herr Macher, k. Pfarrer.
130) Herr Münch, Georg, Kaufmann.
131) Herr Münch, rechtsk. Bürgermeister, Ritter des Verdienstordens vom heil. Michael.
132) Herr Poland, Rosamund, Lehrer.
133) Herr Riebel, k. Studienlehrer.
134) Herr Schmidt, Zeichnungslehrer.
135) Herr Unger, k. Studienlehrer.
136) Herr Walz, Andreas, Kaufmann.
137) Herr Weidemann, k. Bezirksamtmann.
138) Herr Zäuner, k. Bezirksgerichts-Direktor.
139) Herr Zeymer, Lehrer und Organist.

IV.
Bezirksamt Bamberg I.:

140) Herr Schauer, k. Revierförster zu Geisfeld.

V.
Bezirksamt Bayreuth:

141) Herr Dr. Babum, k. Landgerichtsarzt zu Weidenberg.
142) Herr Brater, k. Pfarrer zu Bindlach.
143) Herr Brod, k. Pfarrer zu St. Johannis.
144) Herr Buchner, k. Revierförster zu Heinersreuth.
145) Herr Dieterich, k. Pfarrverweser zu Gesees.
146) Herr Elling, k. Revierförster zu Warmensteinach.
147) Herr Faber, k. Landrichter zu Weidenberg.
148) Herr Gränzer, k. Revierförster zu Glashütten.
149) Herr Dr. Hechtfischer, k. Pfarrer zu Benk.
150) Herr Hirz, k. Pfarrer zu Neunkirchen.
151) Herr Hochstetter, k. Bergamtsverweser zu Fichtelberg.
152) Herr Hohlweg, Maler zu Schloß Fantaisie.
153) Herr Horn, k. Pfarrer zu Mistelgau.
154) Herr Lämmermann, k. Pfarrer zu Gesees.
155) Herr Möller, k. Revierförster zu Emtmannsberg.
156) Herr Schmiel, Julius, Gutsbesitzer zu Donndorf.
157) Herr Schöller, Müllermeister zu Weidenberg.

158) Herr Schuberth, Pfarrprovisor zu Kirchenlaibach.
159) Herr Zeyß, k. Revierförster zu Fichtelberg.
160) Herr v. Zerzog, Gutsbesitzer zu Nairiz.

VI.
Bezirksamt Berneck:

161) Herr v. Ammon, k. Bezirksamtmann zu Berneck, Ritter des St. Michaelsordens.
162) Herr Eichel, k. Rentbeamter zu Markt-Schorgast.
163) Herr Eyßer, k. Pfarrer zu Goldkronach.
164) Herr Funk, k. Revierförster zu Gefrees.
165) Herr Glas, Hammerwerksbesitzer zu Röhrenhof.
166) Herr Geyer, Hammerbesitzer daselbst.
167) Herr Hahn, k. Bergmeister zu Brandholz.
168) Herr Helfrecht, Karl, Fabrikant zu Gefrees.
169) Herr Herold, Bürgermeister daselbst.
170) Herr Klaumünzer, Magistratsrath daselbst.
171) Herr Körbitz, Bürgermeister zu Berneck.
172) Herr Lenz, k. Landgerichts-Assessor daselbst.
173) Herr Dr. Meyer, prakt. Arzt zu Gefrees.
174) Herr Neuper, Stadtschreiber zu Berneck.
175) Herr Pöschel, k. Pfarrer zu Gefrees.
176) Herr Reinlein, k. Pfarrer zu Streitau.
177) Herr Röbe, k. Steiger zu Brandholz.
178) Herr Röber, Bürgermeister zu Gefrees.
179) Herr Riedel, Drahtwerkbesitzer zu Berneck.
180) Herr Ruckdeschel, Chorrektor zu Goldkronach.
181) Herr Schrön, k. Bezirksamtsassessor zu Berneck.
182) Herr Treibmann, Apotheker zu Gefrees.

VII,
Bezirksamt Kulmbach:

183) Herr Dr. Abel, k. Landgerichtsarzt zu Kulmbach.
184) Herr Amos, k. Pfarrer daselbst.
185) Herr v. Baumer, k. Forstmeister daselbst.
186) Herr Börger, k. Pfarrer daselbst.
187) Herr Duetsch, Joseph, k. Forstmeister daselbst.
188) Herr Eichhorn, k. Pfarrer zu Lehenthal.
189) Herr Glaser, k. Pfarrer zu Schwarzach.
190) Herr Glaser, k. Pfarrer zu Melkendorf.
191) Herr Haberstumpf, k. Pfarrer zu Harsdorf.
192) Herr Hauck, k. Revierförster zu Kulmbach.
193) Herr Heinz, k. Pfarrer zu Veitlahm.
194) Herr Hiltner, kath. Stadtpfarrer zu Kulmbach.
195) Herr Hirsch, k. Pfarrer zu Trebgast.
196) Herr John, k. Post- und Eisenbahn-Expediter zu Kulmbach.
197) Herr Kirschner, Friedrich, k. Landrichter daselbst.
198) Herr Körbitz, rechtsk. Bürgermeister daselbst.
199) Herr Krafft, k. Baubeamter daselbst.
200) Herr v. Künsberg, Frhr., Gutsbesitzer zu Schmeilsdorf.
201) Herr v. Künsberg, Mar, Frhr., Rittergutsbesitzer zu Wernstein.
202) Herr Landgraf, k. Bezirksamtmann zu Kulmbach.

203) Herr Landgraf, k. Landgerichts Assessor zu Kulmbach.
204) Herr Meyer, k. Pfarrer zu Berndorf.
205) Herr Mosner, k. Subrektor zu Kulmbach.
206) Herr Regelein, Dr. jur. daselbst.
207) Herr Netzle, Subrektor zu Thurnau.
208) Herr Omeis, k. Pfarrer zu Buchau.
209) Herr Pflaum, k. Pfarrer zu Neudrossenfeld.
210) Herr Rober, Domänen-Canzleirath zu Thurnau.
211) Herr Rose, k. Eisenbahn-Betriebs-Ingenieur zu Neuenmarkt.
212) Herr Schilpp, k. Steuerkontrolleur zu Kulmbach.
213) Herr Schnorr, k. Tarbeamter daselbst.
214) Herr Sittig, k. Dekan daselbst.
215) Herr Dr. Strößenreuther, prakt. Arzt zu Casendorf.
216) Herr Ulmer, k. Pfarrer zu Mangersreuth.
217) Herr Wolf, k. Revierförster auf der Ziegelhütte.
218) Herr Wunderlich, Cantor zu Trebgast.

VIII.

Bezirksamt Ebermannstadt:

219) Herr Dr. v. Aufseß, Frhr., k. Kämmerer und St. Johanniterordens-Ritter zu Aufseß.
220) Herr Hartung, Apotheker zu Hollfeld.
221) Herr Scheuerlein, k. Dekan zu Muggendorf.

IX.

Bezirksamt Forchheim:

222) Herr Dietler, k. Pfarrer zu Bayersdorf, k. Bezirksamts Erlangen (wohin mehrere Ortschaften des Bezirksamts Forchheim gehören).
223) Herr Duetsch, k. Revierförster zu Oesdorf.
224) Herr Hartner, k. Revierförster zu Heroldsbach.
225) Herr Herrmann, k. Pfarrer zu Igensdorf.

X.

Bezirksamt Höchstadt a. d. A.:

226) Herr Bayer, k. Pfarrer zu Herzogenaurach.
227) Herr Endres, k. Landrichter in Höchstadt.
228) Herr v. Guttenberg, Frhr., k. Kämmerer und St. Georgen-Ritter zu Weißendorf.
229) Herr Reinhardt, k. Pfarrer zu Lonnerstadt.

XI.

Bezirksamt Hof:

230) Herr Bär, Lehrer zu Tauperlitz.
231) Herr Brandner, k. I. Pfarrer zu Berg.

232) Herr Eckart, k. Pfarrer zu Conradsreuth.
233) Herr v. Feilitzsch, Frhr., k. Kammerjunker und Rittergutsbesitzer zu Trogen.
234) Herr v. Feilitzsch, Frhr., zu Feilitzsch.
235) Herr Kirsch, Schulverweser zu Gumpertsreuth.
236) Herr Fedor Sichart v. Sichartshof, Rittergutsbesitzer zu Hofeck.
237) Herr v. Tettenborn, k. sächs. Hauptmann zu Töpen.
238) Herr v. Walbenfels, Frhr., Gutsbesitzer zu Gumpertsreuth.

XII.
Bezirksamt Kronach:

239) Herr Hagen, k. Pfarrer zu Schmölz.
240) Herr Dr. Höflich, k. Landgerichtsarzt zu Kronach.

XIII.
Bezirksamt Lichtenfels:

241) Herr Deuber, k. Rentbeamter zu Lichtenfels.
242) Herr Löser, Stadtschreiber daselbst.
243) Herr Meyer, k. Aufschläger zu Staffelstein.

XIV.
Bezirksamt Münchberg:

244) Herr Dr. Detzer, k. Pfarrer zu Ahornberg.
245) Herr Fischer, Senior zu Zell.
246) Herr Dr. Hering, prakt. Arzt zu Münchberg.
247) Herr Dr. Hübsch, k. Pfarrer zu Helmbrechts.
248) Herr Jahreiß, Magistratsrath und Landtags-Abgeordneter zu Münchberg.
249) Herr Linde, k. Rentbeamter daselbst.
250) Herr Linhardt, Bürgermeister zu Sparneck.
251) Herr Richter, Magistratsrath zu Münchberg.
252) Herr Ruckdeschel, Magistratsrath daselbst.
253) Herr Schneider, Magistratsrath daselbst.
254) Herr Schrön, k. Bezirksamtmann und Ritter des Verdienstordens vom heil. Michael, daselbst.
255) Herr Schuberth, Magistratsrath daselbst.
256) Herr Sondermann, k. Landgerichts-Assessor daselbst.
257) Herr Thurn, k. Pfarrer daselbst.
258) Herr Tröger, rechtsk. Bürgermeister daselbst.
259) Herr Zahn, Fabrikant daselbst.

XV.
Bezirksamt Naila:

260) Herr Bergmann, k. Landgerichts-Assessor zu Naila.
261) Herr Borger, Ludwig, Fabrikant daselbst.

262) Herr Borger, Friedrich, Fabrikant daselbst.
263) Herr Dietz, k. Pfarrer zu Issigau.
264) Herr Goßmann, k. Bergmeister zu Steben.
265) Herr Hagen, Louis, Kaufmann zu Naila.
266) Herr Helmschrott, k. Tarbeamter daselbst.
267) Herr Keyßler, k. Bezirksamtsassessor zu Naila.
268) Herr Dr. Klinger, prakt. Arzt zu Lichtenberg.
269) Herr Krobel, k. Revierförster zu Langenbach.
270) Herr Lintl, k. Bezirksamtmann zu Naila.
271) Herr Seuß, k. Pfarrer zu Geroldsgrün.
272) Herr Vetter, k. Rentbeamter zu Lichtenberg.
273) Herr Wagner, k. Pfarrer zu Bernstein a. W.
274) Herr Wetzel, k. L Pfarrer zu Selbitz.
275) Herr Zuber, k. Revierförster zu Rodeck.

XVI.

Bezirksamt Pegnitz:

276) Der Magistrat zu Creußen.
277) Herr Ebenauer, k. Landrichter zu Pegnitz.
278) Herr Gerhäuser, pens. k. Hauptmann zu Fischstein.
279) Herr Glenk, Bürgermeister zu Pegnitz.
280) Herr Dr. Hopf, k. Gerichtsarzt zu Pegnitz.
281) Herr Maisel, Müllermeister in der Zipsermühle.
282) Herr Kolb, k. Forstmeister zu Pegnitz.
283) Herr Mengert, k. L Pfarrer zu Lindenhard.
284) Herr Pfaffenberger, Lehrer zu Zips.
285) Herr Schüller, k. Revierförster zu Horlach.
286) Herr Dr. Ullmann, k. Dekan zu Creußen.

XVII.

Bezirksamt Rehau:

287) Der Magistrat Rehau.
288) Der Magistrat Schwarzenbach a. d. S.
289) Herr Bär, fürstlich v. Schönburg'scher Revierförster zu Schwarzenbach a. d. S.
290) Herr Burger, k. Pfarrer zu Pilgramsreuth.
291) Herr Barth, k. Landgerichts-Assessor zu Selb.
292) Herr Clöter, k. L Pfarrer daselbst.
293) Herr Hartmann, k. Pfarrer daselbst.
294) Herr Hertel, Heinrich, Dekonom zu Rehau.
295) Herr Heyde, k. Landrichter zu Rehau.
296) Herr Horn, Organist daselbst.
297) Herr Keppel, k. Pfarrer daselbst.
298) Herr v. Kotzau, Frhr., Rittergutsbesitzer zu Oberkotzau.
299) Herr Martius, k. Pfarrer daselbst.
300) Herr Moschenbach, k. Pfarrer zu Regnitzlosau.
301) Herr Schirmer, k. Revierförster zu Martinlamitz.
302) Herr Schrön, k. Revierförster zu Rehau.
303) Herr Seybold, Stadtschreiber zu Selb.
304) Herr Thiermann, k. Pfarrer zu Schwarzenbach a. d. S.

305) Herr Tillmann, k. Pfarrer zu Schönwald.
306) Herr Tümpel, fürstlich v. Schönburg'scher Rentenverwalter zu Schwarzenbach a. d. S.
307) Herr Weber, k. Landrichter zu Selb.
308) Herr Wunderlich, k. I. Pfarrer zu Schwarzenbach a. d. S.
309) Herr Zeidler, Jakob, Magistratsrath zu Selb.

XVIII.
Bezirksamt Stadtsteinach:

310) Herr Dr. Büchner, k. Landgerichtsarzt zu Stadtsteinach.
311) Herr Conradi, Beneficiat daselbst.
312) Herr Fick, k. Pfarrer zu Grafengehaig.
313) Herr Grunwald, k. Pfarrer zu Guttenberg.
314) Herr Richter, k. Dekan zu Seibelsdorf.
315) Herr Zametzer, k. Bezirksamtsassessor zu Stadtsteinach.

XIX.
Bezirksamt Teuschnitz:

316) Herr Greiner, Frabrikbesitzer zu Langenau.
317) Herr Knaus, k. Pfarrer zu Kaulsdorf.
318) Herr Kraus, k. Dekan zu Ludwigsstadt.
319) Herr Leinecker, Apotheker zu Rothenkirchen.
320) Herr v. Waldenfels, Frhr., k. Forstwart zu Langenau.

XX.
Bezirksamt Wunsiedel:

321) Herr Ackermann, Maurermeister zu Weißenstadt.
322) Herr Apel, Lehrer zu Brand.
323) Herr Barsch, Marktschreiber zu Thiersheim.
324) Herr Beutner, k. Pfarrer zu Schirnding.
325) Herr Blöcken, Spinnereidirektor zu Elisenfels.
326) Herr Brobmerkel, Fabrikant zu Brand.
327) Herr Buchka, Fabrikant zu Arzberg.
328) Herr Buzer, k. Pfarrer zu Oberröslau.
329) Herr Fickenscher, Fabrikbesitzer zu Markt Redwitz.
330) Herr v. Glaß, Hammerbesitzer zu Wölsauerhammer, Ritter des Verdienstordens vom heil. Michael.
331) Herr v. Glaß, Fabrikbesitzer zu Brand.
332) Herr Grimm, Heinrich, k. Revierförster zu Kirchenlamitz.
333) Herr Häfner, k. Revierförster zu Weißenstadt.
334) Herr Hopf, k. Landrichter zu Wunsiedel.
335) Herr Kellein, k. Bezirksamtmann zu Wunsiedel.
336) Herr Küspert, Bürgermeister zu Thiersheim.
337) Herr Landgraf, rechtsk. Bürgermeister zu Wunsiedel.
338) Herr Link, k. Dekan zu Kirchenlamitz.
339) Herr Löw, k. Probedekan zu Markt Redwitz.
340) Herr Maurer, Kaufmann zu Kirchenlamitz.
341) Herr Peetz, Postexpeditor zu Weißenstadt.

342) Herr Reul, Lehrer zu Grafenreuth.
343) Herr Roth, Marktschreiber zu Arzberg.
344) Herr Roth, k. Postexpeditor zu Wunsiedel.
345) Herr Ruckbeschel, Tarator zu Weißenstadt.
346) Herr Ruß, Christian, jun., Gutsbesitzer zu Lorenzreuth.
347) Herr Dr. Schuster, k. Gerichtsarzt zu Thiersheim.
348) Herr Schunk, k. Revierförster zu Vordorf.
349) Herr Sell, k. Bezirksgerichtssecretär zu Arzberg.
350) Herr Senf, Gutsbesitzer zu Brand.
351) Herr Seiler, k. Revierförster zu Furthammer.
352) Herr Stadelmann, k. Pfarrer zu Marktleuthen.
353) Herr Dr. Tuppert, prakt. Arzt zu Wunsiedel.
354) Herr Vogel, k Advokat daselbst.
355) Herr Wirth, k. Dekan daselbst.
356) Herr Wolfrum, Cantor zu Thierstein.
357) Herr Zellhöfer, k Wegmeister zu Wunsiedel.
358) Herr Dr. Zimmermann, prakt. Arzt zu Arzberg.

www.ingramcontent.com/pod-product-compliance
Lightning Source LLC
Chambersburg PA
CBHW022101230426
43672CB00008B/1246